高等院校文化产业基础教材
WENHUA CHANYE

丛书主编 王育济
韩 英

广告创意与文案策划

丁培卫 编著

海峡出版发行集团 THE STRAITS PUBLISHING & DISTRIBUTING GROUP | 福建人民出版社 FUJIAN PEOPLE'S PUBLISHING HOUSE

序

2004年1月，教育部新设“文化产业管理”本科专业，山东大学历史文化学院成为全国首批承担这一专业的四所院系之一，并于当年实现了本科招生。次年春，山东大学文化产业管理学系成立。

任何一门学科的基础与范式，都只能建立在对研究史的总结之上，这是学科建设的第一块基石。山东大学已故史学名师郑鹤声先生有言：历史系每成立一个教研组，其首要工作必是整理学界相关著述之索引。基于这种办学传统，山东大学文化产业管理学系成立伊始，即会同历史系、档案系、考古系等，着手基础资料库的建设，并渐次启动《中国文化产业学术年鉴1979—2008年卷》的编纂工作。《中国文化产业学术年鉴》按学术编年史的框架，通过“年度学术论著选编”、“评价集成与结论”、“研究总目索引”等形式，对改革开放30年来中国文化产业研究的学术历程进行了系统的梳理。《中国文化产业学术年鉴》的编纂工作历时7年，出版后获得学术界、文化界的广泛好评，被认为是“涵盖了近30年相关领域中最完整的学术信息和最丰富的理论内容，既包括文化产业的概念、定义、逻辑内涵、行业边际、学科特点等学理方面的研究，又包括中国文化产业的历史、现状、行业模式、区域布局、新兴业态、业内典范等方面的宏观理论、政策和案例研究……近700万字的各类索引，更是为文化产业的学术理论研究和文化产业发展提供了海量资讯”（《光明日报》2010年3月31日）；产业界、政府管理层，甚至央视《新闻联播》等，也对这套历时7年而成的学术年鉴给予了特别关注。

与《中国文化产业学术年鉴》相类似，现由福建人民出版社出版的这套“高等院校文化产业基础教材”，也是山东大学文化产业管理学系成立伊始即已启动，历时多年才完成的一套大学本科基础教材。首批推出的六种分别是：《文化产业概论》、《文化产业管理学》、《文化资源学》、《文化产业文献导读》、《文化产业知识产权》、《广告创意与文案策划》。这六种教材所对应的都是山东大学文化产业管理专业的核心课程，从最初的备课教案、自编讲义开始，经历过2004年至2012年间的若干轮授课实践和若干轮修改。同时，这也是目前国内唯一一套由同一所院系的一线授课教师完成的本科基础教材。因而，除了相对严谨、扎实之外，这套教材也非常适合大学本科教学。

作为一套完全由山东大学一线授课教师所完成的教材，自然还会表现出某些“山大特色”，即山东大学师生有关文化产业的某些共识性的理念。

第一，关于“文化产业”自身的发展历程，我们的共识有两点：

1. 认为“文化产品”的历史可以追溯久远，但“产业”意义上的“文化产业”则是现代“工业革命”后形成的一种产业体系。工业革命提供了强大的能源动力，如留声机、照相机、印刷机、播放器、摄影机等可以把一件文化产品按产业的需求海量复制，火车、轮船、飞机又足以把海量文化产品的营销链条无限延展。正是伴随着工业文明体系的建立，才产生了真正产业意义上的现代文化产业。

2. 认为“农业文明”关联的只是“文化产品”，“工业文明”关联的是“现代文化产业”，而数字技术关联的则是“当代文化产业”。数字技术对文化产业的最大影响，就是使文化产品彻底突破了时间与空间的限制，从而创造出巨大的利润，“文化产业”也因此而成为“朝阳产业”、“黄金产业”，或“最后一块暴利蛋糕”。但是，这也同时提醒我们，不能笼统地把“文化产业”认定为“朝阳产业”，只有数字技术所催生的“当代文化产业”才是“朝阳产业”。从这一意义上说，以“三屏产品”（电视屏、网络屏、手机屏）为代表的数字文化产业，应该成为当代文化产业发展的主要方向。

第二，关于文化产业的公众认知和理论导向，我们的共识有四点：

1. 认为“文化、创意、财富”是文化产业三个最为本质的表达元素，也是“文化产业”最通俗、最平实的诠释。

2. 认为“文化”经过“创意”而产生“财富”，这之间并不存在“阿里巴巴”式的神话，存在的永远是《资本论》中所描述的从商品到货币的“惊险一跃”。而且，与工业、农业相比，文化产业的市场需求是“弹性”而非“刚性”的，这也就意味着这一产业更大的风险性。因而在宣传文化产业是“黄金产业”、“最后一块暴利蛋糕”的同时，更应突出“文化产业的高风险性”这一往往被忽视的观点。

3. 认为文化产业的发展对“文化”始终是一把双刃剑，既有普及、提升文化的功能，又始终包含着强烈的“反文化性”。

4. 高度认同“历史文化资源的丰富是中国文化产业的最大特点和最大的优势所在”。2002 年的中国共产党第十六次全国代表大会，首次在大会报告中提出发展文化产业的战略部署。2003 年 1 月，时任中共中央政治局委员、中国社科院院长的李铁映撰文指出：“中华民族有着五千年悠久的历史和灿烂的文化，其文化累积之丰厚、文化形态之多样和文化哲学之深刻，是世界上其他国家少有的。这是一笔怎么估价也不过分的宝贵的文化资源，是我们得天独厚的优势。对于中国新兴的文化产业来说，启动并整合、包装这些文化资源，就有可能形成具有中国特色的文化产业，并在全球市场的激烈竞争中占有可观的优势。”这些关于中国文化产业优势与特征的科学认识，至今仍然有着强烈的导向意义，当下中国文化产业最现实、最积极的发展策略就是如何将“历史文化资源大国”变为“文化产业强国”。这其中，历史文化资源与数字技术的结合，可能是最值得关注的方向。

第三，关于近 30 年中国文化产业理论研究的“学理架构”和当下的学科建设，我们的共识有三点：

1. 认为“文化产业”这一概念在近 30 年的中国出现，并不是对法兰克福学派“文化工业”概念的简单转译，它的生成，可以直接追溯到改革开放之初对知识分子地位的认定：由于当时知识分子已从“臭老九”跃升为工人阶级的一部分，于是各个“知识部门”，如教育、文化部门等，也就与“农业”、“工业”一样，成为“一种生产部门，一种产业部门”。正是在这种理论思维的推动下，“第三产业”的概念在 1980 年前后即为中国学术界所关注。“第三产业”作为一个包含着“知识生产”在内的术语，又直接导致了“文化产业”这一概念的生成。因而早在 1981 年就出现了“文化的产业化”的说法，出现了“第四产业”与“精神经济学”之间的讨论，至 1987 年就出现了“文化产业”的概念。尽管当时尚无学者对这一概念进行定义，但是这一概念所具有的“望文生义”的优势十分明显，与中国传统思维的路数亦十分吻合——无需定义和解说，即可粗知内涵。正因如此，“文化产业”这一概念才能超越“第四产业”、“精神经济学”，以及后来的“文化工业”、“创意产业”、“内容产业”、“版权产业”等外来概念，被中国学术界和社会普遍接受。“文化产业”这一概念在中国首度出现的时间是 1987 年，远早于 20 世纪 90 年代末才为学界所引介的“文化工业”，因而“文化产业概念的内生性”，是近 30 年来中国文化产业理论最重要的“学理性起点”。

2. 认为作为国家战略层面上的文化产业发展起始于近十年，但关于文化产业的学术研究则贯彻于近30年。其中重要的节点是：1979年以来经济学界关于“精神产品”和“知识价值”的讨论；20世纪80年代学术界关于“第三产业”、“第四产业”、“精神经济学”、“文化市场”、“文化个体户与经纪人”、“文化搭台与经济唱戏”、“大众消费文化与精英文化”的讨论；20世纪80年代中期“文化产业”概念的首度出现，以及20世纪90年代有关“文化产业”、“创意产业”、“版权产业”、“文化经济学”、“文化管理学”的诸多讨论；2000年以来关于“文化事业与文化产业”的讨论，以及党的十六大以后国家战略层面上的文化产业研究等等。对这些节点进行整合性梳理，可以为当下中国文化产业学科奠定坚实的基石，也是创立有中国气派、中国风格的文化产业理论体系的必由之路。

3. 认为文化产业管理专业作为教育部新设的一个十分年轻的应用型专业，就其人才培养目标而言，可以简单表述为：既要有纵贯古今的文化视野，也要有策划经营的文化理念，以及现代产业意识和经营思路的复合型人才。但就课程的设置和教学的重心而言，文化产业管理专业显然应该与具体的工艺美术设计、图书编辑出版、游戏创意、景区规划，以及演艺产业、广告产业、体育产业、旅游产业等有所区别。所以，在文化产业的教学、科研和学科建设中，应该突出“通识意识”、“学问意识”和“经典意识”，要从学术史的梳理中奠定这一应用学科的学理基础；要引导学生关注工业革命以来有关“文化工业”、“文化产业”的经典文献，关注近30年来中国学术界在文化与文化产业问题上的深度思考，从而保持大学教育应有的内在思想的活力、反省能力、质疑能力和价值动力。换言之，“文化产业”这一学科所面对的问题可能非常现实、非常政治和非常经济，但大学教育和学科建设仍应该与“现实”、“政治”、“经济”拉开距离，要努力建立并坚持大学自身的学术话语，并依据大学应有的治学逻辑设计学科建设的路径。

以上理念和观点主要体现在《山东大学关于增设“文化产业管理”本科专业的建议报告》(2003年)、《山东大学关于建立山东省文化产业研究基地的论证报告》(2003年)、《培养文化产业管理专业的合格人才》(2004年)、《文化产业：学术阐释的原则与目的》(2006年)、《加强文化产业的基础理论研究》(2006年)、《文化·创意·财富：三论“文博会”主题词》(2006年)、《论文化、创意、财富三者之间的关系》(2006年)、《关于文化创意产业的几点认识》(2006年)、《也谈文化与文化产业的关系》(2006年)、《1987：中国文化产业的重要节点》(2009年)、《中国文化产业学术年鉴2003 — 2008年卷出版说明》(2009年)、《中国文化产业学术年鉴1979 — 2002年卷特别说明》(2009年)、《文化产业学科建设要有四大意识》(北京大学第七届文化产业新年论坛主题发言)(2010年)、《济南历史文化资源与文化产业》(济南市政策研究室委托课题结项报告；文化部基层文化干部培训班讲义)(2012年)、《数字技术与当代文化产业》(济南市第三届青年科学家论坛主题发言)(2012年)等相关文献和著述中。山东大学的各位同仁在教学和研究中对这些方面的问题思考和讨论也较多，所形成的共识也都以这样或那样的方式渗透、沉淀在这套教材的相关章节之中。这也使得这套教材有了一些区别于其他著述的显著特色。

这套“高等院校文化产业基础教材”的出版，得益于福建人民出版社的全力支持和赖炳伟先生的促成，从选题调研、审定编写提纲、编稿到今天的付梓，时间已过去了一年多，这期间，赖炳伟先生以及责任编辑们的工作热忱和辛劳，感动了我们每一位作者。可以说，没有他们的努力，这套教材可能还会以内部讲稿的形式存在若干年。

《中国文化产业学术年鉴1979 — 2008年卷》的编纂和这套教材的出版，大致夯实了山东大学文化产业学科建设的基础，但能否在这一基础上更筑层楼，显然还有待更多的努力。

是为序。

王育济

2012年8月23日

目　　录

第一章　广告概论

广告是现代社会的产物，贯穿于人类社会的方方面面。它不仅在社会生活、经济生活和文化生活等方面对人们有着不同程度的影响，同时还支配着人们的消费理念和价值观念，是现代社会中不可或缺的一部分。在商品经济高度发达的今天，广告已成为市场经济体系中的重要组成部分，成为市场条件下最具有经济影响力和文化影响力的产业活动。本章旨在深入理解广告以及广告策划的概念和内涵，把握广告策划的基本规律，初步了解广告学的研究内容与研究方法。

第一节　广告的概念及功能

一、广告的由来和定义

认识广告（Advertising），必须对广告的由来进行梳理分析。我们发现，广告一词是舶来品，但就其词源与概念史而言是有明显中西分野的。

在古汉语中，并无广告两字的组合。《康熙字典》和《辞源》中均找不到广告这个词。《说文解字》释“广”：“广，殿之大屋也，从广，黄声”。可见“广”意为“殿之大屋”，引申为“扩大、宽泛”；释“告”：“牛触人，角箸横木，所以告人也，从口从牛……”可见“告”意为“告人”，引申为“晓示、告知”。[①] 故此，古汉语中虽无广告一词，但却可以得知广告二字组合的大概意思。事实上，古代中国虽无广告之名，但广告之实由来已久。据《周易·系辞》记载，早在神农时代，就有“日中为市，集天下之民，聚天下之货，交易而退，各得其所”的景象。而《周礼》中也有记载，当时凡是做买卖都要“告于示”。

① 潘向光：《现代广告学》，2页，杭州，浙江大学出版社，1996。

在西方，目前学术界比较认同的观点是，广告的英文“Advertising”（简称AD）源于拉丁语“Adventure”，意为唤起大众对某种事物的注意，并诱导于一定的方向所使用的一种手段。约在公元1300－1475年期间，“Adventure”逐渐演变成中古英语中的“Advertise”一词，涵义为“一个人注意到某种事情”，后来又演变为“引起别人注意，通知别人某件事”。直到17世纪中后期，英国的商业活动日益繁荣，广告一词才得以广泛流行使用。

我国广告界元老徐百益先生认为“广告……这两个字很可能来自日本”①。据考证，约在公元1872－1877年（日本明治五年至十年）期间，日本就已使用广告这个词了。② 1899年4月30日，梁启超在日本兴办的华文报——《清议报》上出现了招登广告的稿子《记事扩张卜广告募集》，并附有广告价目的《广告料》一则。梁启超被认为是最早使用广告一词的中国人。③ 1906年，清政府颁发的《政治官报章程》第九章指出，“如官办银行、钱局、工艺陈列各所，铁路矿务各公司及经农工商部注册各实业均准送报代登广告，酌照东西各国官报广告办理”，正式在国内使用广告一词，从此广告一词沿用至今。④

随着社会生活的发展，广告概念的涵义也在不断地发展、扩大和更新。由于研究视角的不同，研究思路的差异，对广告的定义甚多，较有影响力的有以下三种：

（1）劝服型广告观。该观点认为，广告是一种广义性的劝说与说服工作。其中较有代表性的定义有：1894年，美国现代广告之父Albert Lasher认为，广告是印刷形态的推销手段。这个定义含有在推销中劝服的意思。1932年，美国《广告时代》周刊将广告定义为：“个人、商品、劳务、运动，以印刷、书写、口述或图画为表现方法，由广告者出费用公开宣传，以促成销售、使用、投票或赞成为目的。”⑤

（2）传播型广告观。该观点认为，广告是一种主要为商业活动而进行的传播、宣传工作。其中较有代表性的定义有：1948年，美国营销协会的定义委员会认为“广告是由可确认的广告主，对其观念、商品或服务所作

① 徐百益：《广告学入门》，6页，上海，上海文化出版社，1982。

② 晁钢令等：《现代广告策略与艺术》，2页，北京，经济科学出版社，1994。

③ 霜林：《“广告”一词由来》，《企业家信息》，2007（6）。

④ 韩光军：《现代广告学》，1页，北京，首都经济贸易大学出版社，1995。

⑤ 吴之：《广告的全部就是沟通》，《市场观察：广告主》，2007（3）。

之任何方式付款的非人员性的陈述与推广”。美国广告主协会认为“广告是付费的大众传播，其最终目的为传递情报，改变人们对广告商品之态度，诱发其行动而使广告主得到利益”。广告学权威威廉·阿伦斯指出：“广告是由可识别的出资人通过各种媒介进行的有关产品（商品、服务和观点）的、有偿的、有组织的、综合的、劝服性的、非人员的信息传播活动。”①

（3）推销型广告观。该观点认为广告是一种促销、营销手段。《美国小百科全书》认为“广告是一种销售形式，它推动人们去购买商品、劳务或接受某种观点。”美国历史学家、文学评论家D·M·波特认为“广告对社会有着强烈的影响，从这一点上可以与具有历史传统的学校和教会制度的影响相提并论。它有力量控制媒介，促使形成人们爱好标准，现在广告已成为能够控制社会各种制度中的一个。”《中华人民共和国广告法》第二条指出：“本法所称广告，是指商品经营者或者服务提供者承担费用，通过一定媒介和形式直接或者间接地介绍自己所推销的商品或者所提供的服务的商业广告。”②

上述这些广告的定义为我们提供了对广告的不同角度的思考，但上述定义大多是从狭义广告的角度进行阐释，不能完整而科学地反映出广告的本质属性。总而言之，广告是特定的传播主体，为了特定的需要，通过媒体公开地、广泛地、非面对面地向目标受众传递信息的宣传手段，兼具劝服、传播、推销的属性。

二、广告的分类

按照不同的标准，可以将广告划分为不同的类型。根据广告的直接目的的不同来区分，可分为销售商品广告、企业形象广告、企业观念广告等；根据广告的受众对象的不同来区分，可分为消费者广告、工业用户广告、商业批发广告和媒介性广告等；根据广告传播范围的大小，可分为全球性广告、全国性广告、区域性广告和地方性广告等；按广告诉求方式的不同来划分，可分为理性诉求广告、感性诉求广告；按产品的生命周期划分，可分为开拓型广告、竞争型广告、维持型广告等；按照广告播放频率

① ［美］威廉·阿伦斯著，丁俊杰等译：《当代广告学》，7页，北京，华夏出版社，2000。

② 参见何修猛：《现代广告学（第四版）》，2—4页，上海，复旦大学出版社，2002。

的不同，可以划分为高频率广告、低频率广告；按照广告层次的不同，可划分为基本需求刺激广告、选择性需求广告、即时反应广告、延时反应广告、态度养成广告等；按照广告表现形式的不同，可以划分为图片广告、文字广告、表演广告、实物广告等。①

目前，较常见的分类为按照使用媒体的不同，可分报纸广告，其特点是发行频率高、发行量大、信息传递快；杂志广告，其特点是具有明确的读者对象、印刷精良，但影响范围较窄，出版周期较长；电视广告，其特点是视听效果兼备，能够综合运用语言、声音、文字、形象、动作、表演等多种手段；广播广告，其特点是传播及时、覆盖面广、声情并茂等；直邮广告，其特点是对象明确、简便快捷；此外，随着时代的发展，还产生了电脑广告、交通广告、POP 广告（Point of purchase advertising）等新兴广告类型；按照传播目的的不同，可划分为商业广告和公益广告。

公益广告于 20 世纪 40 年代诞生于美国，随着时代的变迁，它的概念也在实践中不断得到拓展。区别于商业性广告的“以盈利为目的”、“特定的目标市场群体”，公益广告则是“不以盈利为目的”、“为社会提供服务”，有着不同阶层、不同知识结构的最广泛的受众，以社会公益事业为发展的现实基础。“公益广告是面向社会广大公众，针对现实时弊和不良风尚，通过短小轻便的广告形式和特殊的表现手法激起公众的欣赏兴趣，进行善意的规劝和引导，匡正过失，树立新风，影响舆论，疏导社会心理，规范人们的行为，以维护社会道德和正常秩序，促进社会健康、和谐、有序运转，实现人与自然和谐永续发展为目的的广告宣传。”② 公益广告囿于人才、资金等方面的限制，规模甚微，需要社会各阶层、各职业、各知识结构的个人、团体、组织的热心支持和参与，唯有如此，公益广告事业才能迅速地成长和发展起来。

三、广告的功能

伴随着市场经济的迅猛发展，知识经济的日益深入人心，现代媒介传播方式的日新月异，广告作为商品经济的产物，传播媒介的一种，其渗透力持续增强，扩张力愈加延伸，所扮演的角色也更趋多样化。经济史学家

① 参见陈培爱：《现代广告学概论》，8—12 页，北京，首都经济贸易大学出版社，2004。

② 潘泽宏：《公益广告导论》，322 页，北京，中国广播电视出版社，2001。

戴维·M·波特曾说："论社会影响，广告可以同由来已久的机构（如学校、教堂）相比，它统治了媒介，对大众标准的形式有巨大影响，它是很有限几个起社会控制作用的机构中货真价实的一个。"① 综观广告的概念及内涵，笔者认为，广告具备以下三种功能：

（一）广告的经济功能

广告的经济功能是广告最基本、最重要的功能。当前，社会已经进入一个以市场为基础的知识经济时代，"酒香不怕巷子深"的营销理念已经难以顺应时代的潮流。广告将大量的知识和信息传递给受众，让受众通过广告认识企业产品、企业品牌，以及企业的文化。美国经济学家保罗·巴兰和保罗·斯威齐在《垄断资本》一书中指出："广告创造了消费者对某产品的需求，有了这种需求也就扩大了工厂及设备的投资。只是在旧产品上贴上新商标将成为一种'资源浪费'。但在可能失业的情况下，如果不这么做，有些设施将会被废弃。广告可以说是增加投资和收入所得的有效手段。……在美国，大批耐用性商品被装上卡车运到垃圾处理工厂，对这样一种社会来说，广告是陷入了慢性销售不良状态的垄断资本主义倾向的强性解毒剂。"广告作为一种信息传播形式登上经济舞台，是经济高度发展和媒介传播普及的必然，生产过剩，品类繁多，消费者难以全面掌握每个种类产品的特质、用途和适用性，产品面临营销上的难题，另外，大众传播铺天盖地发展，高度密集的媒介形式如雨后春笋般出现，将产品以最便捷、最有效的方式推向市场成为生产者追求的目标。广告的经济功能集中体现在以下两个方面：

一是作为产需交流的信息反馈平台。广告可以即时传播产品信息，可将产品的功能、价格、使用方法、购买地点、售后服务等信息呈现在消费者面前，减少消费者认知商品所耗费的时间，降低消费者寻求适用性商品的成本；同时，广告在宣传力度上的加大能够吸引消费者注意力，广告能有针对性地对消费者的消费兴趣与欲求进行不断刺激，以引发购买行为。② 广告在宣传地点和时间段上吸引的消费者的信息及时反馈给生产企业，能够有针对性地增加产品销售。例如，1986 年，英国航空公司在 6 月 10 日的促销活动中，推出了 5200 个免费的座位。其竞争对手维珍航空公司可

① ［美］梅尔文·L·德弗勒等著，颜建年等译：《大众传播通论》，471 页，北京，华夏出版社，1989。

② 王伟芳：《广告概论》，9 页，北京，高等教育出版社，2006。

不打算让英国航空公司独领风骚，所以就用大号字体做了一整页广告，“让你用最少的钱飞往伦敦一直是维珍的宗旨，所以我们恳请你在 6 月 10 日那天乘坐英国航空公司的航班”。下面又附有一行小字体：“至于在其他时间里，我们都衷心地盼望你能乘坐维珍航空公司的航班。维珍会给你最优质的服务和最低廉的价格。”① 维珍航空公司的广告获得了成功。如今，1978 年创立的维珍航空公司已发展成为英国第二大远程国际航空公司。

二是作为企业文化形象的传播平台。随着人们生活水平的提高，文化需求、情感消费等消费心理日渐凸显，企业能够在多大程度上获得人们的心理认同、文化认同决定了企业的成败。良好的企业文化形象通过广告展现出来，能够最大限度地调动人们的情感细胞，引起共鸣，产生认同。如以公益广告的形式回报社会，既是支持公益事业，又能有效地提升企业的品牌价值。例如，全球最大的软饮料公司可口可乐的发展史，就是可口可乐公司以广告促进企业文化形象的传播史。可口可乐的前任老板伍德拉夫有一句名言：“可口可乐 99.61%是碳酸、糖浆和水。如果不进行广告宣传，那还有谁会喝它呢?” 1886 年，可口可乐营业额仅为 50 美元，广告费却为 46 美元，占其营业额的 92%；1901 年，可口可乐营业额为 12 万美元，广告费为 10 万美元，占其营业额的 83.3%。如今，可口可乐每年的广告费超过 6 亿美元。② 据英国品牌价值咨询公司发布的《全球最有价值 500 品牌排行榜》显示，可口可乐的品牌价值为 348.44 亿美元，居全球第三位。

（二）广告的文化功能

广告作为商品经济时代的产物，在推动经济发展中发挥着难以替代的作用，作为一种特殊的文化载体，还具备一种文化传播功能，能够对人们的行为、观念产生潜移默化的影响，无形中连接着物质与精神，既承载着物质的条件，又以文化的形式展现出来，对舆论导向、精神文明建设的影响不容小觑。对广告的文化传播功能应积极引导，充分发挥其正面带动作用，避免甚至消除其消极影响。真实、高雅的广告借助文化的力量，组合文学、美学等极具内涵的艺术表达形式，通过与消费者产生心理共鸣，来达到预期的目标。此外，一些以推销产品为目的的广告，包含着丰富的文

① ［美］奥格·曼狄诺等：《世界上最伟大的营销书》，432 页，哈尔滨，黑龙江科学技术出版社，2008。

② 朱国春：《扩张本质：企业扩张所遵循的原则、规律和同化本质》，17 页，北京，机械工业出版社，2005。

化生活信息，体现着悠久的文化传统。

低俗虚假的广告披着功利主义的外衣，传达着欲望浮华、露骨粗俗的低级文化心理，败坏社会风气，损害消费者正常心理，尤其是广大青少年的身心健康。在东西方文化交流日盛的今天，广告市场逐步放开，更应强化广告的文化传播功能，对不良广告进行有效控制，缩小宣传影响群体。

（三）广告的社会功能

广告的社会功能指的是广告的社会效果，包含广告在社会道德、文化教育等方面的价值和影响。广告的社会功能主要通过以下两个方面体现：

一是价值引导作用。戈公振在 1927 年指出："广告为商业发展之史乘，亦即文化进步之记录。人类生活，因科学的发展日趋繁密美满，而广告即有促进人生与指导人生之功能。"① 中共十四届六中全会《关于加强社会主义精神文明建设若干重要问题的决议》指出，社会主义精神文明建设的根本任务，是适应社会主义现代化建设的需要，培育有理想、有道德、有文化、有纪律的社会主义公民，提高整个中华民族的思想道德素质和科学文化素质。优秀的广告所传达的信息能够对公众的社会道德产生正面的教化作用，有利于正确价值观、高尚情操的形成，有利于思想文化、科学、法制的传播，有利于和谐文明风气的形成；同时，这种信息深层次蕴含的是思想理念，对其传播的过程便是对受众价值观念、思想取向的影响和塑造，这是以一种润物细无声的方式发生的，它渗入到人们的精神世界，无形中发挥了社会教化的作用，促进人们行为方式的转变。

二是文化提升作用。广告活动是一种文化行为，是具有文化意义的信息传播过程。充分认识广告的文化提升作用，自觉地承担起文化责任，对广告进行正确的文化定位，让广告在传递商品信息的过程中，产生积极的文化影响，成为精神文明建设的重要工具，已然成为共识。②《中华人民共和国广告法》对此制定了明确的规范，强调广告要符合社会主义精神文明建设的要求，并将之作为广告活动的基本准则；《国际商业广告从业准则》要求广告"应遵守所在国家之法律规定，并应不违背固有道德及审美观念"，"所有电视广告制作之内容除真实外，应具有高尚风格……应特别注意其是否具有高尚道德水准，不使触犯观众尊严"③。美国、日本等国的法

① 戈公振：《中国报学史》，68 页，北京，中国新闻出版社，1985。

② 李丞：《谈广告文化的弊端》，《湖北广播电视大学学报》，2010（2）。

③ 许小君：《广告法律与案例》，113 页，北京，中国广告电视出版社，1995。

律也都要求广告“情趣高尚”、“重视品格，必须为建设光明、健康的生活做贡献”、“讲求美学，给人以美的享受”。[①] 具备文化内涵的广告往往组合了文学、美学、音乐等元素，并以一种为人们乐于接受的艺术形式呈现出来。因而，广告本身具有一种审美欣赏的功用，其艺术魅力的穿透力是无声的更是深邃的，感染力是普遍的更是渐强的。在不断为人们所接受的过程中，广告发挥着熏陶教育的作用。陶冶情操，提升审美，使人们在一种较为和谐的空间结构里感受到文化的激励。相反，视听环境较差的广告会给人们造成焦虑、压抑的负面文化影响。

四、关于广告学

广告学的创立有一个发展过程，与此相联系，广告学的性质及其研究范畴，也处于不断丰富和扩展的过程之中。广告业的发展离不开学界的总结、分析与指导，因此，理论研究水平的高低、理论研究视角是否具有前瞻性、依据理论研究成果进行的广告教育能否跟得上业界发展的脚步，直接影响着广告经营的思维和产业发展方向。[②]

（一）广告学的创立

广告学的创立始于西方。1866 年，美国人 J·劳德和 C·哈特编著了《路牌广告史》，H·辛普森编著了《广告的历史》，这些著述对广告的演进进行了系统研究；1900 年，美国学者哈洛·盖尔在多年广泛调查研究的基础上写成世界上第一本广告理论方面的著作——《广告心理学》；1903 年，美国西北大学校长、心理学家瓦尔特·狄尔斯柯特写成了世界上第一本广告理论方面的通论性著作——《广告学原理》，为广告学的建立奠定了基础。20 世纪中叶，广告学在吸纳传播学、心理学、市场学、统计学等学科的基础上，引进信息论、系统论、控制论等理论和研究方法，将广告战略和广告技巧置于科学方法的基础上，很大程度上增强了广告活动的有效性。此后，经过大卫·奥格威等广告大师在理论和实务方面的开拓，广告学的构架和体系更加坚实和完善。

我国权威广告学专家陈培爱认为，广告学是研究和探讨一切社会制度下所共有的、各种不同社会制度下所特有的广告活动及其发展规律的一门

---

① 许小君：《广告法律与案例》，119 页，北京，中国广告电视出版社，1995。

② 王育济、齐勇锋等：《中国文化产业学术年鉴（2008 年卷）》，144 页，北京，文化艺术出版社，2009。

综合性科学。广告学作为一门独立的综合性科学，是经过人们长期实践，在经济学、市场学、心理学、社会学、美学等学科发展的基础上逐渐形成和发展起来的。[①] 随着广告学研究的深入，以其为基础又延伸出了广告心理学、广告历史学、广告设计学、新闻广告学、广告管理学等新的分支学科。

（二）广告学的性质

因为广告学具有交叉性和综合性的特质，人们对于广告学的性质的认识也不尽相同：

其一是强调广告的科学性。科学派的代表人物为美国广告大师克劳德·霍普金斯。该派的主要观点是，广告是一门科学，不是艺术。广告在实行过程中运用了一定的艺术手段，但只是广告活动的一种表现形式。广告学是运用先进的研究方法，借助现代科学的运算分析，通过对广告规律的把握，借助一定的广告原理，促进商品销售的科学活动，认为广告是一种经济科学。

其二强调广告的艺术性。艺术派的代表人物为詹姆斯·韦伯·扬和乔治·路易斯。该派的主要观点是，广告是一门艺术，不是科学。广告深受各种社会因素的影响，其经济效益是难以测定的，在同等条件下刊登不同的广告，其经济效果也是不同的。广告活动通过各种形象和艺术表现形式，唤起人们的注意和喜爱，从而传递经济信息，启发人们的心理欲求，缺乏规律性和科学性。

其三强调广告学是一门交叉学科。该派的主要观点是，广告学不仅涉及经济学、心理学、新闻学、市场学、企业管理学、社会学等社会科学，也涉及绘画、摄影、书法、音乐、戏剧、文学等艺术活动，是一门综合性的交叉学科。广告学科的多元广域性，使其成为一种应用范围更加广泛、内涵不断扩展的新学科。[②] 展望广告学理论研究的趋势，今后将更加集中在广告文化学、广告传播学、广告信息学、广告社会学、广告美学等更加宏观的领域和更加相互融合的范畴。[③]

笔者认同第三种观点，认为广告学是在社会学与艺术学等多学科的基础上发展起来的一门综合性的社会科学，其研究对象是人类社会中广泛存

---

① 任中林：《中国广告实务大全》，14 页，北京，科学技术文献出版社，1992。

② 查灿长：《略议广告学的学科交叉与内容延伸》，《中国广告》，2008（12）。

③ 王育济、齐勇锋等：《中国文化产业学术年鉴（1979－2002 年卷）》，366 页，济南，山东大学出版社，2009。

在的一种信息传播现象，包括信息传播的过程、效果及其发展规律，抽象来说就是广告活动和广告事业的产生与发展规律。

（三）现代广告学

现代广告学突破了以往传统广告研究的领域，广告学是一门实践性很强的学科，来源于实践，作用于实践。从现今传播学的理论及实践出发，跟上发展变化的节奏，注重概念内涵的挖掘和实践推动研究。从广告本身具有的两个特性——传播和营销出发，20 世纪 90 年代，舒尔兹等人提出了整合营销传播的新概念，从此整合营销的理念被贯彻到广告学实践中，被贯穿到广告学理论研究中。在广告实践中，整合营销传播被描述为：企业或品牌通过发展与协调战略传播活动，使自己借助各种媒介或其他接触方式与员工、顾客、利益相关者以及普通公众建立建设性的关系，从而建立和加强与他们之间的互利关系过程。① 实现了广告的营销特性和传播特性的统一，深化了广告营销和传播的实践认识。

根据具体研究对象的不同，现代广告学可分为理论广告学和应用广告学两个研究分支。理论广告学主要从宏观上探讨广告学的基本范畴、性质、功能、类别及广告运作的程序、规律和原则等问题。应用广告学以广告实践作为研究对象，主要探讨广告理论、手段、技术、方法在广告实践中的具体运用，如广告策划、广告设计、广告制作、广告管理等。②

同时，现代广告学的研究采用调查研究结合案例分析的方法。在社会科学研究中，向来重视案例研究材料，重在实践中探索解决问题的方法，广告适用性强的特点更适合运用案例的方式来完善广告理论体系研究，用案例实践丰富理论缺陷，总结出更为实用的一般规律，更好地比较借鉴、继承传扬、与时俱进，实现广告学的不断创新、丰富和发展。

中国改革开放 30 年，从文化市场到文化经济，到文化产业这样一个过程，进行系统地梳理和总结。从当时的第三产业和第四产业到文化产业这样一个过程进行系统地梳理。当然也是从最早的，最开始讲文艺管理学，然后讲到文化管理学，然后文化产业管理学，这样一个过程要有系统的梳理。③ 文化产业作为一门新兴的应用学科，兼具理论性和实践性等特

---

① 李珍、郑新安：《交互营销》，186 页，北京，中国经济出版社，2008。

② 陈培爱：《广告学概论》，13 页，北京，高等教育出版社，2004。

③ 王育济在 2010 年 1 月“第七届中国文化产业新年论坛”上的发言：《文化产业学科建设要有四大意识》，北京大学主办，http://finance.sina.com.cn/hy/20100109/17437219410.shtml。

点，愈来愈受到学界和产业界的普遍关注。广告产业作为文化产业的主要内容之一，在推动我国社会经济发展过程中发挥着重要作用。2012年2月，由中共中央办公厅、国务院办公厅联合颁发的《国家“十二五”时期文化改革发展规划纲要》指出，要实施一批重大项目，推进文化产业结构调整，发展壮大出版发行、影视制作、印刷、广告、演艺、娱乐、会展等传统文化产业。广告产业的本身属性使得它无论在单个的产业中还是在整个社会上都具有不可忽视的重要地位（关于广告产业与广告市场的相关内容将在其他章节专门探讨）。大多数经济学家、市场学家和广告学家都承认广告对企业的生存与发展起到了重要的促进作用，但也有少部分学者认为广告提高了企业生产成本。但不可否认，商品经济发展到今天，无论是媒体、企业还是消费者都已离不开广告，它已渗透到社会生活的方方面面，这已经成为不容置疑的客观事实。《2011中国广告市场与媒体研究报告》指出：“2011年中国广告市场继续保持上扬态势，以刊例价计算，广告投放总额为6693亿元，比去年同期增长14.5%，高于GDP 9.2%增长率。”由此观之，广告业在推动国家经济和社会发展中发挥着巨大作用。

第二节　广告策划概述

一、广告策划的内涵

（一）策划的内涵

策划一词，在我国古典文献中最早见于《后汉书·隗嚣传》：“是以功名终申，策画复得。”其中“画”与“划”相通，“策画”即“策划”。

从中文词源看，“策”同“册”，是中国古代书写的一种文字载体，古代用竹简或木简记事著书，成编的叫做“策”，以后又发展为应考者参加科举考试的一种文体，至今已演变为“计谋”、“谋略”之意，比如我们常说的“上策”、“下策”、“献计献策”、“束手无策”都属于这种用法。

策划的“划”，亦作“画”，也是“计划”、“打算”之意，由此可见，策划是指与计谋相关的一种行为过程和方法系统。

从英文词源来看，策划一词发源于战略中的计划“strategy”，以后又演变为“strategy”和“plan”的结合，也有人将之翻译为企划，事实上，策划与企划同属于一个概念，也被人习惯称之为企划。关于策划的定义，有很多种说法：

陈放在《策划学》一书中将策划定义为：指运用人的智能，对未来所做的事情进行预测、分析，使之有效完成。

日本策划家和田创认为，策划是通过实践活动获取更佳效果的智慧，它是一种智慧创造行为。

《公共管理》一书认为：策划在本质上是较佳决定手段，也是行动先决条件，策划包括确定某机关或事业的目的，以及达到目的的最佳手段，策划在其运作过程中能影响管理者的决策、预算等，简言之，策划即是管理。

"哈佛企业管理丛书"编纂委员会对策划有一个相对比较权威的定义："策划是一种程序，在本质上是一种运用脑力的理性行为。基本上所有的策划都是关于未来事物的，也就是说，策划是针对未来要发生的事情作当前的决策。换言之，策划是找出事物的因果关系，考虑未来可采取的途径，作为目前决策之依据。亦即策划是预先决定做什么、何时做、如何做、为谁做。策划如同一座桥，它连接着我们目前之地与未来我们将经过之处。策划的步骤是以假定的目标为起点，然后订出策略、政策以及详细的内部作业计划，以求目标之达成，最后还包括成效的评估与反馈，然后返回到起点，开始了策划的第二次循环。策划是一种连续不断的循环……要策划再策划以求计划之确实可行。"①

总结以上定义，我们可以得出策划的概念包含以下要点：

1. 从过程上说，一份策划包括预测和决策两个步骤。

预测是指依据一定的方法和规律对事物未来的发展趋势进行分析和评估。决策是在预测的基础上选取最优方案的过程。

2. 从内容上说，完整的策划包括战略策划和战术策划两个方面的内容。

战略策划是统筹综合性的资源，确定宏观而长远的目标和方针。战术策划则是为了实现战略计划而采取的行之有效的行动方案，富有操作性。

3. 从性质上说，策划是一种复杂的综合性思维工程。

第一，策划是策划者运用知识、信息、智慧进行的复杂脑力劳动，一项复杂的思维活动过程。

第二，策划既要运用逻辑思维，又要运用富有创意的感性思维，对各种思维方法的综合运用是策划成功的关键。

---

① 徐智明、高志宏：《广告策划：广告策划的全新范本》，16页，北京，中国物价出版社，1997。

4. 从范围上说，策划存在于人类的政治生活、经济生活、企业经营和个人行为等诸多方面，使用范围非常广泛。

（二）广告策划的内涵

1955年公共关系学创始人爱德华·伯纳斯出版《策划同意》一书，第一次使用策划一词，并将策划概念全面引入公共关系的理论和实践。

英国伦敦的博厄斯·马西来·波利特广告公司的创始人、广告专家斯坦利·波利坦于20世纪60年代在广告领域率先使用了策划这一概念，从此策划概念逐步影响到整个英国广告界。美国的奇阿特·戴广告公司较早引入策划这一概念，一些创意性广告公司相继成立策划部门。从此，广告策划思想及工作方法迅速在西方广告界普及开来，许多国家都建立了以策划为主体、以创意为中心的广告经营管理体系。① 广告策划的出现是现代广告实践和理论发展的结果，它使广告学的结构体系更加丰富，使广告理论有了长足的发展，成为现代广告活动科学化、规范化的标志之一。

广告策划可以分为整体广告策划和单项广告策划两种形式。整体广告策划是指具有系统性的、规模较大的、一连串的、为达到同一目标所做的，将各种不同广告进行组合的策划。单项广告策划是指为一个或单一的广告进行的策划。单一的广告策划，可以使个别的广告增强说服力，提高广告效果，顺利实现单个广告要达到的目的。②

关于广告策划的要素，无论何种形式的广告策划，基本上都包括策划者、策划对象、策划依据、策划方案、策划效果评估五大要素。③ 广告策划的五大要素相互影响、相互制约，构成一个完整、系统的有机体系。

1. 策划者

策划者即广告的作者，它是广告策划活动的核心，策划者的素质直接关系到广告策划的结果。广告策划者必须才思敏捷，知识丰富，能够敏锐把握市场趋势和消费者的内心体验。

2. 策划对象

策划对象是指广告主或所要宣传的商品或服务，它决定着广告策划的类型。譬如，依据不同的策划对象，广告策划可分为企业形象广告策划和商品销售广告策划。

---

① 黄淑芬：《广告学原理与策划》，20页，北京，中国物资出版社，1998。

② 翟年祥、邹平章：《广告学教程》，107页，成都，四川人民出版社，2001。

③ 参见余明阳、陈先红：《广告策划创意学》，11－12页，上海，复旦大学出版社，1999。

3. 策划依据

策划依据是指策划者必备的信息和知识。策划依据通常包括两个部分：一是策划者的知识结构和信息储存量，科学策划首先要以此为基础；二是与策划对象相关的专业信息，比如企业信息、产品特征、广告预算等等，这些信息都要作为策划活动的重要依据。

4. 策划方案

策划方案是策划者针对策划对象而制定的一套策略、方法和步骤，也是策划成果的表现形态。策划方案要同时具备指导性、可行性、创造性、针对性等几个特点。

5. 策划效果评估

策划效果评估是对策划方案实现后可能产生的结果进行评判，以此来预测广告策划活动的成功与失败。

二、广告策划的作用

（一）强化广告活动的计划性

最初，广告只是一种临时性的促销方式，缺乏长远的规划。随着广告业的成熟和发展，广告已不同于从前的分散随意，而是逐渐演化为一项错综复杂的系统工程。因此，现代意义上的广告活动，需要具备高度的计划性，诸如广告资金预算及分配、广告投放日期、广告媒体组合等内容都要在策划中提前设计，考虑周详。广告策划保证了广告活动始终都能在既定的轨道上有条不紊地进行。

（二）提升广告活动的竞争性

广告策划的科学、规范运作，提高了广告行业的整体水准，提升了广告的传播效率。广告策划特别强调对竞争因素的研究，人们不再是静态地以线性的思维研究广告传播规律，而是在一个动态的、充满多变性的竞争环境中思考广告传播的战略和策略。在策划时，要仔细分析竞争对手的状况，知己知彼。经过广告策划，可使广告成品扬长避短，在动态的消费者环境中制定广告战略，从而提高广告活动的竞争力。从某种意义上说，市场竞争就是策划的竞争。谁的策划更高明，谁就能赢得市场，在市场竞争中立于不败之地。①

---

① 陈培爱：《广告策划原理与实务》，10页，北京，中央广播电视大学出版社，2001。

（三）确保广告活动效益性

广告作为一种投资活动，其目的是追求投资效益的最大化。广告策划将企业的短期计划和长远计划相结合，既在广告活动的不同阶段有所侧重，又保持了广告活动整体的连续性。在策划中，根据产品的生命周期制定相应的广告战略，让广告效果更加明显。同时，广告策划在统筹广告主与广告活动、集体力量，树立商品品牌形象方面也具有重要意义。① 广告策划通过全面的市场考虑，最大程度地降低了成本，形成了规模性的广告效应，确保以最少的投入，获取最大的回报。除了经济效益之外，广告策划对社会总体消费环境、人文社会环境的关注和考量，也使广告的社会效益和心理效益获得极大的提升。

（四）提高广告业的规范性

广告策划是商品经济发展的必然产物，是广告活动得以有序进行的可靠保障。

第一，广告策划使广告公司的服务与广告主的营销活动达到空前统一。将广告纳入企业营销的整体活动中，保证了广告活动和营销活动的密切配合，保证了广告活动在营销活动中的战略地位和特定作用。

第二，广告策划使广告公司的服务更加专业化。最初的广告是一种简单的推广行为，到 19 世纪逐步形成了系统的设计、制作程序，出现了媒介代理公司。20 世纪 50 年代广告策划概念形成后，广告公司发展到以策划为前提，以创意为核心，从广告创意、文案设计、制作设计、媒体组合到效果评估的全方位服务公司，全面提升了广告公司的服务标准。

第三，广告策划对广告公司人员的选择，组织机构的设置提出了更高的要求。一方面，广告策划需要具有策划能力的人才，还要配备市场营销、文案设计、媒体组合等方面的专业人才。另一方面，以广告策划为核心的广告运作模式要求广告公司设置以广告策划为核心的组织机构，如创意总监、设计总监等。

三、广告策划的内容

（一）广告市场调查

广告市场调查有助于企业了解市场信息，把握公众对企业的态度和要求，是广告策划的前提和基础。只有获得科学、完整、准确的相关信息资

① 方亮：《关于现代企业广告活动策划的方法》，《设计》，2005（2）。

料，才能制定出科学合理的广告策划方案。首先，要确定广告调研所设计的调查范围、调查对象及调查方式等，然后从广告环境、广告主信息、产品情况、市场竞争状况以及消费者需求等方面进行深入调研。广告策划人员收集信息后，对信息进行整理、分析，找出广告宣传的问题点、优势点和机会点，为广告的目标决策提供信息基础。

（二）广告目标的确定

广告目标是指广告所要达到的目的。广告目标是企业营销目标之一，而营销目标又是企业总目标之一。广告活动的目的在于提高产品的知名度，激发消费者的购买欲望，为实现营销目标进而实现企业目标服务。企业的广告目标有长期目标、短期目标、广告活动目标和特殊目标之分，通过上述不同目标的实施，使广告达到传播某种信息、让人了解产品或服务、促进产品销售、树立某种良好的形象的目的。

（三）明确广告对象

在广告策划中，明确广告对象是一项重要的工作，通过确定广告目标市场而实现。任何一个广告都面对着众多的消费者，而任何一个广告都不可能打动所有的受众，所以必须找准具有共同需求的消费群。为了准确地找到广告对象，首先必须根据市场细分策略，把市场划分为不同类型的消费群体，这样有助于缩小广告对象的范畴。其次，对潜在的客户群体进行分析，找出他们的购买习惯、购买动机等，从而把握某类消费群体的消费态度。最后，突出对消费者关心点的把握，摸准消费者的心理，才能有效地提出广告的诉求重点。

（四）提炼广告主题

广告主题是广告的中心思想，统率着广告作品的创意、文本、形象、衬托等要素。广告主题的构思，也是明确广告诉求的过程。提炼广告主题要从主题的三个基本要素——广告目标、信息个性和消费心理三个方面入手，挖掘各要素的融合点，正确处理企业与消费者利益的关系，并在外界情况发生变化时有针对性地进行调整。实际上，广告主题是由大量信息综合而成的，特别是有关广告的企业信息、商品特性、与其他商品的关系以及社会价值等。

（五）广告创意表现

创意是广告策划活动的灵魂。它是属于广告创作的一项专门学问。①

① 翟年祥、邹平章：《广告学教程》，119页，成都，四川人民出版社，2001。

创意是通过构思、创造意境来表现主题，它的生命力在于独特性、想象力和情节性。广告创意即是通过各种传播符号，形象地表述广告信息，其作用是把广告主题形象地表现出来。成功的广告创意可使广告作品在内容和形式上令人耳目一新，具有强烈的感染力和感召力。在广告创意构思过程中，创意人员的主要任务是形成广告宣传的设想方案，包括确定宣传重点与提出宣传内容，创作广告文案及决定广告表现策略等。

（六）广告媒体计划

广告媒体计划，就是在广告费用预算之内利用媒体组合把广告信息有效地传达给广告目标受众，它是当代广告策划的重要内容，影响着广告的得失成败。选择广告媒体应充分考虑媒体的特点、性质、作用，媒体的传播范围和质量，媒体的受众特点、广告到达率以及媒体费用等因素，再根据广告目标、受众对象、广告预算等综合分析与权衡之后进行有效的媒体规划和组合。如果媒体组合及广告发布时机安排得当，那么广告投放所产生的规模效应和累积效应就比较好；反之，广告主所付出的广告费就有可能付诸东流。

（七）广告费用预算

广告预算是企业投入广告活动的费用计划。编制广告费用预算的目的，是为了更有计划地使用广告经费，控制不必要的支出，使广告更有效率，并为评价广告效果提供具体的经济指标。准确编制广告预算是广告策划的主要内容之一，是广告活动能否顺利展开的保证。广告预算要考虑以下因素：（1）广告对未来销售的影响。（2）广告投入与销售、利润的关系。（3）市场范围与广告投放范围的大小比例。（4）市场竞争状况。

（八）广告效果评估

广告效果的好坏将最终体现出广告活动的成功与否，它是广告主最关心的部分。过去，我国的广告策划工作极度缺乏这一部分的工作内容，而如今广告效果评估已经逐渐彰显出举足轻重的地位。因为广告活动最终要落实到广告效果上，根据效果评估，广告主及广告公司就拥有了把握广告活动的风向标——才能选择最好的诉求，创作最有说服力的信息，选择最恰当的媒体及媒体组合，实现预期的广告目标。

四、广告策划的程序

（一）广告策划的四个阶段

广告策划的理论过程，主要可以分为四个阶段，即调查分析阶段、决策计划阶段、执行实施阶段、评价总结阶段。①

1. 调查分析阶段

这个阶段，主要是进行市场调查与分析研究。调查分析的内容主要包括企业产品的历史、现状、特点及营销状况，消费者的需求、动机及购买能力，市场的社会经济环境、市场对产品的容量及竞争状况，并根据市场调查所取得的资料进行分析研究，然后根据市场调查和分析研究结果写成市场调查报告，为企业营销和广告决策提供依据。

2. 决策计划阶段

这个阶段，主要是对广告活动的整体过程和具体环境进行决策和计划。在市场调查、分析、研究的基础上，制订广告战略，确定广告目标、广告重点、广告区域，并以此为中心，决定广告策略，明确广告表现以及媒体组合，然后进行广告预算，并根据上述内容，制订、写作广告计划。

3. 执行实施阶段

这个阶段，主要是执行并实施广告决策与计划。广告计划经过有关部门批准之后，广告人即可进行广告设计、创作，制作成广告作品，并对广告效果进行事前测定与评价，然后定稿并按计划实施发布。

4. 评价总结阶段

这个阶段，主要是对广告发布后的传播效果和促销效果进行测定评估。广告作品发布之后，要运用各种方式对广告效果进行调查，并根据调查结果写出广告总结报告。②

（二）广告公司的运作程序

1. 成立广告策划小组

广告策划要集结各方专业人士进行集体决策，因此首先要成立广告策划小组，成员包括业务主管、广告文案撰稿人、美术设计人员、市场调查人员、媒体联络人员、公共关系人员等。

（1）业务主管，又称 AE，一般由广告公司总经理、副总经理或业务经理、创作总监、策划部经理等人担任。在广告公司里，业务主管具有特殊的地位，他是沟通广告公司和广告主的中介。一方面，他代表广告公司与广告主洽谈广告业务；另一方面，他又代表广告主监督广告公司一切活

① 参见蒋旭峰、杜俊飞：《广告策划与创意（第二版）》，84－85 页，北京，中国人民大学出版社，2011。

② 参见徐智明、高志宏：《广告策划》，29－30 页，北京，中国物价出版社，1997。

动的开展。业务主管水平的高低是衡量一个广告公司策划之优劣的重要标志之一。

(2) 策划人员，一般由策划部的正、副主管和业务骨干担任，主要负责编拟广告策划书。

(3) 广告文案撰稿人，负责撰写各种广告文稿，包括广告正文、标题、新闻稿、产品说明书等。

(4) 美术设计人员，专门负责进行各项视觉形象的设计。除广播广告之外，任何一类广告都需要美术设计。因此，美术设计人员是策划小组很重要的组成部分。他们必须具有很强的领悟能力和将策划意图转化为文字和画面的能力。

(5) 市场调查人员，能进行全面的市场行情调查，并能撰写精准而有针对性的市场调查报告。

(6) 媒体联络人员，要求熟悉各种媒体的优势、劣势、刊播价格，拥有一定的媒体资源，能够按照公司既定的广告战略及时争取到广告版面或播出时间。

(7) 公共关系人员，能够为广告公司创造融洽、和谐的公众关系氛围，获得各有关方面的支持和帮助。同时，能够从公关角度提出行之有效的建议。

在上述七种人员中，业务主管、策划人员、美术设计人员三者是策划小组的中坚力量，是不可或缺的。

2. 制定工作时间表

以保证广告策划的各个步骤能够在规定的时间内完成。

3. 向有关部门下达任务

包括向市场调查部门下达市场调查和资料收集的任务，向媒介部门下达提供最新媒介资料的任务等等。

4. 商讨本次广告活动的战略战术，进行具体的策划工作

这是策划最重要的部分，也是本书最重点讲述的内容。

5. 撰写广告策划报告

将广告策划的内容以广告策划文本的形式表达出来，并且对策划结果进行检核、对策划书文本进行修改等等。广告公司最终呈现给广告主的就是这份报告。这个策划报告也就是广告计划书，是整个策划活动的书面报告。

6. 向客户递交广告策划报告并接受客户审核

将广告策划书提交给客户审核，对重点问题进行必要的解释和说明，听取客户的意见，与客户就广告策划的内容和结果达成一致。若广告客户不认可，则必须修改，直到广告客户同意方可定稿，进入执行阶段。

7. 将策划意图交职能部门实施

设计制作部将广告创意转化为可视、可听的广告作品，媒体部按策划书的要求购买媒体的时间和空间。

8. 广告策划效果评估

按照既定目标对广告运作结果进行评价或总结，效果评估包括事前评估、事中评估和事后评估。

9. 广告策划的总结

广告活动结束后，对广告策划工作进行总结，同时撰写总结报告并存档。

五、广告策划的原则

（一）整体性原则

广告策划概念的形成，是基于广告相关资源的无序性。广告策划的本质，是将广告活动作为一个有机整体来考虑，从整体与部分、部分与部分之间相互依存、相互制约的关系中，寻找系统特征和运作规律，让广告策划更加行之有效。

广告策划是由广告策划主题、广告策划对象、广告策划依据、广告策划方法和广告策划结果等要素构成的一个完整的运动系统。这些环节和部分环环相扣，共同构成一个协调统一的整体。具体来说，广告策划的整体性原则体现在以下几个方面：

首先，广告和产品作为同一系统中的两个子系统，要形成一个互相统一，相互协调的整体。产品决定广告，广告服从产品。若广告的调子高于产品本身的质量，则会让消费者觉得发布虚假消息；若广告的调子低于产品本身的质量，则会影响预期效果。第二，广告的内容与形式要协调统一。内容决定形式，形式服务于内容。第三，广告策划的各种手段应该相互配合，避免出现广告主题之间毫无关联，甚至自相矛盾的现象。第四，保持广告活动与外部环境的信息交流。广告活动要与外部环境相适应，充分利用外界的各种有利因素，以提高广告的效能。

（二）效益性原则

广告活动属于企业经营活动的一部分，因而广告投入理应为企业带来合理的收益回报。广告策划的效益性主要表现在三个方面：

1. 经济效益

这是广告投入最直接、最具体，也是广告主最关注的广告效益。从狭义的角度看，广告的经济效益就是用较少的广告费用，取得较大的广告效果。对于大多数企业来说，增加广告费用的投入有可能带来销售收入的增加，但是过分沉重的广告费用负担也可能增加企业运行的风险。解决的出路就在于提高广告策划的水平，认真进行经济核算，选择最优方案。

2. 社会效益

广告又是一种文化现象，因而也讲求社会效益。首先，广告策划要在合法的基础上展开，广告主的利益不能凌驾于社会利益之上，不能策划有违民族尊严，传播淫秽色情的内容。第二，广告策划要对一个社会已经形成的伦理道德给予足够的尊重与重视。第三，广告策划要有益于公众与社会利益，秉着为社会大众服务的宗旨，正确引导消费者，倡导健康的生活理念和生活方式，鼓励良好的社会风尚和人际关系。

3. 心理效益

除经济效益、社会效益之外，广告策划还有一种重要的功效——心理效益。广告是一种信息传播行为，其目的和作用形式，是为了改变人们的心理态度，促使其形成对所广告产品的消费行为。因为心理活动的复杂多变，再加上受不同文化、观念、环境和心理特征的影响，对同一信息的理解会千差万别。但是因为社会文化等因素的影响，消费心理会形成一个相对稳定的模式，形成一定的心理趋同性，这也是广告发挥效益的重要保证。

广告策划必须综合考虑这种心理效益，尽力使广告方案实现经济效益、社会效益和心理效益的和谐统一。

（三）目标性原则

明确目的是开展任何活动的首要问题，广告策划也不例外。在广告策划的过程中可能会出现多个目标或多重目标——长期目标、短期目标、战略目标、战术目标、利润目标、市场占有率目标等，但是通常只能针对一个主要目标或一两个次要目标，任何一次广告策划不可能解决所有问题。大卫·奥格威认为，如果企业期待广告面面俱到，那么“这种贪得无厌的心理会使品牌落入一个完全丧失个性的下场，欲振乏力，一事无成。在今天的商场上，一个四不像的品牌很难立足，就好像太监无法当皇帝一样。”

在广告活动开展之前，广告策划必须从营销的总体战略出发，设计自己的目标和方向，配合营销战略的实施。同时，广告策划又是一个系统工程，在每项策划的具体工作中，都必须围绕总目标，设计每项工作的具体任务。广告调查事先必须明确调查的目的，才可能设计调查内容，进行有效的调查及分析；广告策划必须紧紧抓住广告目标，进行系统资源配置；广告创意的本质是对广告的创造性设计和表现，创意方向必须围绕广告目标；而广告媒介策略更直接受制于广告目标群体，如果受众不是目标群体，则所有的广告投入都是浪费。

（四）操作性原则

广告策划的最终目的是对广告活动的全过程起到指导作用，因而应该具备可操作性，包括在实际的市场环境中有可操作的条件、在具体实施上有可操作的办法等，环节明确，步骤具体，使得广告活动在策划的指导下顺利进行。

在调研准备阶段，调研目标和范围的确定既要保证一定的样本数量，确保科学性和真实性，也要尽量降低成本。同时，调研方法的可行性也非常重要，在有能力获取第一手资料的同时，综合运用第二手资料作为适当的补充。在策划实施阶段，对广告投放时间的掌握、广告媒体的选择及广告创意表现上，要考虑广告主的经济承受能力和市场的客观情况，做出最切实可行的决策。

第三节　广告策划书

广告活动内容经过运筹策划，由构想、思考酝酿逐步成形，需要用广告策划书的形式表现出来。广告策划书是广告策划方案的物质性载体，是由广告策划者根据广告策划的结果撰写、提供给广告客户审核、认可，为广告活动提供策略指导和具体实施计划的一种应用性文件。

一、广告策划书的作用

（一）广告策划书是对某个产品或品牌在未来的广告活动期间对广告、促销活动与公关宣传的建议方案。

（二）广告策划书是指出并说明如何发展成为一个计划的逻辑和理由，以及其中蕴含的机遇。通过分析企业或产品所面对的问题与机会点，策划人员将说明其所建议的计划应该如何解决这些问题，并且怎样利用这些机会点。

（三）广告策划书是指导行动的纲领性文件。实施一项广告策划，首先要有一个切实可操作的策略，并根据需要安排一系列过程表，并具体设置各种协同进行的活动。广告策划书把这一切步骤通过文字形式加以表述，使之成为正式的行动指导文件。

（四）广告策划书是广告费用具体开支的清单。由于每一项具有一定规模的广告运作涉及经费数额巨大，所以广告策划书对企业的财务支出计划非常重要。

（五）广告策划书的撰写标志着广告策划运作的结束，撰写广告策划书是为了将广告策划运作的内容和结果整理成正规的提案提供给广告客户。

（六）广告策划书是制定广告策略和广告计划的唯一依据。广告客户首先通过策划书来了解广告公司策划的基本情况，并据此判断广告公司所制定的广告策略和规划是否适合本公司的实际情况和预期要求。

二、广告策划书的类型

广告策划书大体可以分为表格式和书面语言叙述式两种形式。

表格式的广告策划书采用分栏式列出广告主当前的产品销售额、产品销售量、广告目标、广告诉求重点、广告对象、发布广告的时间和地区、广告内容、广告表现战略、广告媒体战略、其他促销策略等内容。一般来说，广告目标包括知名度、理解度、喜爱度、购买愿意度等内容。通常情况下，广告目标不把产品销售量或销售额设定为衡量标准。这是由于产品销售量或销售额只是广告结果测定的一个参考数值，它们还会受商品（劳务）的包装、价格、质量、服务等因素的影响。这种形式的广告策划书涵盖的内容相对简单，不够全面，因而应用范围不是很广。

以书面语言叙述的广告策划书，是将广告的策划方案以书面的形式撰写成文，应用范围比较广泛。

三、形成广告策划书的步骤

撰写广告策划书，大致要分为三个阶段：

（一）分析研究

这是撰写广告策划书的准备阶段。在这个阶段，主要是搜集有关市场、商品、消费者、企业以及与企业相关的外部环境的资料，并加以分析研究。

（二）拟定策划书纲要

在第一阶段分析研究的基础上，大致框定广告策划的基本内容，写出提纲。

（三）具体执行计划

根据计划纲要的要求，编撰广告策划书。

四、广告策划书的结构

目前在营销和广告界，广告策划书的格式灵活多变，并无固定的格式，通常广告策划书应包括以下几个部分的内容：

（一）封面

一份完整的广告策划书文本首先要包含一个信息要素齐全、设计美观的封面，以给阅读者留下良好的第一印象。策划书的封面要提到以下信息：策划书的名称、被策划的客户名称、策划公司或策划人的名称、策划日期、策划书编号等。

（二）广告策划小组名单

在策划文本中要写上广告策划小组人员名单，以向广告主昭示广告策划运作的规范程度，也可以表达一种对策划方案负责的态度。

（三）目录

目录一般放在封面之后，它实际上是策划书的概要。在策划书目录中，应该列举广告策划书各个部分的标题，如有必要，应该用简明的图表将各个部分的内容加以联系。目录的用途主要表现在两个方面：第一，目录可以使策划文本显得正式、规范；第二，可以让广告客户通过浏览目录，快速地获取最为关注的内容的位置，大体了解策划书的内容，并清晰地把握策划的重点和线索。

（四）前言

前言是对策划书内容的简要介绍，一般包括本次策划的缘由和意义，或客观地点明被策划企业所遇到的困难和目前的处境等，以及需要通过策划解决的问题。在前言中，应该概述广告策划的目的、策划的过程、策划所运用的方法和手段、策划书的主要内容等，让广告客户对策划的整体情况有一个基本的认识。

（五）内容摘要

内容摘要也可以出现在前言中。摘要通常是将本次广告策划的目的、方法及主要策划成果等，以“摘录要点”的形式说明，字数以300—500

字为宜。在有限的字数内，尽可能多地提供定性或定量的信息，着重向广告客户展示策划的精髓所在。对于客户最感兴趣的策划是否使用了创新的概念或手法的内容，一定要在摘要中重点说明，以唤起客户的阅读兴趣。

摘要写作的注意事项：

1. 摘要应避免进行常识性的解释和评论，特别是自我评价，一般不出现在策划书之中。

2. 不要重复已出现在标题上的信息。

3. 逻辑清晰，表述简明、精准，不分段。

4. 采用第三人称。建议采用“报告了……现状”、“进行了……调查”、“对……进行了策划”等记述方法。

5. 使用标准化的术语，不用非公知性的符号和术语。

6. 除非无法变通，公式、插图、表格等一般不要出现。

7. 不用引文，除非该文献证实或否定了他人已出版的著作。

8. 最大程度地降低缩略语、略称、代号的使用频率。

（六）正文

这部分将在下文中详细介绍，这里不另作说明。

（七）附录

在广告策划文本的附录中，应该包括为广告策划而进行的市场调查的应用性文本和其他需要提供给广告主的资料。

1. 市场调查问卷

2. 市场调查访谈提纲

3. 市场调查报告

……

（八）封底

五、广告策划书的正文

广告策划书的正文，一般由如下部分组成：

（一）广告环境分析

主要分析企业、产品、市场和消费者的基本情况，并在此基础上展开广告策划。

1. 企业经营状况分析

全面了解企业的经营状况，是广告策划的基本依据。企业经营状况分析的主要内容包括：

①企业的背景状况分析，如企业人员基本构成、企业管理概括、企业资产实力、企业科技开发实力、企业盈利水平和企业文化等；

②企业的基本职能分析，如企业的系列产品、特色服务项目、市场营销策略、企业形象、员工及领导的态度等；

③企业的市场竞争能力，如企业在市场竞争中的优势及劣势、企业或产品的市场竞争能力、产品的市场占有率等。

2. 消费者分析

消费者分析对广告策划具有重要的参考意义，也有利于使广告客户信服并批准广告策划。消费者分析部分应对广告将针对的目标市场有一个准确的描述，其主要内容包括：

①人口统计因素分析，如目标消费者的年龄、性别、收入、教育、种族、职业等；

②消费者需求状况，如需求类型、需求变化趋势、影响需求的因素（经济因素、社会因素、心理因素、文化因素等）、公众的特殊要求等；

③消费者对企业产品质量、性能、技术、价格、包装的评价等；

④消费者的行为模式与影响因素，消费者的消费时尚、消费心态等。

3. 产品分析

详细了解产品的信息，是广告策划的基础。针对产品信息的分析，主要内容包括如下几个方面：

①产品背景信息分析，包括产品开发历史、生产历史、生产设备、生产技术革新史、生产过程、生产技术、公众消费典型事例、原料特色与应用、产品生命周期等；

②产品特征分析，包括产品外形特色、基本规格、花色、款式、价格、质感、包装设计、产品基本性能及技术指标等；

③产品相关信息分析，包括产品的市场定位、产品在同类产品中地位、使用产品的环境要求、顾客从产品消费中所能获得的利益等；

④产品形象分析，包括企业赋予产品的形象、消费者对产品形象的认知、质量形象、心理形象、文化形象、产品的知名度与美誉度及产品的市场认可度等。

4. 市场分析

掌握市场信息不仅有助于广告策划者针对目标市场的需求、动机和行为制订有效的广告计划，而且可以预测竞争者可能的反应，并在此基础上修正计划，以抵消竞争因素对广告活动预期的影响。这方面的调查内容主要有：

①市场文化环境分析，如社会主流文化、民俗文化、消费文化、心理文化、法规文化、色彩文化等；

②市场消费状况分析，如国民经济状况、消费市场的规模、消费主体的构成、消费潜力的水准与转移、季节性消费因素等；

③竞争对手情况分析，包括竞争对手的市场占有率、促销策略、产品特征、市场优势、利润、广告策略、营销策略等；

④市场商品格局状况分析，如市场上商品的数量、品种、规格、外观、供求关系、价格及其变化趋势等。

（二）广告战略或广告重点

制定广告战略通常以产品的市场定位和市场调研结果为基础，明确广告策略的重点。在这方面，主要阐述广告主题，解释用什么方法让产品在消费者心目中留下深刻的印象，用什么方法激起消费者的购买欲望，进而改变消费者固有的认知观念，使之建立一种新的购买习惯。有的广告策划书在这部分内容中增设促销活动计划，写明促销活动的目的、策略和设想。还有时候把促销计划作为一个单独的文件处理。

（三）广告传播对象

广告的目标对象必须通过对消费者年龄、收入状况、文化程度、心理特征以及需求、生活方式和消费方式的界定，使之明确化。面向消费者进行品牌传播，要注意现有消费者与潜在消费者并重。不能因为对方已经成为自己的消费者，就不予重视。否则，很有可能把已有的消费者推向竞争对手，由于口碑效应，对其他潜在消费者也会造成极大负面影响。

（四）广告地区

根据产品定位和广告市场定位，分析出企业的目标市场，并确定广告传播的地区，同时说明选择此特定分布地区的理由。

（五）广告创意策略

广告创意构思的第一个任务就是确定宣传的重点内容，提出鲜明的广告主题。广告创意是广告主题的艺术化表现，常常以一种向目标市场“承诺”的方式表现出来。在创意策略确定后，还必须以目标受众能够接收并乐于接受的形式表达出来。策划书应该详细说明广告实施的具体细节和在广告运作中运用的表现形式。

（六）广告媒体策略

广告媒介的选择，直接关系到广告活动的成败。确定某种广告媒介策略，必须先确定以下五个方面的内容：在什么时候，什么地方，运用哪些媒介，按照什么样的组合方式，进行什么内容的宣传。这被称为五个问题媒介计划法，简称“五W媒介计划法”。

撰文者应该将涉及的媒体计划清晰、完整而又简短地列出来，详细程度可根据媒体计划的复杂性而定，也可另行制定媒体计划书。一般至少应清楚地叙述所使用的媒体、使用该媒体的目的、媒体策略、媒体计划。如果选用多种媒体，则需对各类媒体的刊播及如何配合加以说明。①

（七）广告预算

广告预算包括广告费总额及其分配情况。广告策划书仅说明这些通常是不够的，还应列明详细的费用项目。如制作费须列明制作材料的费用，评估费中必须列明事前测定创意等项目的费用及其他事中、事后的各项评估费用。广告预算的确定方法，也是这部分的重要内容。如果是采用竞争对抗法确定预算，就要详细说明有关竞争对手广告费的数据是如何取得的，其可靠性如何。

（八）广告效果评估

简要说明广告效果评估的内容、方法，评估的时间以及评估的费用。此处通常要特别明确一点，即评估费用是属于广告费用还是销售费用，一般应列为广告费用的一项。

六、广告策划书的写作要求

（一）以解决问题为核心

评价广告策划书的好坏，首先取决于它是否清楚地发现了企业广告战略及策略上的问题点，是否提出了合适的解决方案。审核的内容主要涉及：

是否有明确的产品定位。产品的概念、目标受众是否准确，是否抓住广告策划书写作的核心问题。策划书中广告诉求主题和表现方法是否简洁明了。策划实施策略是否具有可操作性，且能以较低的投入获得最大的收益。

（二）目标明确，指标量化

首先，策划书中所涉及的广告目标要十分明确。广告策划书中涉及的营销目标（销售额、市场占有率、购买率等）和传播目标（如知名度、认

① 贾洪芳、韩鹏：《广告策划》，248页，北京，北京大学出版社，2010。

知度、理解度等）都应明确地设定出来。其次，广告策划书中的各项工作指标标准要具体量化，必要时用数字来表达。如广告活动中目标对象的人数、覆盖区域的范围、广告活动的预期购买率、销售量的增长率等。第三，对广告策划实施过程的监控方式要有所提及。广告策划不仅要体现广告实施后的结果，也要设置相应的管理和监督手段，及广告投放后的监测方法，以确保达到策划的预期效果。

（三）符合市场和产品的实际情况

消费者的生活状态和价值观的差异，导致他们购买产品的动机和消费行为不尽相同。因而，广告策划者对市场、产品及消费者实际情况的把握程度直接关系到广告活动的结果，这也是策划书评审需要着重审视的问题之一。

（四）具有较强的可操作性

对策划方案进行审核时，首先要看该方案在客观实施环境中是否具有可行性。其表现为：第一，广告策划书的总体思路是否适应多变的市场，从而保证广告目标的明确性和广告实践的有序性。第二，广告策划的各个系统和环节是否组成了一个和谐统一的整体，广告活动中每个个体的工作情况，以及每个环节的关系是否妥善处理。因此，必须考虑广告中的创意表现方法受到人员、设备、经费和制作手段等诸多因素的影响，在策划时要在综合考量的基础上谨慎选择。

（五）简洁明确，重点突出

明确广告目标就是确立一个与营销策略相配合的广告目标，是鼓励原有客户，还是吸引潜在顾客；是巩固自己的市场定位，还是从竞争者手中争得市场份额，目标必须清晰明确。目标一旦明确，广告策划的每一个环节必须服从、服务于这个目标。写作广告策划书，要注意突出重点，抓住企业营销中所要解决的核心问题，深入分析，提出可行性的对策与具体行动计划。对策与计划必须针对性强，利于实际操作，不具操作性的方案，创意再好也无任何价值。另外，还应有意识地把产品的营销广告策划与树立企业形象联系起来，使企业与社会公众之间保持顺畅与持久的沟通，从而也助力企业的长远发展。①

（六）应系统化地制订策划方案

以消费者为中心的广告策划方案，是运用多种传播方式向消费者传达

① 胡泉燕：《谈旅游广告策划书的写作》，《时代经贸》，2010（18）。

核心的、相互关联的信息，是为了满足现代营销的新要求而进行的整合营销传播手段。在撰写策划书时要注意，策划方案能否和营销紧密联系，是不是将综合性营销融入到了广告策划之中。

（七）适当运用形象化的手段加以配合

策划书的文字表达只能给人理性的概念认识，如果能够适当地运用视觉化的手段加以配合，则会一目了然，加深对策划书的理解与记忆。策划书中常用的形象化方法有两种：一是可以把策划书中的部分内容做成流程图，如媒介传播计划、广告预算等；二是创意设计部分，如报刊广告、电视广告的设计，可以配以图案，实际上是把创意形象化了，使人容易理解。①

七、策划书文本写作的技巧

（一）信息组织的技巧

1. 明确信息的属性和文本的结构。在开始写作文本之前，撰写者首先应对策划文本要传达的信息有总体的把握，分清各种信息的不同属性，然后按照已经拟订的结构，将信息分门别类。这样，复杂的信息就可以显示出初步的条理性。

2. 把握重点。在众多信息中区分出最重要的信息，并且将它们作突出的传达，这样就可以避免文本中信息芜杂、主次难以区分的缺陷。

3. 信息的层次化。在策划文本中，要明确信息的层次和彼此的联系，使信息传达层次分明。

（二）行文的技巧

1. 使用明确的标题。在策划书文本中，应该包括不同层次的大小标题。标题应该明确，并且提示出重点内容。

2. 使用短小的段落。在策划书文本中，大段的文字很难吸引人阅读，因此要使用比较短小的段落，并且一个段落只传达一个重点信息。

3. 使用明确的序号。明确的序号可以使信息脉络清楚，层次分明，还可以给阅读者以明确的阅读提示。

4. 尽量避免使用专有名词。只有在广告策划者和广告主对某些专有名词有比较一致的理解，使用专有名词不会发生误解和理解的困难时才可以使用。

---

① 贾洪芳、韩鹏：《广告策划》，246 页，北京，北京大学出版社，2010。

5. 语句简短，避免冗长。

6. 少用或不用代名词。

7. 在分析之后要有简短的要点归纳或者结论性的语句。

8. 注明资讯来源，增加信息的可信程度。

（三）接近读者的技巧

要了解接受者，包括他们的人数、地位、年龄、理解能力等，其中接受者的理解能力最为重要，接受者的理解能力因人而异。针对不同的接受者，撰写广告策划文本的方式也应该有所变化。

（四）情报视觉化的技巧

广告策划中的情报以详细取胜，但是详细的情报却存在如何有效传达的问题。为了便于接受者理解并产生深刻印象，对情报进行视觉化处理是非常必要而且有效的方法。提案的目的就是要说服接受者，为此常常需要提供客观的数据来支持论点，而较多的数字通过语言表达，常常会显得冗长拖沓。因此，使用图表来传达数据是广告策划书文本常用的一种方法。将情报进行视觉化处理，具有以下的优点：

1. 同样的时间可以传达较多的情报量，而传达同样的情报量所需要的时间则较短。

2. 视觉化的情报比通过语言传达的情报更利于记忆。

3. 接受者单纯阅读文字容易疲倦，使用视觉化的情报可以使策划书文本富于变化，这样容易吸引接受者的注意力。接受者可以通过自己的理解对资料进行整理，因此理解的程度会加深。

视觉资料构成的要素：

①标题。简洁地标明图表的内容。

②内容。指图表要传达的情报。

③图形。将需要传达的内容做视觉化的表现。

④注脚。对视觉传达和主要内容的补充与解释。

⑤资料来源。为了增加资料的可信度，所有的资料都应该注明来源。

⑥序号。图表的序号对加深接受者的理解没有意义，但有助于使策划书文本显得条理清楚、逻辑严密。

决定将数据以图表的方式传达，必须使用最正确、最适当的图表。如果图表使用不当，就会影响数据传播的效果和说服力，甚至出现与预期相反的结果。

（五）提升文本整体形象的技巧

广告策划文本要注意整体形象的统一。策划书文本形象统一后，容易使接受者产生前后一致的理解，策划文本容易被接受。如果形象不统一，即使内容十分精彩，也会降低说服接受者的效果。

1. 文本总体布局的技巧

（1）文本应该有正式的封面和封底。

（2）有简明的目录。

（3）第一层次的标题独占一页，在标题下面提示重点内容。

2. 版面的技巧

（1）版面的大小、空白的多少，对整个策划文本是否容易读下去并且容易理解具有相当大的影响力。版心的形状应该与纸张的形状相似。

（2）版心的大小以占纸张面积的60%－70%为宜，经测试表明，70%面积的版心最易于阅读。版心与页缘的上下左右等距。

（3）内文的版式应该根据版心的形状来设定。

（4）使用的图表与文字应该具有平衡感，在视觉上做到不别扭、不突兀。

（5）版面的布局应该按照视线移动的规律来进行。视线一般是从上到下、从左到右，按顺时针方向移动，因此重点的部分要放大，而且放在视觉中心的位置，比较次要的内容则安排在比较边缘的位置。

3. 装订的技巧

策划文本的装订方式有多种，如穿孔式装订、螺旋式装订等，但是应以便于翻阅、不遮挡版面为首要原则。一般说来，使用穿孔式装订（2 孔或 4 孔），应该保留 25 毫米的空白作为装订线；使用螺旋式装订，应该保留 15 毫米的空白作为装订线。

4. 字体的技巧

策划书文本中文字字体的大小应根据内容的重要程度而有所区别，各级标题应该使用比正文稍大的字体，字体的级别不应超过 3 种。

八、广告提案

（一）广告提案的概念

广告策划书是将广告策划结果用书面方式表达的一种静态的形式。在实际广告经营过程中，虽然完成广告策划书，有时还不能够完全达到广告主的要求，广告主往往还要通过召开广告专门会议的方式，更为直观地听（视）取对广告活动的构想、方略，这就是广告提案。广告提案是使用视听媒体作为辅助手段，将广告策划的主要内容向广告主所作出的口头陈述。

（二）广告提案与广告策划的关系

对于广告策划书而言，广告提案则相对形象具体，信息传播具有直接性和双向性。两者之间的关系主要体现在以下方面：

1. 同属广告计划的有机组成部分

广告策划书和广告提案的表达方式虽然有一定差异，但两者都是进行广告策划的有效手段和方法。

2. 广告提案源自广告策划书

广告提案截取了广告策划书的核心、精华之处，主要包括：明确的广告目标、市场状况分析、所要采取的广告策略、广告创意、广告活动的具体实施方案、预期实现的传播效果等，内容简洁明了，结合必要的视听媒体加以表现效果尤佳。

3. 广告提案重在阐释广告策划的精髓

广告提案是对广告策划书的再加工，在广告策划书的基础上进行信息编码，把广告整体策划的精华体现出来，但不能违背、脱离广告策划书的主要构想。

4. 广告计划的最后环节

广告计划的方案能否被广告主理解和接受，往往依赖于广告提案是否成功。如果广告提案失败，那么前期所做的工作将会徒劳。因此，广告提案的工作不可等闲视之，从某种程度上说，其重要性不低于广告策划书。每次组织和参加提案会，应认真分析研究会议的主要目的和性质，从而确定该提案的方向，做好场地的布置安排，包括座位、灯光、茶点、可能使用到的设备道具和其他细节。

5. 重视沟通技巧和临场发挥

在通常情况下，正式陈述提案，要营造出专业氛围和距离感，时间要充裕；非正式陈述提案时，则相对轻松随意，彰显出一派亲切、融洽的景象。提案的主持人、主讲人和监督人，都要仔细斟酌会场布置情况，注意调节气氛。主讲人要思路清晰，口齿伶俐，表达流畅、准确。在陈述提案时，既要充分展示策划的核心思想，达到自身目的，彰显自信，又要学会换位思考，关注广告客户的立场和利益。

陈述广告提案是一个劝服的过程。这种劝服是否具有说服力，是否被接受和认可，关乎传播技巧。首先，要能把复杂和难以理解的思想观念转化成易于理解的概念信息，简洁易懂的同时还要对背景、过程有必要的交代。然后，要对参加提案会的广告主人员组成有充分的了解，这样可以在陈述提案的过程中把握好分寸，有一定的针对性。之后，恰当地使用视听手段加以辅助说明，让提案的重点突出，层次分明，便于受众的理解和记忆。另外，还要能够创造双向甚至多向的沟通机会，注意广告主的反馈信息，与广告主进行有效互动。

（三）广告提案的程序

广告提案是一个过程，而不只是局限于提案会的一个短短的时段，它有其自身的模式。①

1. 提案设计

对于广告公司而言，广告提案的诞生是整个工作团队花费大量心血才得到的成果，因此不能随便地推向客户。对于客户而言，对提案的评价决定了客户是否为广告公司的服务付费。因此广告公司必须投入相当的心力来设计提案，为整个提案的进程做好规划，赋予其适当的形式。

2. 提案准备

由于客户是在提案会短短的一段时间内为判断找依据，所以广告公司必须用最好的沟通者作为提案人，并组建提案小组做好一切准备工作。提案的准备工作在以下几方面展开：

①与客户沟通。提案准确前，首先要与客户方取得联系，确认提案会的时间、地点、议题、双方参与人员等等。沟通过程中，要详细了解对客户方参与提案会的主要成员的情况，以确定提案会的基调。尤为重要的是，客户方的决策人必须被准确地辨识，因为这位决策人的决定会主宰提案会的成败。

②执行排期。明确提案的时间、地点之后，需编制具体的执行排期表以利于监督工作的进一步执行。

③提案会演示。在提案中，要想时刻抓住客户的注意力，使之精神集中，就要充分发挥主讲人的感染力以调动与会者。主讲人的表达要灵活，具有很强的临场发挥和掌控会场的能力，可以充分调动情绪以感染与会者。此外，运用多媒体手段在吸引听众兴趣、展示逻辑和观点、资料方面也有突出的作用，目前广告提案多运用PPT、投影仪等进行展示。

---

① 参见陈培爱：《广告策划原理与实务》，318－321页，北京，中央广播电视大学出版社，2007。

④提案文本资料。交给客户的提案文本只能是提案内容的纲要，以免客户在提案会上只注意文本而忽略提案者。提案材料要简单、大气。提案中的图表要字迹清晰、赏心悦目、简洁紧凑。提案材料的尺寸、字号、标点、色彩、标志等要规范连贯。尽量使用图表化的演示方式，以突出提案的重要内容。

⑤提案设备及提案。现场布置、提案现场的气氛、周围的环境等对提案的结果也有影响。如果提案在广告公司进行，一般会选择公司专用的会议室。如果提案在客户处进行，那么广告公司在提案前就需做充分的准备，如现场的座位安排、文本摆放、演示设备的使用以及空间、光线和音响效果等。

3. 预提案

一般情况下，提案都需要在提交前进行预演，预提案既是完善提案的重要步骤，也是模拟听者提问、准备现场答问的一种手段。预提案过程常常邀请策划团队之外的人员参加，这样才有可能从更为客观的角度发现策划提案存在的缺憾和漏洞，以便在正式提案之前修正这些细节问题。有时，预演期间会发现许多问题，问题改正之后，还需要再次预演，但预演不必过于频繁，以免消耗演讲者的精力。

4. 提案会

虽说做了充分的准备，但在正式提案时什么情况都有可能发生。这就要求提案人能随机应变，适时地调节现场气氛，而提案时间过长亦会增加不确定因素。心理学研究表明，人的注意力在 10 分钟时最高，其后急速下降，30 分钟后降至谷底。所以要保持客户的浓厚兴致，一般不宜将提案延长至 30 分钟以上。

5. 提案结论

提案会的结束并不意味着提案的结束，会后要及时将提案成果整理成备忘录由双方签认，可以使提案的效果更加充分；介入提案的公司高级管理层人员（通常为总经理）应在会后与客户决策人作非正式的交流，这样做既能强化提案效果，也争取听到客户决策者个人的意见。

第二章　广告策划的前期工作

第一节　广告市场调查

一、广告市场调查的含义和目的

（一）什么是广告市场调查

广告调查是指与广告活动有关的部门或单位为实现广告目标所做的一切调查，包括市场调查、媒体调查及广告效果调查。当然，广告市场调查是广告调查的一项核心内容。

广告市场调查主要包含三个层次：

微观意义上的理解是对广告活动内部有关事项的调查。所谓广告调查，是为了探求广告对广告接受者的影响而作的调查。换言之，是为了测验广告的效果，利用各种方法所从事的测验或调查。① 调查的内容包含了广告信息调查、广告媒体调查和广告效果测定三个部分。

中观意义上的理解是指伴随着广告活动所进行的一切调查活动。调查的内容包括广告传播者、广告信息、广告物、广告媒体、广告受播者五个部分。②

宏观意义上的理解，不仅以“市场”为对象，而且往往将市场影响的每一阶段，包括营销环境的内部、外部分析，产品功能设计的确定等为决策者所需要的信息均纳入调查研究的范畴中，在比较广义的范围内讨论广告市场调查。近年来，由于市场营销观念的不断发展，尤其是“整合营销传播”理论的推广和实施，广告活动的范围出现了革命性的变革，广告研

① 樊志育：《市场调查》，122页，上海，上海人民出版社，1995。

② 黄升民等：《广告调查》，26页，北京，中国物价出版社，2002。

究的对象正在进一步向企业营销的其他领域渗透，比如奥美“品牌管家”概念的提出，再比如央视提出的企业、广告代理公司、媒体长期间的“关系营销”等，已不是传统广告活动的概念所能包括。①

事实上，企业的广告行为与营销行为的界限已经非常模糊，在此背景下所谓的广告调查，意义就更为丰富，也更能切合实际的需要。

（二）广告市场调查的目的

市场调查作为一种手段，其最终目的是促进营销。任何一个企业只有在充分认识市场情况的前提下，才会有针对性地进行市场营销，并为企业的经营发展制定长期规划。广告市场调查有利于企业搜集市场信息，了解现有市场经济运转现状，预测市场发展的大体趋向，从而使营销战略适合于市场经济发展的现状。

另外，市场调查作为广告创意与策划的依据，能向广告主提供广告决策所需的信息，帮助广告主选定适当的广告计划和实施方案。具体表现在：广告市场调查可以将产品的市场位置加以确定，从而选择有效的广告策略和最佳诉求点，实现与消费者的沟通。同时，广告调查可以使广告策划主体根据不同的市场行情、消费走势乃至社会文化的背景条件，确定以何种广告媒体推介产品，把握广告推出的最佳时机，以达到事半功倍的效果。

二、广告市场调查的内容

（一）市场环境调查

市场环境构成的因素很多，在广告调查中，具体应该侧重对以下几个方面的调研：

1. 人口统计

包括目标市场的人口总数、性别、年龄构成、文化构成、职业分布、收入情况，以及家庭人口、户数和婚姻状况等。通过对这些数据的统计分析，可以为细分市场提供依据，从而为确定广告诉求对象和诉求重点提供方便。

2. 政治经济因素

政治因素主要包括政治体制、行政组织、法律体系、各种法规、国家政策、地方性政策法规、重大政治活动等内容；经济环境包括社会经济发

① 马中红：《广告整体策划概论》，50页，苏州，苏州大学出版社，2007。

展水平、工农业发展现状、商业布局、信息水平、商业习俗、交通环境等，还包括特定的国际贸易规则、国际投资情况、国际竞争状况等。这是制定产品策略、销售策略和进行广告决策的依据。

3. 社会文化与风土人情

主要包括民族、文化艺术、教育水平、生活方式、流行风尚、民间节日、社会风俗、社会舆论、道德信誉、民间禁忌、宗教信仰等内容。对这些内容进行分析，可以为确定广告的表现方式和广告日程提供依据。

（二）广告主企业信息调查

1. 广告主企业的基本情况

广告主企业的基本情况主要包括：企业的经营历史、生产规模、设备技术、经营理念、经营方向、经营范围、营销能力、营销战略、营销目标、企业人员素质等。这些信息可以为广告创意提供思路和依据，让广告策略有条不紊地实施。

2. 广告主企业形象

广告主企业形象的调查是了解公众对品牌的认知，再有针对性地进行广告策划。企业形象调查的内容很多，具体包括品牌形象、技术形象、企业识别系统等。通过企业形象调查，可以真实地反映出公众内心对企业的整体印象。广告公司可以据此对比其与企业自身设定形象的差距，从而有针对性地施行广告活动和公关活动。

（三）产品信息调查

大卫·奥格威曾经说过："研究你要做的产品，对它了解越多，你就越能想出把产品推销出去的伟大构想。"他曾用三个星期的时间调查研究劳斯莱斯汽车，终于酝酿出了一个伟大的创意——"在60英里的时速下，这部劳斯莱斯最大的噪音来自车上的电子钟。"可见产品信息调查是广告市场调查的重要内容。

产品信息调查主要有以下几个方面：

1. 产品类别

即产品是属于生产资料还是消费品，生产资料的类型有原料、辅料、设备、工具、动力等，消费品的主要类别有日常用品、选购品和特购品。

2. 产品结构与外观

主要包括产品的内部构造、成分组成与含量、外形特色、尺寸规格、外部质感、花色品种、款式式样、包装设计等。

3. 产品生产流程和技术

主要包括产品的生产历史、生产过程、生产设备、制作技术、原材料使用情况、技术规范与质量标准、产品合格率、获奖情况等。

4. 产品功能和利益

产品的物理功能、产品利益、产品价值、与同类产品相比的特殊功能和特定价值。

5. 产品价格

产品除了正常的销售价之外，还有折扣价、批发价、中间渠道价、成本价、季节性价格、清仓价等不同的价格策略。

6. 产品服务

产品服务是影响产品销售和产品形象的重要内容，尤其是耐用消费品和重要生产设备。产品服务包括产品销售服务、售后服务、服务指标等。具体来说，包括代办运输、送货上门、代为安装调试、操作人员培训、维修和定期保养等。其中，优质的服务态度是获得消费者信任和青睐的关键因素。

7. 产品生命周期

产品生命周期是指产品发展历史过程中表现出来的规律性，一般产品的生命周期可分为引入期、成长期、成熟期、饱和期和衰退期。产品处于不同阶段时，其生产工艺、消费者需求、市场竞争等情况都不相同，要采取的广告策略也是不同的。

（四）市场竞争性调查

现代商品市场，产品的竞争异常激烈。这种竞争的激烈程度对产品的销售利润的影响是相当大的。因此，对产品的市场竞争性的调查也是决定产品市场销售成败的关键。

1. 正确识别竞争对手

竞争可分为直接竞争和间接竞争两种。直接竞争是指经营同类或类似产品的行业之间的竞争。间接竞争则是指经营种类不同但用途相同的企业间的竞争。竞争性调查主要包括：市场结构的分布、市场占有率的变化趋势、主要竞争对手的状况、本企业在竞争中赢得胜算的可能性。

为了了解和分析有关产品在当地市场的竞争结构和变化趋势，调查工作必须搜集以下几方面的情况和资料：（1）是否存在直接竞争；（2）主要竞争对手是谁，占有多少市场份额，其生产规模和扩大销售的计划又如何；（3）除主要竞争对手外，其他潜在竞争对手的情况；（4）是否存在间接竞争；（5）目前市场上还存在什么样的空白等等。

2. 主要竞争对手的状况

主要竞争对手的状况包括：主要竞争企业的经营历史、生产规模、设备技术、资金状况、营销能力、领导及员工素质等；主要竞争对手的产品成本优势、劣势、价格以及对市场的控制能力；主要竞争对手的广告目标、广告定位、广告诉求对象、广告诉求点、广告表现形式、媒体策略、费用投入等。

3. 分析其他竞争对手的经验

在认真分析研究主要竞争对手的同时，还必须认真分析研究那些规模较小但能成功地占有一定市场份额的企业的经验，以便寻找到打开市场销路的机会和突破口。

（五）消费者调查

你知道人们在一杯饮料里通常放几块冰吗？一般来说，人们都不知道，可是可口可乐公司知道。这是美国作者约翰·科恩在谈到美国公司重视对消费者情况的基本调查时说的一段话："尽管，在一杯饮料中投放几块冰，对消费者来说，是微不足道的小事，但是对企业和广告公司来说却是一件极为重要的大事。由于可口可乐公司了解人们在一杯饮料里加放人造块冰的数据，该公司便掌握了美国餐厅块冰的需要量及各种饮料的需求情况。"① 由此可见，要想成为一家基业长青的企业，对消费者进行调查研究是多么的重要。

1. 消费者的基本情况

包括消费者的姓名、性别、民族、文化程度、居住地、家庭人口、职业、婚姻状况、收入水平和消费水平等基本情况。对这些基本情况的掌握是消费者研究过程中的首要问题，它有很强的指导意义。

2. 消费者的需求、动机、购买行为、购买习惯等

消费者的需求调查，主要是以一个地区或一个阶层的群众或集团为对象，研究影响他们消费需要的各种因素，包括经济因素（家庭收入、商品价格、商品使用价值等对需求的影响）、社会因素（文化、地位和社会关系等对需求的影响）、心理因素（需求层次、后天经验、态度信念、自我形象等心理因素对需求的影响）等。

购买动机是指消费者购买某种商品的目的，为什么购买？只有对消费者的购买动机进行分析，才有可能使广告宣传做到有的放矢。

---

① 姜伟：《世界广告战》，338页，沈阳，辽宁民族出版社，1993。

购买行为是指消费者在感情动机和理智动机的支配下，而对某种商品产生注意—兴趣—购买欲望—购买行为。购买行为大体分成四种，分别是：复杂性购买行为、简单购买行为、习惯性购买行为和随意性购买行为。广告就是一项针对不同产品和购买行为而设计的营销策略。

购买习惯是指消费者在何时何地以及如何购买的问题。消费者购买商品的时间是有规律可循的。当然，消费者的购买习惯也随着购买能力的强弱变化而发生变化。

三、广告市场调查的方法

（一）全面调查法

全面调查是一种一次性的普查。它主要是用于收集那些难以通过其他方法较为全面而精确地获得的统计结果，它要对与广告调查内容相关的调查对象进行逐一普查，如企业普查、某种商品社会拥有量的普查、库存商品的普查等。

一般说来，全面调查的方式有两种：一是组织专门的调查机构和人员，对调查对象进行直接调查；二是将机关团体、企业等内部的统计报表进行汇总。按第一种方式进行全面调查，工作量很大，需要很多人力、物力，而且必须有统一的领导、统一的要求和统一的行动。因此，这种方式在广告调查时较少采用，一般适用于专用性较强、使用范围较窄的产品调查。第二种方式相对比较简便，需要比较全面的统计资料时常采用这种方式。

（二）典型调查法

典型调查是以某些典型单位或典型消费者为对象进行调查，以调研结果推算一般情况的调查方法。这种方法适用于将总体作为调查对象的情况。

典型调查的主要特点在于，调查对象是调查者有意选择的，这样可以深入应用典型，密切关注事物的进展情况，了解现象发生的原因并掌握各种现象之间的因果联系。

这种调查方法投资较少，效率较高，关键是要正确选择具有代表性的典型。一般来说，当总体发展条件比较一致时，只需选择一个或几个典型就可以；而当总体较多而差异较大时，则需要把总体划分成几个类型组，再抽取其中各组的典型进行调查。

（三）文献资料法

文献资料法是一种间接的调查方式，即对各种文献、档案等文献资料进行调查研究，是对既存资料的使用。这种方法的优点是涉及范围广，可以不受被调查者地域的局限；花费少，是所有调查方法中最快速、最经济的方式。但这种方法也有一定的局限性，就是有时不能直接回答所面临的问题。

文献的获得应该围绕着目前需要解决的问题，尽可能收集一切可以利用的现成的数据和资料。文献的获得一般有两个来源：公司内部资料和外部数据库资料。

公司内部资料主要包括：顾客资料、档案库的营销记录与相关资料，企业的财务资料以及其他有关企业、产品有关的调查报告，管理总结和影像资料等。

外部数据库资料主要包括：各级政府部门和统计部门收集、编辑和公布的有关资料；贸易产业组织、各种经济信息中心、专业信息咨询机构、专业调查机构、各行业协会和联合会提供的市场信息及有关行业的情报；出版的书籍、报纸、杂志所提供的信息等。

随着电脑技术在信息处理和调查研究领域的广泛应用，调查人员能够轻易获取大量相关信息，而广告公司和广告企业对信息的日益重视以及不断完善的资料库，也为文献资料法的实施提供了更加便利的条件。

（四）观察法

观察法是指凭借肉眼或仪器进行实地考察，记录被调查者的行为，以获取各种资料的一种调查方法。观察法分为直接观察和仪器观察。

1. 直接观察

所谓直接观察，就是市场调查人员亲自到商店、经销店、卖场交易会等现场进行观察，从中了解有关情况，搜集所需要的资料。市场调查人员不必与消费者接洽，需要做的工作就是细心观察被调查者、事物、事件的行为模式。如：膨化食品妙脆角“可以套在手指上吃”的创意就来源于对儿童消费习惯的长期观察。

2. 仪器观察

在广告调研中，研究人员可以利用数码相机、监控器、跟踪器等专业仪器设备，对特定调查对象进行仪器观察。比如运用观测仪对某些广告的色彩进行视向分析，就可以对广告设计的视向流程作出判断。① 使用这种

---

① 吴志诚：《产品与工业设计（Part2）》，35页，台北，台湾新形象出版事业有限公司，1992。

方式的前提是，所需信息必须是能观察到，或是能从观察行为中推断出来的；观察行为的时间要相对较短，并且有一定的重复性。调查人员在观察时必须实事求是，客观公正，最好不让被调查者所察觉，否则就无法了解被调查者的自然反应。

（五）访问法

访问法是通过口头询问或发放调查问卷的方式向被调查者收集资料的一种广告调研方法。它大体可以分为：面谈访问、电话访问、邮寄访问和网络访问等形式。

1. 面谈访问

面谈访问是通过调查者与被调查者面对面交谈来获取与广告活动相关资料的调查方法。面谈的方式可以按照事先拟定的提纲进行，也可依据现场的状况自由发挥。面谈访问的使用范围很广，由于采用的是面对面交流的方式，拒答率较低，调查者可以采取灵活的方式，迂回提问，逐层深入。其不足之处在于成本相对高昂，需要花费调查者的培训费、交通费、问卷的制作费等。

2. 电话访问

电话访问是通过电话询问的形式了解被调查者对企业广告及如何做广告等问题的意见。电话调查法的优点是：成本较低，可以在短期内选择较多的调查对象，并可以访问一些无法进行个别访问的人；可以较为直观地听到被调查者对问题作出的反应。其缺点是：因为受到通话时间的限制，访谈内容不能太过繁复；不能与被调查者直接见面，不易得到对方的配合，拒答率高。

3. 邮寄访问

邮寄访问是将事先设计好的调查问卷邮寄给被调查者，由被调查者按照问卷说明填好并寄回的一种调查方式。其优点在于，调查范围不受地域限制，真实性高，被调查者有充裕的时间回答问题。这种方式的不足是，问卷回收率较低，回收周期较长。

（六）实验法

实验法是把调查对象置于一定的条件下，通过小规模的实验，来了解广告受众的评价意见，以及通过实验对比获取有关资料的方法。在广告调查中，实验法通常用于在广告活动展开前研究消费者对产品口味或包装、产品价格、广告信息的反应等。实验方式有市场反应实验、广告信息实验和媒体效果实验等。

这种方法虽然能在广告活动开展之前对广告和广告活动的实际市场效果作出预测，但由于众多的不可控因素，如消费者的偏好、竞争者的策略等，都有可能影响实验对象，进而影响实验结果。另外，由于实验调查获得资料的时间较长，费用较高，因此，这种方法在广告调查中的应用也受到一定限制。

（七）抽样调查法

抽样调查法是从所有调查研究对象中，抽出个别有代表性的单位进行调查，并据此对所有调查研究对象作出评估和推断的调查方法。抽样调查不是全面调查，但调查的目的则是为了取得反映总体情况的信息资料，从而获得全面调查所要达到的效果。按抽样的随机性，抽样方法可分为随机抽样和非随机抽样两大类。

1. 随机抽样

随机抽样也叫概率抽样，其特点是总体中的每个个体都有被抽到的可能，且被抽到的机率是均等的。由于随机抽样的样本分布较为分散，因而在实际操作中难度较大，相对费时、费力，但其调查结果的误差较小。随机抽样方法一般包括简单随机抽样、系统抽样、分层抽样、整群抽样和多级抽样。

2. 非随机抽样

和随机抽样相比，非随机抽样具有如下优点：抽样方法比较简单，省时、省力、花费不高。不足之处是，调查对象是未知的，样本的代表性差，抽样误差也比较大，通过抽样的结果推断总体情况的风险较大。常用的非随机抽样包括任意抽样、判断抽样、配额抽样、滚雪球抽样。

（八）问卷调研法

问卷调研是通过设计好的一系列有结构的问题以引出事实和意见的调研方法，它要求提供一个记录数据资料的格式化载体。问卷设计是广告调研中的重要环节。衡量一份问卷的优劣，首先是看它是否能够吸引调查对象的参与，并能激发被调查者对提供完整而准确答案的兴趣。

1. 问卷的基本结构

问卷一般由卷首语、问题和回答方式、编码和其他资料四个部分组成。

卷首语一般以肯定的预期说明问卷的调查目的、意义和主要内容以及填写问卷的说明等。为了唤起被调查者的参与热情，并获得他们的配合，卷首语的语气要真挚亲和、谦虚诚恳，文字要简明、通俗、可读性强。

问题和回答方式是问卷的主要组成部分，一般包括：调查询问的问题、回答问题的方式以及对回答方式的指导和说明等。

编码是把问卷中的问题和答案用选项的方式呈现，转变成为A，B，C或1，2，3等代号或数字，以便运用电子计算机对调查问卷进行数据处理。

其他资料包括：问卷名称、被访问者的地址或单位、调查者姓名、访问的日期时间、访问完成的情况、审核员姓名和审核意见等。这些资料都是分析和审核问卷的主要依据。

另外，有些自填式问卷还包括几句结束语。结束语一般很简短，对被调查者的配合给予诚挚的谢意，也可稍长一点，顺便征询一下对问卷设计及调查内容的看法等。

2. 问卷设计的过程

（1）明确所需的信息

为了确保所获取的信息能够清晰地呈现待解决问题的所有组成部分，首先要构建问卷的分析过程。要对目标群体有所了解，设计一份适合所有群体的问卷是不大现实的。

（2）规定访问方法的类型

访问一般描述三类问题：行为类、态度类和识别类。行为类问题是为了发现人们已经有过的消费行为，只描述事实而不关乎评价，如：你最常用的……（询问事实）；态度类问题是用来了解人们对产品使用或品牌偏好所持有的看法和意见，如：你为什么……（询问理由）；识别类问题是在被访问者同意的情况下，了解他们的年龄、性别、社会阶层、家庭构成等情况，以便识别被访者相互间的差异，提供分组信息（询问意见）。

另外，不同的访谈渠道对问卷设计也有不同的要求。在面谈访问中，一般被访问者手中持有问卷，可与访谈人员面对面互动，不排除可以提问一些冗长而复杂的问题。但如果是电话访谈，提问则应该尽量简洁。如果是互联网访问，则需考虑提问的跳跃性。

（3）确定每个问答的内容

问卷中的每一个问题均应对调研目的产生特殊的作用。即使在问卷开头提一些看似不相关的问题，也是为了营造便于吸引调查对象参与交流的氛围。有时，当所需信息具有双重性时，应分别提问而不要含糊不清，让参与者无所适从。

（4）确定问题类型

提问的方式有开放式和封闭式两种。开放式问题可以使参与者自由地表达观点，从而丰富调查者的认识。封闭式问题则是由调查者提供多种答案选项，便于参与者做出选择，让调查结果更加直观。

（5）选择问答题的措辞

要尽量采取明确又轻松的问题表述方式。避免多重含义的问题，避免主观诱导的提问，避免隐含假设和选择，避免使用正面或负面的描述。例如："您用哪一类剃须刀？"表达含混不清，应分解为：①你用的剃须刀是______。A. 电动　B. 机械　C. 其他。②你用的剃须刀的品牌是______。又如："你是否经常乘飞机？"被访者无法判断"经常"的频率，应当明确是每月一次还是每周一次。

（6）确定问答题的顺序

问题的顺序为：

①基本信息放在最前面，分类信息放在中间，鉴别性信息居于最后。

②掌握先易后难的原则，第一个问题要简单，容易唤起被调查者的兴趣。如果开头提出的问题就把被访者难住，他则有可能拒绝访问。

③总括性问题一般放在具体问题之前，先一般，后细节。要注意前后逻辑问题，比如："在选择洗面奶时你一般要考虑什么？"然后再问"洗面奶的香味对你选择洗面奶的重要性如何？"

（7）确定问卷的格式和排版

形式服务于内容，宗旨就是要使问卷方便答题、记录。

①把问卷分成若干部分，并依次编号，如：第一、二、三、四部分。

②一个问题，应排版在同一页，避免翻页查看的麻烦或出现漏题。

③跳转题借助箭头或图形标出。

④字体的大小、所占的空间、选项的顺序等都要仔细斟酌。

⑤对访问员的提示、对被访者的提示都要用特殊字体醒目地印出来。

⑥调查问卷的纸质要优良，如果超过了一定的页数，要把纸张装订成册，加上封皮，而不能只用订书钉订在一起。

（8）问卷的复制或印刷。

（9）测试问卷。

为避免人力、财力的浪费，在进行大面积调查之前可以先抽取少量样本调查，目的是检验所有的设计考虑是否合理、周全。测试过程中，预访问的对象必须是条件与正式调查对象相吻合的被调查者。

3. 问卷的设计方法

问卷设计是一项技术性很强的工作。除了依据客观的程序之外，还要求掌握一定的科学方法。常用的问卷设计方法有以下几种：

（1）填空式

即在问题后面的横线上或括号内填写答案的回答方式，如：

您的职业是______？

这种方式，适用于内容简短、易于回答的问题。

（2）两项式

即只有两种可选答案的回答方式。

如：您是否喜欢喝可口可乐？（请在适用的括号里打“√”）。

是（ ）；否（ ）。

这种回答方式，适用于互相排斥的“二选一”式的问题。

（3）列举式

即在问题中设计若干用于填写答案的横线，由被调查者通过列举方式作答的方式。如：

请问您选择笔记本电脑时最看重什么条件？（请列举最重要的两个条件）

第一个条件：______；第二个条件：______。

这种回答方式，适用于回答有几种互不排斥的答案的定类问题。

（4）选择式

即列出多种答案，由被调查者自由选择一项或多项的回答方式。如：

在购买私家车时，您认为哪种指标最重要？（请在您选择的项目后打“√”，可任选3项）

外形美观（ ）；结构合理（ ）；安全舒适（ ）；耗油量低（ ）；操作方便（ ）。

这种回答方式，适用于有几种互不排斥的答案的定类问题，在多个答案中，可规定选择一项，也可规定选择多项。

（5）顺序式

即列出若干种答案，由被调查者将各种答案进行排序的回答方式。如：

促使您购买手机的原因是？（请按重要顺序排序，1—7）

□品牌 □价格 □广告 □颜色 □性能 □他人推荐 □售后服务

这种回答方式，适用于要表示一定先后顺序或轻重缓急的定序问题。

（6）矩阵式

即将同类的几个问题和答案排列成一个矩阵，由被调查者对比着进行回答的方式。如：

要调查青少年的行为特征，可设置如下问题（请在适当的方格内打“✓”）

	14岁	18岁	20岁	24岁	28岁	30岁
①自主选购衣物	☐	☐	☐	☐	☐	☐
②上网玩游戏	☐	☐	☐	☐	☐	☐
③决定是否逃学	☐	☐	☐	☐	☐	☐
④交往异性朋友	☐	☐	☐	☐	☐	☐
⑤参加课余健身	☐	☐	☐	☐	☐	☐
⑥周末同学聚会	☐	☐	☐	☐	☐	☐

（7）比较法

即通过对若干品牌的产品、商标、广告的评价，可以判断出受众的喜好程度。比如：

品牌	喜欢	较喜欢	一般	较不喜欢	不喜欢
A					
B					
C					

（8）联想法

如果要了解品牌形象，可利用事先准备好的图片资料，让参与调研的实验者回答相应的问题。如对“诺基亚”的品牌调研提问。

A. 提到“诺基亚”您会产生哪些联想？

B. 如果把“诺基亚”当作一个人，您认为会是怎样一个人？

C. 将图片和人物组合，您想到的是什么？

（9）小组访谈法

小组访谈也称为座谈，是一种有结构的、直接的、多人的访谈方法。现行的小组访谈一般由8－12人组成，在主持人的引导下对某一主题或观念进行深入讨论。

小组访谈法不仅仅局限于“一问一答”的交谈，它们之间的区别主要表现为“群体动力”和“群体访谈”的不同。“群体动力”会形成一定的互动作用，这也是焦点小组访谈法成功的关键。某一个人的反应会引发对他人思想上的刺激，这种相互作用所得到的信息会比同样数量的人进行的单独访谈多出很多。

四、广告市场调查的程序

（一）明确调查目标

这是制定广告调查计划的第一步，包括界定广告调查问题、明确需要收集的资料、说明所要解决的问题。如果调查问题界定清楚，所需资料明确清晰，则能准确地说明所要解决的问题，并使调查工作有的放矢。

调查目标的确定是一个由抽象到具体、由一般到特殊的过程。调查者首先应限定调查的范围，找出广告中最需要了解或解决的问题，然后分析现有的与调查问题有关的资料，在此基础上明确广告调查需要重新搜集的资料，最后，写出调查问题的说明。

（二）制定实施方案

这是广告调查中最复杂的阶段，包括确定调查项目、调查方法、调查人员、调查费用等内容。

调查项目的选择取决于广告调查的目标。调查组织者在明确了调查问题之后，要将所要收集的资料加以分类，并使之具体化，直到成为能直接进行调查或分析的单个项目为止。

选择调查方法包括确定在何处调查、找何人调查、用何种方法调查以及抽样的设计。确定调查地点即规定调查的地区范围，它与目标市场的位置、顾客的聚集程度密切相关。确定调查对象主要是将目标客户按性别、年龄、收入、文化程度、职业等特性分类，确定被调查者应具备的条件。确定收集资料的方法一般是决定使用访问法、观察法、实验法，或是小组讨论法。若决定使用访问法进行调查，则还需要进行抽样设计。

调查人员的水平直接关系到广告调查结果的质量。调查人员所应具备的基本条件是：掌握同被访者沟通的面谈技能；有一定的想象力和创造力；熟悉广告调查所要解决的问题；善于观察和揣摩被访者的行为举止和心理变化；能正确表达所收集的资料；对此项调查具有相应的经验和知识。

调查费用的确定与调查项目、调查方法、调查范围等因素有关。

（三）整理分析资料

在实施广告调查以后，如果收集的资料较为准确和完备，就可进行整理和分析。整理和分析资料的过程也就是对资料进行研究的过程。

整理资料主要包括：编校，即对搜集的资料加以校对核实，消除其中不符合实际的成分，如不完整的答案、前后矛盾的答案以及调查员的偏见等；分类，即把经过编校的资料归入适当的类别，并绘制各种统计图表，以供资料分析时使用。

分析资料是一项难度很大的工作。首先要计算各类有关资料的平均数、标准差和百分率，使人们对调查结果有一个基本而又清晰的认识；然后采用图表形式找出资料之间的相互关系，之后需要使用相关系数和其他统计检验方法来测定资料间相互关系的密切程度；最后，运用统计技术，如多元回归分析、因素分析、判断分析、群体分析、正负相关分析和多向量表等方法，对资料进行多变数分析。

（四）撰写调查报告

调查报告是广告调研的结果，它对广告决策有重要影响。调查报告的撰写原则有：内容客观真实；语言简洁明了；结构完整严密。

市场调查报告没有固定的格式，一般由标题、目录、概要、正文、结论与建议、附件等几部分组成。

1. 标题

标题要醒目，一般应打印在扉页上，同时注明报告日期、委托方、调查方等。有的调查报告采用正、副标题形式，正标题是对调查主题的概括，副标题则具体指明调查单位和问题。

2. 目录

如果调查报告的内容、篇幅很长，则需要采用目录或索引的方式，列出调查报告所分的章节及附录，并列出标题、章节的序号及页码，便于读者查阅。一般情况下，目录的篇幅不宜超过一页。

3. 概要

概要是对本项调查进行的简明介绍，概要部分应明确：第一，谁委托该项调查或要求进行该项调查。第二，说明该项调查的目的和范围。第三，简要介绍调查对象和调查内容，包括调查时间、地点、对象及所要解答的问题。第四，调查的方法。第五，表示调查人员对这项调查的态度，以及对提供帮助的个人或机构的感谢。[①]

4. 正文

正文是市场调查分析报告的主体部分。主要包括：问题的提出、得到

---

① 赵鲁勇：《营销调研在医药市场营销中的应用》，复旦大学，2002。

的结论，论证的全过程，分析研究问题的方法，还应当有能够对广告决策者进行独立思考并有所启迪的调查结果，必要的市场信息和对这些情况以及内容的分析意见。

5．结论与建议

结论与建议是撰写综合分析报告的主要目的。这部分包括：针对引言和正文部分所提的论断，提出有针对性的、可供选择的解决方案。解决方案要和正文部分的论断一一对应，不能提出毫无根据的结论，也不能仅仅记录没有结论性意见的论证过程。

6．附件

附件是指调查报告正文不能包含或没有提及，但又与正文密切相关并必须加以说明的内容，是对正文报告的补充或更具体的说明。通常包括数据汇总表、原始资料、背景材料、空白的调查问卷、第二手资料来源的目录等。

第二节　广告目标的确定

一、广告目标的概念

“目标”在字典里的解释是：“所要达到的境地或者标准”。所以我们不难理解，广告目标是指在特定的时间之内，广告主对特定受众所要完成的特定传播任务。具体来说，就是广告主通过广告媒体将广告信息传递给受众时，所要达到的目的。

广告目标是广告传播活动整体计划的指引。只有广告目标确定后，才能开始规划广告的内容，广告媒体的选择，广告时间的安排，广告投放量等等，以便之后进行的广告活动能达到预期目标。

二、广告目标的特性及意义

（一）广告目标的特性

广告目标直接体现广告主的营销目标及营销理念，它的多重特性形成了广告表现的多样化以及对广大受众的直接影响力。具体来说，广告目标应具备如下基本特性：

1．精确性

广告目标要精确地反映出广告所要引起消费者反应的变化程度。比如：要在一年内将某品牌知名度提高10%，至于变化程度如何，则要根据消费者对某品牌已有的认知程度和态度、销售目标等因素来确定。

2. 具体性

广告目标要详细地指出，客户希望目标受众从广告中获得什么信息，保证广告目标的实现，以此为广告文案创作者提供指导。

3. 单一性

一般来说，一则广告要达到的目标只有一个。如果目标太多，广告传递的信息包含太多要点，容易让受众产生混淆，那么广告就没有起到应有的成效。比如，名人做广告虽然比较容易吸引观众的眼球，但人们往往忽略了广告本身和其所传达的信息，而更多地去关注名人。因此，如果想达成多个广告目标，就必须多做广告，通过一轮轮的广告战役，让广告的各个目标逐一实现。

4. 可测性

广告目标是衡量广告效果的标准。如果广告目标不能测量，广告主和广告策划人员就无从知晓广告是否取得了预期效果。譬如，根据消费者能否说出广告品牌名称，或说出广告品牌名称的人数占调查总人数的百分比就可测量品牌知名度这一目标的实现程度，可以判断广告创作是否有助于实现广告目标。

5. 时间性

广告目标首先要规定目标完成的期限，即时间性。目标实现的时间取决于广告目标的大小和难易程度。几个月到一年是绝大多数广告所设定的目标周期。通常情况下，为了提高品牌知名度的广告可以通过向目标受众广泛、重复地宣传，在一个相对较短的时间内达到目的。然而，如果产品需要重新定位，通过广告改变受众对品牌固有形象的认知，就需要花费很长时间。

6. 可行性

广告的目标要具有可行性，必须能运用有限的经费和资源，在激烈的竞争中立于不败之地，取得预期的效果。一旦把目标定得过高，导致无法完成，广告主会产生一定的挫败感，甚至会产生广告无用这样消极的想法。

（二）广告目标的意义

“人心齐，泰山移”，只有在统一的思想指导下，行动的方向才有可能保持不偏移。广告目标就是广告主通过广告活动所要实现的战略意图，由此可见，广告目标的重要性是不言而喻的。

1. 广告目标是广告整体策划的基础和方向

广告整体策划的实质是一系列的决策和行动，既有战略决策，也有战术决策。为了确保一系列决策之间不发生矛盾，就必须以广告目标为中心，统筹运作。广告整体策划的过程，包括主题定位、广告策略设计、广告媒体选择与组合、广告媒体的推广以及此后的广告创意表现，都将以此为中心制定出一套目标体系来，并以此作为策划、创意、表现的取舍标准。即有利于达成这一广告目标的方法和手段就是有效的，值得加以采用的；无助于广告目标达成的任何想法和创意，哪怕是非常杰出的，也只能忍痛割爱。

2. 广告目标的实现与否是衡量广告是否成功的评判标准

广告活动开展得是否成功，可能有许多评判标准，如产品知名度的高低、市场占有率情况的改变等。但是，如同“有一千个读者，就有一千个哈姆雷特一样”，评判标准的随意性是目前广告整体策划中存在的主要问题之一。广告目标是广告策划者预先确定的评价标准，借助事先设定的参数，参考具体的实际情况，评判一项广告活动的效果是否理想，就比较容易，相对客观了。

3. 广告目标的设定促进广告活动的协调沟通

在整个广告活动运行的始终，广告主一直需要担任协调工作。这种协调和沟通体现在两个方面：其一，通过设定广告目标，可以促使企业内部各个职能部门为实现既定的广告目标而相互配合、协调一致，从而使企业内部各个职能部门作为一个有机的整体为实现明确的既定的广告目标而共同努力。① 其二，广告主还必须同各类广告主体，如广告制作公司、广告媒体、广告公司等紧密配合，以确保广告活动的顺利展开。此外，广告主还要与相关政府部门、竞争对手、公益机构保持良好关系。

4. 广告目标的设定关系着企业的成本与效益

广告是一项经济行为，广告主的成本付出需要得到回报，并衡量其是否有价值。而科学、合理、可行的广告目标的设定是企业预期盈利水平的主要保证。同时，广告费用开支占企业财务开支的比重很大。如果没有广告目标或广告目标设定不当，要么广告费用投入太少，影响整个企业的营销战略；要么广告费开支太大，并不能产生预期效益，反而影响企业的财务平衡，甚至会拖垮企业。相反，恰当的广告目标可量入为出，广告费用

---

① 蒋旭峰：《广告目标的功能策略分析》，《学海》，2002 (2)。

的投入和企业的营销状况紧密相连，非但不会给企业造成沉重的负担，反而对企业的营销起到巨大的推动作用。

三、广告目标与营销目标

广告活动服务于营销活动，制定广告目标要围绕营销目标，但是，在实际操作过程中我们发现很多企业经常将广告目标和营销目标混淆起来，不加以区分。

（一）与营销目标的联系

广告目标是指广告所要达到的目的和应当完成的任务。营销目标是指企业进行营销策划时所要达到的目标。它包括财务目标（由利润率、销售额、市场占有率、投资收益率等组成）和营销目标（财务目标须转化为营销目标才能达成）。企业的营销目标和广告目标是有一定联系的，广告目标必须为企业的营销目标服务，必须绝对服从企业的营销策略，方能取得较好的市场效果。

譬如，在产品生命周期的各个阶段，企业的营销目标会随之而变化，广告目标也需随之而不同。产品导入期时，由于产品刚刚进入市场，企业的营销大多以创牌为目标。这个阶段的广告通常以提高品牌知名度为目标；而进入产品成长期，产品被市场迅速接受，企业的营销目标从创牌进入保牌阶段，广告目标也从建立品牌知名度，转向针对竞争对手，提高品牌识别的“差异化策略”；产品进入成熟期，企业的营销目标通常是尽最大可能吸引和稳定消费者，维持产品的市场占有率。为此，广告目标则致力于维持消费者对产品的热情，让产品品牌带动企业形象植根于消费者心里，为下一个新产品上市打下基础；若产品步入衰退期，企业的营销目标往往只是维持现有的市场需求水平，尽可能减缓销售下降的幅度。这一时期的广告会大量缩减，仅用来满足忠实消费者的需求。

（二）与营销目标的差异

广告目标和营销目标两者范围不同，内容也不同。两者的不同点主要表现在：

1. 测定标准不同

一般而论，营销目标是根据销售利润加以界定的，可以用数字金额来表示。广告目标通常根据送达目标——视、听众的购买信息或所达到的某种传播效果加以界定的，可以用品牌在消费者中的知名度、品牌认同度来表示。

2. 奏效时间不同

营销目标的时间周期是固定的，通常是以某一特定时间区间为衡量标准，比如：一年、一季度等。营销目标是即时效果，其效果能在规定的时间内表现出来。而广告目标的时间周期相对复杂一些。在许多情况下，广告目标具有迁延效果，也许在很短的时间内难以显现出来。广告费可能投资于本年度，其作用可能延后一两年后才能显现。

3. 结果表现不同

营销目标只要在规定的时间内完成，无论有没有达到目标，都是有形的结果，可以通过具体的措辞，如销售单位、销售利润、销售额、利润率等加以表现。而广告目标的结果却常常无法具体，有时甚至很虚化，因为消费者的认同度改变、购买心理变化等本身很难度量。

四、广告目标的类型

根据不同的划分依据，广告目标可以分为以下几种类型：

（一）按目标的具体作用划分

按照目标的具体作用划分，很难将所有类型的广告目标尽数列举出来，下面主要介绍九种类型：

1. 诱导实验的目标

新产品或新服务推出市场时，广告的目的是诱导尽可能多的消费者来观看、试验和了解新产品，并不要求广告真正带来销售额的迅速增加。

2. 扩大认识的目标

当产品已有一部分稳定的消费者，广告主不满足现状，想扩大市场占有率或调整市场位置时，广告的目的在于突出产品的某种特性，扩大知名度，争取更多的消费者。

3. 增强习惯的目标

对企业来说，培养一批稳定、忠实的消费者，是企业在市场中站稳脚跟的关键。所以，增强习惯的目标就是保持或培养消费者使用某一品牌产品的习惯。

4. 维持偏爱的目标

偏爱不同于习惯，偏爱较之习惯不稳定得多。它是消费者对产品反映出的风度、时尚等的一种钟爱的情绪。广告活动的目的，是通过广告不断反映本企业产品的时髦程度和优雅风格，以维持或加强消费者对该产品的喜爱。

5. 巩固形象的目标

对提供生活必需品的广告主来说，养成消费者对该必需品的使用习惯往往成为其广告的目标，通常与时尚相关。除此之外，还有另外一类产品，它不是生活必需品，与时髦程度又基本无关，广告的目的就是提供事实，巩固形象。

6. 培养对系列产品接受感的目标

当广告主的产品已有一两种为消费者所乐意接受，广告主要扩大企业总销售额，希望用名牌产品带动其他系列产品销售时，广告的目的在于突出其系列产品的共同特点，培养消费者对系列产品的接受感。

7. 改变习惯的目标

广告主推出替代新产品时，广告的目的首先是改变消费者原有的消费习惯，同时培养新习惯。如某一治疗感冒的药品有抗过敏的独特功效，该药品广告通过表现患者服用别的感冒药出现过敏、嗜睡或者其他烦恼来说服人们改变旧的用药习惯，培养对这一药品的使用习惯。

8. 改善形象的目标

当某一企业在消费者心目中形象不佳时，某产品的销售和其他经营活动必然受到影响，在这种情况下改善形象的目标就成为企业重要的经营目标，同时也成为广告的目的。当然，广告在改善形象方面也仅能担当某些任务，而不是全部。

9. 直接促进销售的目标

这是许多广告主乐意接受和安排的广告目标。广告目的就是为了使广告活动为企业带来订单或创造利润。

（二）按目标的不同层次划分

按目标的不同层次划分，广告目标可以分为总目标和分目标。

总目标是指从全局和总体上反映了广告主所追求的目标和指标。

分目标是总目标在广告活动各方面的具体目标，如广告目标可以分解为产品销售目标、企业形象目标、信息传播目标、预算目标等。

（三）按目标所涉及的范围划分

按目标所涉及的范围划分，可以分为外部目标和内部目标。

外部目标是指和广告活动的外部环境有关的目标。如市场目标，包括市场占有率、市场覆盖面、广告对象；计划目标，包括销售量目标、销售额目标、利润率目标等；发展目标，包括树立产品和企业形象、扩大知名度和美誉度、企业生存和发展等；竞争目标，包括与主要竞争对手相比较的广告投放量、媒体投资占有率、广告出现频率、总收视率等。

内部目标是指与广告活动本身有关的目标。如广告预算目标，包括投入与产出的目标；质量目标，包括广告传播的创意、文案、制作等；广告效果目标，包括广告的传播效果、销售效果等。

（四）按目标所涉及的内容划分

按目标所涉及的内容划分，可以分为产品销售目标、企业形象目标和信息传播目标。

产品销售目标是指通过广告活动促使消费者产生对某种产品购买行为的目标。

企业形象目标是指要树立企业形象，提高企业整体知名度和美誉度的目标。

信息传播目标是指要规定广告信息在传播过程中对消费者产生影响所要达到的程度的目标。

（五）按目标的重要程度划分

按目标的重要程度划分，可以分为主要目标和次要目标。

主要目标涉及全局，是广告活动的重点，要全力以赴。绝对不可放弃主要目标，而追求次要目标。在一定条件下，为了整体利益，在广告活动中宁愿放弃次要目标，也要保证主要目标的实现。

（六）按目标的期限划分

按目标的期限划分，可以分为长期目标、中期目标和短期目标。目标一旦确立，就必须确定实现目标的指标和期限，以使目标可以控制和执行。

若某项目标无法计量时，则应采用“项目进度表”的方式表明目标实现的程度。例如：广告的目标是要提高产品形象。在一个月内，企业收到消费者的不满和疑虑的信件和电话减少，甚至还有对该产品有了好感的信件和电话。通过广告传播前后对比的方式，表明产品形象这一目标实现的程度。提高产品形象的前提在于产品质量和售后服务水平的提高。

五、广告目标的制定

（一）广告目标的制定原则

广告目标是广告主对广告活动提出的要求，也是评价广告效果的标准。广告目标是否得当，关系到广告计划的制定和实施，关系到广告效果的好坏，也直接关系企业所获得的经济效益。因此，广告目标的确定要遵循科学的原则，要注意以下几个方面：

1. 符合营销的整体目标

广告属于企业营销的组成部分，但又是相对独立的部分，是企业营销目标在广告活动中的具体化。无论广告归于哪类目标，都必须要与总体目标相适应，并使其与其他目标协调统一，才能达到整体的实现。否则，广告活动就失去了意义。

2. 要可行合理

广告目标的制定要从实际出发，将影响企业发展的各项制约因素考虑周全，不能好高骛远，也不可以盲目地降低标准，尽可能重点突出、可行合理。

在确定广告目标时，既要考虑广告如何与企业的其他促销手段相协调，又要考虑到广告与企业其他部门活动相协调，确保广告目标能被其他营销部门接受。

同时，广告目标还要有一定弹性。在广告实施过程中，企业的内外环境可能发生难以预料的变化。为了适应这种变化，配合企业的整合营销传播，广告目标也要随之作出相应的调整。但调整的幅度要维持在广告目标所能允许的范围内，而不能彻底地改变广告目标。

3. 要标准具体

广告目标不能混淆不清，太过笼统，而应当尽可能地标准化、数量化、具体化。这种方式，有利于广告计划的实施，也方便广告公司对最终的广告效果进行评估。具体包括两个方面：第一，广告目标必须明确，并且有确定的衡量标准可以被检测。如市场占有率、广告投资额、产品销售增长率等。第二，广告目标能够划分为一系列具体的广告活动目标。

4. 要重点突出

市场环境复杂多样，广告活动要解决的问题也很多，因此广告目标的制定就更要分清主次、抓住重点。众多的广告目标之间往往存在着矛盾，如果追求过多，广告活动就会多头并起，杂乱无章，难以获得预期的效果。在目标制定的过程中，要以集中性为原则，将目标分类合并，或按目标的重要性程度进行排序，使整个广告目标形成一个重点突出的目标系统。

5. 有一定公益性

尽量将企业利益同社会利益结合起来，使两者相互促进，建立起符合社会利益的企业形象，这也是企业广告目标的最终目标。

（二）确定广告目标考虑的主要因素

广告目标并不是可以随心制定的，要制定出正确合适的广告目标，就必须系统地分析和全面地考虑影响制定的因素。这些因素包括：

1. 企业经营战略

广告是为企业经营服务的，其最终目的是为了销售产品。很明显，企业所遵循的经营战略直接影响着广告目标的选择和制定。

企业经营的战略有长期渗透战略、集中式战略等等。根据经营战略的不同，广告目标也各有不同。如果企业采取的是长期渗透战略，就要制定长期的广告目标。在长期目标确定后，还要制定各个不同阶段的短期目标，运用多种广告形式传播企业和品牌形象，以确保长期目标的实现。如果企业采取集中式的经营战略，广告目标则多为短期目标。即在短时间内运用各种广告传播手段和方法，达到预期效果。

2. 市场环境

企业产品销售是处于市场环境下的，因此市场环境的变动会影响到广告目标的制定。市场环境包括宏观环境和微观环境。宏观环境包括人口、经济、政治与法律、自然物质环境、社会文化和科技等；微观环境包括供应者、竞争对手、营销中介、最终顾客、投资者和公众等。这些都直接或间接地影响产品在市场中的发展。

广告目标的制定应该针对产品在市场中发展的不同情况而制定，根据市场环境的改变而做出调整。例如，如果竞争高度激烈，那么维持市场占有率也许比获取利润更容易被企业优先考虑。如果竞争优先，那么尽量扩大利润或以极小投资获取足够大的利润率则很容易成为企业优先考虑的目标。所以，广告目标的确立要建立在充分分析市场环境的基础上。

3. 产品因素

企业通过广告向受众推销自己的产品和服务，因此产品的实际情况也是制定广告目标必须考虑的问题。主要包括：产品类别、产品价格、供求关系、生命周期等等。

广告目标的制定与产品类别的联系十分密切。对于食品饮料、日化用品和服装鞋帽等消费品而言，广告也许是最强有力的销售推广手段，即广告能直接推动产品销售额的提高。而对汽车以及大量的工业用品而言，广告的作用是有限度的。它最起码要与人员推销配合才能完成销售过程，通常以行为效果来界定广告目标。

对于不同的供求关系广告主要相应地制定不同的广告目标。如果市场需求量大，商品供不应求，这时企业应该把广告目标定在塑造企业和品牌形象上。而对于供过于求的情况，企业应该先分析产品滞销的原因，再针对原因制定解决滞销问题的广告目标。在市场供求平衡的情况下，企业广告目标应该定在激发市场，扩大市场需求上。

产品的生命周期同样会影响到广告目标的制定，产品不同的生命周期有不同的广告目标侧重。处于成熟期的产品就不需要大规模的广告推广，广告目标设定也稍微务实一些。处于导入期和成长期的产品则需要进行大规模的广告宣传。

4. 购买决策周期

对于不同的产品，消费者购买决策周期是不一样的。比如，夏天买一根冰棍，消费者最多比较一下货架上的几种品牌，很快就可以决定是否购买或买哪个牌子。当消费者想要买一辆汽车时，可能要仔细分析比较各相关品牌的利弊，正常情况下要经过几天甚至更长时间才能决定。

另外，参与决策的人数多少也会影响决策周期，人数少的一般容易形成统一意见，人数多时则不易达成一致意见，决策周期就长。因此，广告目标设定时，要充分考虑产品的决策周期因素，针对不同情况设定不同目标。

（三）广告目标设定的基准点

1. 以产品销售情况为基准点来设定广告目标

企业根据产品的销售情况如销售数量、销售金额、市场占有率等来设定明确而具体的广告目标。扩大产品的销售规模，意味着企业能从中获得更大的经济收益。这种目标的制定方式必须建立在广告能够增加产品销售量的先决条件下。这种方式的优点在于简单、易行，特别是对直接营销的商品，其优势更为明显。对于直接营销的商品来说，直邮广告、电话广告可以直接与广告受众联系，消费者是否购买可以很快得知。不足之处则是，在某些特定情况下（在销售消费产品的情况下），难以据此来设定广告目标，而且风险很大。①

2. 以消费者的行为作为基准设定广告目标

当无法根据产品销售情况来设定广告目标时，广告主可以通过引导或改变广告受众的消费行为来设定广告目标。由于可以根据消费者消费行为的不同来作为衡量广告效果的依据，那么，由广告效果所产生的消费者消费行为

---

① 蒋旭峰：《广告目标的功能策略分析》，《学海》，2002（2）。

的差异亦可作为广告主设定广告目标的依据。如在日用品市场，高端消费者注重品质和品牌，中端消费者注重价格和品牌，而低端消费者则只注重价格。那么，就有必要根据目标消费群和消费需求来制定广告目标。

3. 以传播效果来设定广告目标

以传播效果来设定广告目标，是把消费者对产品的了解程度、个人偏好等心理因素作为测定广告效果的指标。这类广告目标的设定，从短期看，未必有明显效果，但却是大多数企业经常采用的方式。它以消费者获知广告内容后的心理效果作为测定广告效果的目标，如广告是否在恰当的时间为受众所知晓，广告受众是否产生了应有的记忆和理解，形成了预期的感觉和联想，建立了对产品有利的偏好等。

（四）制定广告目标的主要方式

1. 马洛尼的连续性广告策划程序

这一设定广告目标的方法是由美国大型广告代理商李奥·贝纳公司的马洛尼（John Maloney）于1966年归纳总结出来的。

马洛尼将消费者对品牌产品的需求程度分为知名、接受、购买和满意四种程度。其中，消费者对品牌产品的接受程度表示该品牌为目标市场中消费者所接受的程度，即该品牌产品可以满足消费者的最低需求。而品牌的满意程度则表示消费者在购买、重复购买该产品之后对产品性能所感到的满意程度。

在特定品牌的广告战略实施过程中，消费者对特定品牌需求程度的知名、接受、购买、满意四方面的数据应每月测定一次，为保证测定结果更加准确，一般都选取一定数量的家庭进行连续性抽样。此外，还要收集各个家庭对媒体接收习惯等方面的数据并加以分析。根据上述连续性测定的结果来随时调整广告战略的具体内容。

连续性广告策划程序由于可以为调整广告战略内容以及广告目标的设定提供即时性信息，因而它成为设定广告目标的通用方式。

2. 科利的DAGMAR法

1961年美国广告专家罗素·科利（Russell H·Colley）向美国广告主协会（Association of American Advertisers）提出了“制定广告目标以测定广告效果”的设定广告目标的方式，简称DAGMAR。①

① ［美］丹·E·舒尔茨著，朝阳堂译：《新广告运动——战略性统和传播规划》，27页，台北，朝阳堂文化事业公司，1996。

罗素·科利认为，一次广告运作首先要建立广告目标，尔后针对广告目标来测定广告运作的效果。同时，他还明确指出："广告工作纯粹是对限定的视听众传播资讯以及刺激其行动之心情。广告成败与否，应看它能否有效地把想要传达的资讯与态度在正确的时候、花费正确的成本、传达给正确的人士。"

罗素·科利为其测定广告效果的方法制定出六项原则：

(1) 广告目标是记载对营销行为中有关传播方面的简明表述，它表明只有广告才具备这种资格去完成这项特定工作，而不包含联合其他营销手段而产生的结果。

(2) 广告目标是用简洁、可测定的语句表述出来的。

(3) 广告的各种目标要得到广告策划和核准人员的一致认同。

(4) 广告目标的制定，应当以对市场及消费者购买动机等方面的详尽掌握为基础，并非毫无事实根据的空想。

(5) 基准点是依据其所完成的事项能够测量而制定。

(6) 用来测定广告效果的方法，在建立广告目标时就应确定。

罗素·科利认为有效的广告目标要具备明确和能被测定的特点。他认为测定广告效果的重点是能界定达成的广告目标，这也是 DAGMAR 法中难度最大的部分之一。为解决这一问题，罗素·科利进一步提出"6M"法来界定所要达成的广告目标：

(1) 商品（Merchandise）：我们所要卖的商品与服务其重要的那些利益是什么？

(2) 市场（Markets）：我们所要影响的人们是谁？

(3) 动机（Motives）：他们为什么要买或者不要买？

(4) 讯息（Message）：我们所要传达的主要想法、资讯与态度是什么？（为了推动潜在顾客更接近我们最后销售之目的。）

(5) 媒体（Media）：怎么才能打动这些潜在顾客？

(6) 测定（Measurements）：我们提出什么样的准则来测定所要传达给特定听众的成果？

要能测定广告讯息的效果，广告策划者一定要能查出消费者在知觉、态度或行动上的改变。

罗素·科利所提议的"商业传播"的四个阶段是：

(1) 知名（Awareness）：潜在顾客首先一定要对某品牌或公司的存在"知名"。

（2）了解（Comprehension）：潜在顾客一定要“了解”这个产品是什么，以及这个产品能为他作什么。

（3）信服（Conviction）：潜在顾客一定要达到心理倾向或“信服”想去买这一产品。

（4）行动（Action）：最后，潜在顾客一定要采取行动。

罗素·科利的方法之主要长处，是在许多情况下可用现有调查研究工具及方法来测定传播的效果，但它仍有两个方面的局限性：其一，它未能描述现实生活中消费决策过程的全部，有时，冲动型购买者的决策过程并不符合 DAGMAR 法阐述的顺序。其二，使用 DAGMAR 法时，仍无法排除由其他促销组合造成的有利于消费者采取购买行动的效果，因此 DAGMAR 法经常和其他各种模式配合使用。①

3. L&S 层级模式

美国广告学研究者拉维奇（Robert J. Lavidge）和斯坦纳（Gary A. Steiner）提出了 L&S 模式，推动了罗素·科利的 DAGMAR 法的进一步发展。②

该模型认为在广告力的作用下，人们经历着一系列的阶梯：

（1）完全不知道在讨论中的产品或劳务的潜在购买者。

（2）那些更接近购买，但只对产品存在有认知，离收银台仍有一大段路程的人。

（3）成为知道所提供产品信息的潜在顾客。

（4）是那些对本产品怀着有利的态度，更加接近购买的人。

（5）那些所怀着的有利态度已发展到超越其他一切可能性并达到偏好程度，但仍要走上另外一步的人。

（6）对本产品既有偏好与购买欲望，又信服购买是明智之举，这时甚至更加接近去购买的消费者。

（7）将此态度转变为实际购买。

L&S 模式实际上表达了消费者心理转变的过程及阶段：知名、理解、喜爱、偏好、信服、购买。如图 2－1 所示。③

---

① 蒋旭峰：《广告目标的功能策略分析》，《学海》，2002（2）。

② ［美］丹·E·舒尔茨著，刘志毅编译：《广告运动策略新论》（上），27－32 页，北京，中国友谊出版公司，1991。

③ ［美］丹·E·舒尔茨著，刘志毅编译：《广告运动策略新论》（上），28 页，北京，中国友谊出版公司，1991。

有关行为特质	向购买进展	各不同阶段的推广或广告类型
认知的：思想的领域 广告提供咨询及事实	知名 ↓ 理解	公告通知 说明的文案 分类广告 口号 广告歌曲等
情绪的：情绪领域 广告改变态度及感情	↓ 喜爱 ↓ 偏好	竞争广告 辩论性的文案 形象文案 富有魅力的诉求
意欲的：动机的领域 广告刺激直接欲望	↓ 信服 ↓ 购买	购买地点 零售店广告 折扣 证言广告等

图 2－1　L&S 模式消费者心理变化过程

第三节　广告主题策划

一、广告主题含义及层次

（一）广告主题的含义

广告主题是广告所要表达的重点和中心思想，是广告作品为达到某项目标而要表述的基本观念。广告的其他要素都是为广告主题服务的。[①]

确定广告主题，乍看起来，一句话就能概括，但在实际创作过程中，却是一件相当复杂的事情。这不仅在于广告主题的概括对广告创意的展开和整个广告作品的成败有着至关重要的作用，更在于要从广告商品众多的信息中提炼出能引发消费者共鸣的广告诉求点，确实需要在经过科学调查分析的基础上，反复思考和构想才能形成。

例如，美国有一家生产“Polaroid”（宝利莱）照相机的公司，要向日本推销一种最优秀的照相机，当时日本已有佳能、美能达等著名的相机品

① 陈培爱：《广告学概论》，149 页，北京，高等教育出版社，2004。

牌。宝利莱公司的营销理念绝非是仅仅推销一款相机，而是将一种“只要10秒钟就可以洗出照片来的喜悦”推销到日本市场，传递给日本人一种生活的乐趣，广告独具匠心，获得成功。

（二）广告主题的层次

广告主题分为广告运动主题和广告作品主题两个层次。

所谓广告运动是指广告主基于长远发展的目的，在较长时期内按照一定的广告战略和策略开展的所有有机联系的广告活动的总和。比如联想集团于2004年加入国际奥委会TOP计划（即奥林匹克全球合作伙伴计划），在以后的4年中，广告运动一定与奥运有关。但广告内容又不局限于奥运，还会涉及其他主题，比如新产品上市等等。

广告作品主题是指单个广告作品的中心思想。一则报纸广告、一个POP广告、一个网络广告、一张传单等都必须有自己的广告主题。

二、广告主题构成的三要素

广告主题是由广告目标、信息个性和消费心理三要素构成的，即广告主题＝广告目标＋信息个性＋消费心理（如图2－2）。

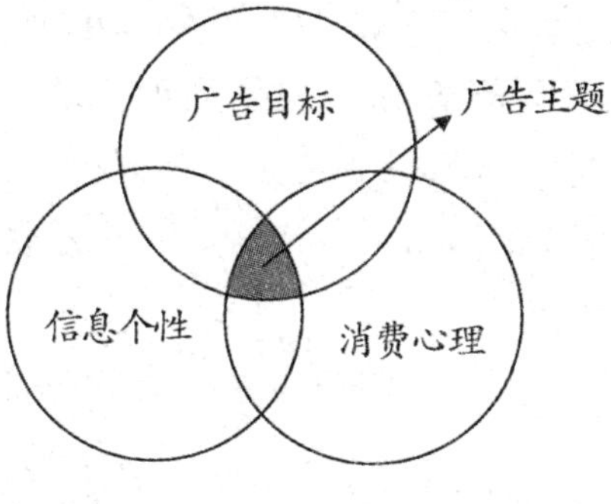

图2－2　广告主题构成的三要素

（一）广告目标

广告目标是根据企业营销目标而确定的广告所要达到的目的，即针对何种广告对象，施行何种广告策略，达到何种广告效果。广告主题的确定要服从和服务于广告目标，既不能无的放矢，信马由缰，也不能脱离广告的目的，为标新立异、哗众取宠而定位，更不能与广告目标背道而驰，风马牛不相及，为广告而广告。

在改革开放之初，上海研发生产了第一套高级化妆品——某系列化妆品。根据这一系列化妆品的高端定位，其广告目标为：强调国内第一套高级美容化妆品与众不同的效果。由此，确立了其广告主题的定位——焕然一新的“××”，将使你的容貌焕然一新。

（二）信息个性

信息个性，是指广告内容所宣传的商品、服务、文化观念等要体现出鲜明的个性特点，要与其他商品、服务、文化观念有本质的区别。信息个性也可称为销售重点，在广告诉求中即为诉求重点。信息个性是制定广告主题的依据，若是信息个性不明确，广告主题就会空洞乏味。

广告主题定位的依据和基础是信息个性。商品任何一点微小的差别，都应在确定广告主题和广告创意时加以充分考虑。如果能观察出某种商品与其他商品的差异，信息个性就被充分挖掘出来。

掌握某一商品的信息个性，主要包括以下几个方面：产品本身；产品的经历；制造产品所用的材料；制造过程和加工特点；关于制造者或经销商的历史和声誉；产品独具的功能和用途；产品外在的物质特征；产品设计的可视内容等等。

台湾某企业推出杯装咖啡时，曾对160个美国观光客进行了调查。问题是：什么是巴黎最迷人的东西？其结果实在出乎人意料，既不是卢浮宫，也不是巴黎圣母院或埃菲尔铁塔，而是巴黎的咖啡馆。据此，该企业锁定了人文气息浓郁、汇集文人雅士的巴黎塞纳河“左岸”，以景点为品牌命名了“左岸咖啡馆”的名称。一系列的广告主题定位也由此诞生：“左岸咖啡馆，世纪初文人常聚的地方”，“喝左岸，读好书”；“我在左岸咖啡馆，也在去左岸咖啡馆的路上”等等，一度脍炙人口。

（三）消费心理

广告目标和信息个性要符合消费者某一方面的心理需要，也就是要考虑消费者的消费心理。

广告的目的是让消费者产生共鸣，这种共鸣源自于广告主题中的心理因素。如果广告主题符合消费者的心理，撩拨起他们内心对某种事物的渴望与期盼，就会取得良好的广告效果。例如，当所有的钢琴企业都在宣传其产品的音质美妙、经久耐用时，台湾某品牌钢琴的一句广告词“学琴的孩子不会变坏”，可谓一语中的，一下子把握住了为人父母者的心理期盼，使该品牌赢得了众多消费者的喜爱和信赖。

心理因素是广告主题中最具活力的因素。在广告主题的创作中，对消费者心理的把握可以有很多题材或角度，如对美食、健康、安全、爱情、自尊、经济、母爱的欲求等等。在设定广告主题时，只有对症下药，给消费者以种种实惠和情感上的满足，才能打动消费者的心，激起其强烈的购买欲望。

在广告仅仅被视为传递产品信息的时代，广告侧重于介绍商品或服务的功能，因为那时商品匮乏，消费者选择余地较少。因此，只要广告目标突出，广告主题也自然而然地醒目了。然而在今天商品供应充裕，市场竞争激烈的时代，广告主题定位只从广告目标和信息个性出发是远远不够的。只有从产品信息个性和消费者心理之间寻找某些关联，将冷冰冰的产品特点转化为消费者易于接受的利益点来加以表现，才能在竞争中脱颖而出。

（四）三要素之间的关系

广告目标、信息个性和消费心理三者之间的关系应当是有机融合、和谐统一的。也就是说，一个广告既要顾及企业，又要顾及产品，还要顾及消费者。当然，三要素要组合得天衣无缝、合情合理，这并不是一件容易的事。

广告目标是广告主题的基础和依据，离开广告目标，广告主题就变成随波逐流的小舟；信息个性是广告主题针对特定消费者的条件，离开信息个性，广告主题就变成为他人做嫁衣裳；消费心理是广告主题的活力所在，离开消费心理，广告主题就变成枯燥乏味的说教。①

三、广告主题的创意原则

（一）集中原则

广告主总是希望在广告中罗列产品的诸多好处，否则，似乎是令人心疼的“损失”。广告的主题是针对目标顾客而设计的，要敢于舍弃对此主题不感兴趣的群体，从而赢得对此主题感兴趣的顾客的忠诚。台湾的庄丽卿女士在《如何做好广告》一书中指出：“广告不是万灵丹，如果需要太多，广告传达的重点太杂，易使消费者混淆，广告效果就会大打折扣……”因此，广告所表现的观点、旨意应当是单纯的、集中的，防止主题的多元化和分散化。

（二）可信原则

英国学者塞缪尔·约翰逊博士说过：“承诺，大大的承诺，是广告的灵魂。”因此，广告主题中的承诺一定要令人信服。脱离现实的承诺不仅在实施过程中会遇到麻烦，而且没有可持续发展的生命力。

---

① 马中红：《广告整体策划概论》，111页，苏州，苏州大学出版社，2007。

（三）独特刺激原则

就大多数产品而言，不同品牌之间并无多大差别，即使是刚上市的新产品，也很快就会遭到仿制。因此，选择主题要坚持自身的特色，传达给受众最强烈、最深刻的印象，具有跟其他同类广告相区别的特点，才能在难以计数的广告中独树一帜，不被其他广告所淹没。消费者购买商品常常是被“刺激”出来的行为。但是，本着“刺激”消费者的原则去选择广告主题，在很多时候难免会“落入俗套”。这就要求广告设计者要不断增强自身的创新能力，对各个构成要素的融合点进行挖掘，力求刺激消费者的兴趣。

（四）通俗易懂原则

广告主题要清晰、明白，通过明快的形式，让消费者顺其自然地接受企业的意图、产品的特征等信息。总的来说，受众是被动接受广告的，面对着广告的轮番轰炸，消费者难有精力去破解扑朔迷离的广告之谜。因此，广告主题应尽量简洁易懂，直截了当，主题复杂不利于有效的传播活动，也不利于创意、表现和制作的实施。

（五）统一连贯原则

广告是企业和商品的“脸”，必须以一个较为固定的广告主题一以贯之，这样才能让受众建立牢固的印象。因此，一旦确定了一个广告主题，且经过市场检测，较为理想，除非遇到市场困境，或者形势发生变化，最好不要轻易改变。这有利于品牌形象的积累和塑造。[①]

四、广告主题策划程序

广告主题是根据广告目标所提炼的、能够达到广告诉求目标的最直接的表达，是广告运作的中心和灵魂。对广告主题的策划像一根红线贯穿在整个广告运动中，它对整个广告活动具有统帅作用。

（一）认识广告主题构成的要素

广告策划首先要确认广告主题的三个基本要素。策划人要从广告目标、信息个性、消费心理三个方面寻找突破口，让广告主题既符合广告目标的要求，又契合人们的心理欲求，同时彰显出鲜明的信息个性。

（二）挖掘各要素的融合点

在三个构成要素得到确认后，要注意挖掘各要素之间的融合点，即共

---

① 赵立勤：《广告质量控制与评价方法及其应用研究》，东南大学，2006。

同点。所谓共同的东西，是从每个要素中所表现出的基本观念的交叉点。因为每个要素的特点可能有很多，但它们分别是从企业观念、商品观念和消费者观念中抽象出来的，而企业、商品和消费者之间又存在着必然的联系，这样就能找出可以将它们融合为一体的基本观念，这一基本观念即构成广告的中心思想，广告的主题也由此而得到确定。

（三）正确处理企业与消费者利益的关系

广告主题只有契合消费者心理的定位和利益考量，才能让广告获得应有的效果。但在实际策划过程中，广告策划者都是优先考虑到企业的自身利益。其实，这两个条件并不相互冲突。因为只有站在消费者的立场上制作的广告才能为企业带来收益。如果只重广告主的利益，弃消费者的需求于不顾，则会导致广告活动的失败。明确了这一点就能在选择确定广告主题时，正确处理企业与消费者的利益关系。

（四）广告主题的调整

广告主题初步确定后，需要动用策划小组共同的智慧对其进行评价和调整。但这一工序的基本原则是，要保证广告主题的相对稳定，一旦敲定就不轻易更改。如遇特殊情况确有必要更改，必须从实际出发对广告主题进行相应的调整。这类调整的目的是提高广告主题的适应性，而不会损害广告主题的稳定性。

1. 外在环境变化时

当遇到重大的社会事件和政治事件时，企业应该因势利导进行广告主题的适当调整，而这种灵活的调整往往能够收到意想不到的效果。例如，伊拉克战争爆发后，某一润滑油的“多一点润滑，少一点摩擦”的广告语就是一种广告主题微观调整的杰作。

2. 内部任一要素变化

内部要素的变化包括经营战略变化、技术更新与突破、产品进入生命周期的下一阶段等等。内部任一要素的变化必然会引起广告目标、产品定位和消费者情感的变化，因而需要对广告主题进行再策划，作出适当调整。比如某家电集团先后推出三种新产品，广告主题都不一样：“冷静星”空调，突出其低噪音、高制冷效果；“健康星”空调，强调其环保特性；“灵智星”空调，表现其智能特性。

3. 广告主题出现错误时

在广告投放后，广告策划者要及时对广告效果进行监测，发现有错误的广告主题要及时进行调整。最初某公司在推出“尿不湿”时，理所当然地把“方便”作为广告主题，以为必大受年轻母亲们的青睐，然而事实却出乎意料之外。经过深入调查后发现，在年轻母亲的思想观念中，使用纸尿布有一种因贪图方便而产生的愧疚心理。这种因素严重抑制年轻母亲对纸尿布的购买。该公司在洞悉了这一原因后，将原先的广告主题调整为“保护婴儿皮肤干爽，防止尿布湿疹”。此后“尿不湿”滞销的情况就一去不复返了。

五、广告主题的确定

一种商品通常具有多种属性，每种属性从不同方面满足了消费者的某种需要，对消费者来说，这种属性就构成了产品的特定价值。商品具有的价值通常是多元的，广告创作可以将这些价值联系起来，构成一个产品价值体系。产品价值体系的建立可以从以下三方面进行：

（一）建立产品价值网

产品价值网即为“产品整体”所包含的具体内容，包括产品的基本功能、效用、质量、品牌、包装、款式以及其他附加产品价值。价值网中的每项内容都可转化为广告诉求的利益点。

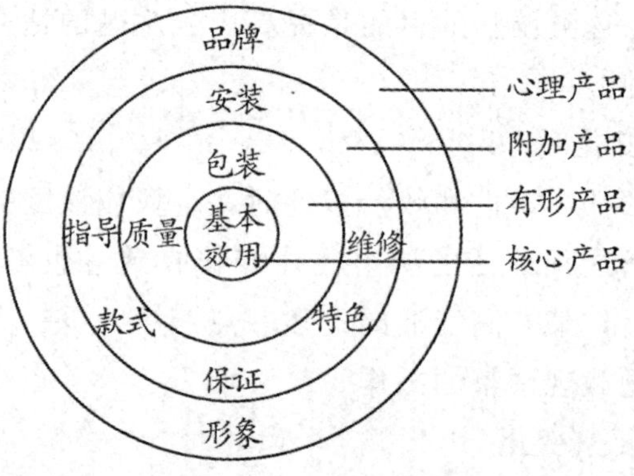

图 2－3　产品价值网示意图

1. 产品的实体因素

产品实体是产品价值链的载体，是满足消费者利益的基础，因此可以作为广告主题的来源。大卫·奥格威的许多广告都侧重于产品描绘，通过展现产品的实体价值向消费者阐述购买该产品能获得的利益。如他为“劳斯莱斯”汽车创作的广告文案，从 19 个方面列举了汽车的特性，从而充分表达了“精工细造”这一广告主题。

（1）产品的原料产地、品质、结构、成分、性能等

A. 原料。比如，“纯天然，鲜牛奶，来自内蒙古大草原”（伊利冰淇淋）；“小糊涂仙，茅台镇传世佳酿”（小糊涂仙酒）。

B. 品质、成分。“看得到的品质，尝得到的 VC、VE”；“含有维他命原 B5”（潘婷）；“鲁花花生油，不含胆固醇”（鲁花花生油）。

（2）产品的生产过程、生产条件、生产管理、生产历史等

A. 生产过程、工序。比如，“乐百氏纯净水，27 层净化”（乐百氏纯净水）。

B. 生产环境。比如，“无菌冷灌装”（汇源真鲜橙）

C. 生产历史。比如，“泸州老窖窖池，国家重点保护文物”（泸州老窖），又如，“国窖 1573”。

D. 生产管理（如全面质量管理、检验方式等）。

E. 使用装备（如电脑设计和监控设备等）。

F. 生产技术专利（如使用了什么专利等）。

（3）产品的外观、品牌、包装等

A. 外观。比如，彩电强调其超薄的外观、摄像机强调其超轻等。

B. 品牌。通过同音、同义、同形等的联想诉求主题，如，“时代创造时代”（美国《时代周刊》之广告），“大众路，中国心”（大众汽车）。

C. 包装。比如，对特惠装、情侣装、状元装等规格的产品进行诉求。

2. 商品的使用情况

商品的使用情况就是指消费者或者说潜在的消费者将会在商品使用过程中获得什么样的价值，这是在广告中大量出现的主题，也是最难把握和表现的主题。这是由于广告创作者往往选取消费者已经熟知的使用价值作为广告主题，而不是突出产品的独特信息。所以，从商品使用价值中挖掘广告主题更具有挑战性。

（1）产品的用途、用法

A. 用途。比如，“椰岛鹿龟酒，父亲的补酒”（椰岛鹿龟酒）。

B. 用法。比如，活力 28 洗衣粉的“1 比 4”广告；“白天服白片不瞌睡，晚上服黑片睡得香”（白加黑感冒药）。

（2）产品的使用价值和效果

即产品能给消费者带来的利益，这是大多数广告的诉求点。比如，“有汰渍，没污渍”（汰渍洗衣粉）。

（3）消费者使用后的反应

比如，“乌江榨菜，我爷爷的爷爷说好”（乌江榨菜）；“腰好背好腿脚

好”（新盖中盖）。

3. 商品的价格、档次

从广告企业对自身产品的价格、档次、品味等方面的定位选择广告主题。比如：沃尔玛超市的广告“Everyday Low Price ”（天天平价）；“嘉士伯啤酒，可能是世界上最好的啤酒”（嘉士伯啤酒）；“最低廉的价格无论是每一码、每一公里，或者每一小时”（克利夫兰公司拖拉机）。

4. 消费者对产品的关心点和期望

消费者的关心点是指其在对某一产品产生注意或有购买欲念时，对该产品最为在意的价值功能和使用功能。广告创作人员应该按照此类关注的旨归，将广告的主题思想或者说兴奋点建立在消费者关注的价值之上，这是最关键的一条。

对于同一产品，不同消费者的关注点也有差别。汤·狄龙曾在《怎样创作广告》中谈到消费者对纸巾的关注点，“某些人会对纸巾的持久韧性最关心，尤其会对吸水能力更加关切，有些人会关心柔软度，某些人又会对装饰方面给予更多斟酌，某些人可能坚信价格比其他特性更为重要。”这些关心点都可作为广告主题的利益点。

通过建立产品价值网的方式拟定广告主题，方式相对传统，有一定规律可循，但也会不可避免地产生一些问题。首先，它可能导致广告对象的范围缩小，广告的效果也会相应缩小。其次，一般来说，太小的广告主题不利于做大，会导致该产品很难成为行业的领导者。因此，以产品价值网为基础，多层次、多角度挖掘广告主题成为必然。

（二）建立产品的价值链

产品能给予消费者的价值远远超过价值网中归纳的一些客观因素，因为产品的一项价值可以产生出另一价值，另一价值又可以产生出另外的价值，这种价值的衍生便构成了产品价值的链式关系：产品的某一价值→价值的第一层引申→价值的第二层引申。[①] 比如，某牙膏的广告：“牙好，胃口就好，吃饭倍儿香，身体倍儿棒……”牙膏对牙齿的保护功能被引申到对胃口的价值、对身体的价值，从而实现了对该牙膏的价值扩展。

进行广告主题策划时，要注意挖掘产品的价值链，从中寻找那些最有特色、最有吸引力的环节作为广告主题的利益点。

1. 产品与其他产品的关系

---

① 赵立勤：《广告质量控制与评价方法及其应用研究》，东南大学，2006。

（1）互补关系。

在生活中，人们的需要是相互关联的，一种产品只能满足人们某些部分的需要，而有了这部分的需要又常常引发对另外部分产品的需要。广告利用这些产品之间的相互关联，间接地揭示出商品的价值信息，引起人们的购买欲望。例如："呼机、手机、商务通，一个都不能少"（商务通），"好马配好鞍，好车配风帆"（风帆蓄电池）。

（2）竞争关系。

一种产品在市场上难免会有同类产品和替代产品和它发生竞争关系。竞争对手的广告会对本产品的广告产生正面或负面的影响。具体有以下几种表现：

A. 促进

指竞争产品的广告信息与本产品广告有着某种相关或对立的因素，从正向或反向对品牌广告信息的心理效应起着促进和助长作用。例如，法奥洗发香波是白猫洗衣粉厂推出的两款产品，其广告是这样的："洗衣用白猫，洗发用法奥。"既让消费者一下子记住了两者的不同用途，也借助白猫洗衣粉的影响力提升了法奥洗发香波的品味。又如，"来自意大利菲亚特，与法拉利同出名门"（菲亚特派力奥汽车广告）。

B. 屏蔽

指那些出现较早、知名度较高、传播上处于强势的竞争产品的广告，其所传播的信息会形成一道心理屏障，从而使得弱势品牌或新品牌的相似广告信息难以传递给消费者。例如，"海飞丝"、"采乐"洗发产品都以去头皮屑为广告诉求主题，这会使得同一主题的广告在宣传上遇到很大的障碍。

C. 同化

有时，产品进入市场时不仅会被强势品牌所掩盖，甚至它所传达的信息还有可能被后者所吸纳、同化和利用，为他人作了嫁衣裳。例如，1998年前后VCD大战中的"好功夫"、"真功夫"、"硬功夫"轮番上场，使得VCD品牌概念、产品个性模糊，消费者无从选择。

从竞争关系中寻找广告主题，重点是把握本产品与其他品牌的差异，并考虑这种差异能否给消费者带来刺激。再者，就是摆正本品牌产品在市场中的位置，掂量一下是否有资格把竞争者拉来作为陪衬。

竞争关系如果利用得当，反而能通过对比凸显自己产品的价值。2011年，可口可乐公司推出一则电视广告——边界。广告中，两名各自在自己边界守卫的士兵不停地迈步巡视，突然，其中一名士兵拿起一瓶冰镇的可口可乐，一饮而下。另一名士兵不由得向他投去渴求的目光……于是，那名士兵把可乐放在地上，用剑绕过可乐重新划定了边界，让另一名士兵成功地喝到了可口可乐。该广告通过两人性格的比较，一个严肃但不失友好，一个冷漠而有敌意，凸显了可口可乐“友谊无边界，可乐无边界”的文化精神，该广告获得了极大的成功。

2. 产品的社会价值链

产品不仅对消费者个体消费有价值，而且通过其某一属性价值在消费者社会关系中的扩散，体现了其社会价值。这种社会价值就是我们通常所说的友情、亲情、爱情等等，它也可以成为我们确定广告主题的利益点。①

例如，绿箭口香糖的广告：“清新口气，你我更亲近”，通过口香糖洁齿香口的功效，渲染了为消费者社会活动提供的便利，带来了别人好感的连锁效应和价值。又如，黄金搭档和脑白金的广告语“有多少亲朋好友，送多少黄金搭档”，“今年过节不收礼，收礼只收脑白金”，都是将产品的属性放在消费者的社会关系中去考察，以“送礼”为诉求点，突出了保健品的社交价值。

3. 产品的主观价值链

随着科技的进步，产品间的同质化趋势日益明显，广告人则开始给产品附加各种“无形”的价值。因而，在广告主题策划中，广告人要结合产品的相关因素展开想象，发掘产品的主观价值。

所谓主观价值，是一种主观性的判别，是人们对产品的感受、联想、引申或象征意义的理解，它并不是指商品本身所具有的本质属性和基本特征，而是人的购买心理与消费文化之间的一种内在的富有某种关联的判断。

（1）产品给人的感觉

消费者对产品属性的感知主要是通过视觉、听觉、味觉、嗅觉、触觉等来完成的。这种属性的感知常常会给消费者带来一种积极或消极的体验，这些感觉或感受可以成为广告主题的利益点。例如，雀巢咖啡的“味道好极了”，麦斯威尔咖啡的“滴滴香浓，意犹未尽”，斯莫诺夫伏特加的“令人兴奋得透不过气来”等。

（2）产品的性格

① 朱思文：《现代广告学》，117 页，湖南，湖南人民出版社，2009。

产品的品质、形态、功效、档次及给人的感受、感觉等，使其在人们心中有了一定的性格特征，这是人类感知和理想过程中的自我投入和移情的结果。

阿德温·埃贝尔（Edwin W. Ebel）在《广告计划》中曾说："每种商品都有其性格，是什么东西赋予其性格？制造商希望他的商品所得到的印象又是什么？它是男性的商品，还是女性的商品，或者是属于两性的？它是有限市场的高级商品或者是以价值诉求的低价商品？或者它是一种低价品，但如果做得好可能会是一种高价品。"

广告创作人员通过对以上问题的思考，可以大致了解或界定商品的性格特征。在商品性格确定后，广告策划人员可以将商品的性格作为出发点，确定广告的主题。例如，飘柔洗发水自1989年进入中国内地市场以来，都以"自信、不羁、个性"的形象出现，带给人们升级的柔顺体验。

（3）产品的象征

产品的档次、品味、声誉、给人们的印象、与社会文化的关系等，都会成为个人身份、地位、品格的象征。广告通过把特定的商品转化为一种特定内容的生活方式和价值观念的表达，最终将商品与所期望的身份联系起来，从而将人们对身份的渴望转变为对产品的需求。

例如，美国露华浓公司曾推出一款女士香水，上市一年便成为全美销量第一的产品。这种香水用一个英语国家常见的男性名字"查理"来命名，广告塑造了一个独立自主的男性化的女性形象。"查理"香水在当时女权运动的社会环境中，契合了女性追求新观念、新生活的心态，成为女性摆脱男权束缚，向往独立自主的象征，因而备受女性青睐。①

但是，塑造产品的主观价值链要有一定限度，不能漫无边际，随意拓展。社会价值和主观价值的赋予要符合人们惯常的思维逻辑。如"人头马一开，好事自然来"，它虽不是客观事实，但作为一种美好的愿望和祝愿，是符合心理逻辑的。但如果将方便面作为"新年送大礼"的佳品，实在是不妥的。

（三）挖掘产品潜在价值

产品的价值，有些是消费者能够感知的，有些则是潜在的价值，还未被消费者感知的。因此在广告主题策划中，应把产品放在更广阔的关系中

① 李雷兵等：《基于女性消费心理的化妆品广告诉求策略》，《沿海企业与科技》，2010（2）。

考察，发掘产品的潜在价值，创造产品的新价值。

1. 唤醒消费需求

消费者除了对产品属性具有现存需求以外，还有潜藏在社会关系和内心中，连自己都还未意识到的需求。据美国相关部门的统计，只有28%的消费者是有意识地行动，而72%的购买行为则是受朦胧欲望支配的。因此，广告作为一种外在刺激的诱因，其任务就在于把握消费者的深层心理，运用相应的手段，将潜在需求变成显性需求。

2. 创造消费需求

如果消费者对某一产品处于“无需求”的状态，一般是由于消费者对产品的价值没有认识，在这种情况下，广告就可以起到引导和创造需求的作用，而广告主题也以挖掘产品的新价值为立意点。

例如“玉兰油”防紫外线润肤露的广告主题，就是通过告知人们关于紫外线的知识，唤起人们对产品的需求。广告中，一位女性在遮阳伞下独白：“不晒太阳就能保持肌肤白皙吗？错了！因为即使在阴暗处，依然能有晒黑肌肤的紫外线。现在，有玉兰油防紫外线润肤霜，它含有FPF15防晒功能，可以分泌与青春肌肤分泌物很相似的成分，能有效挡住令肌肤变黑的紫外线。防紫外线润肤霜，早晚一次，令肌肤润白，时刻焕发青春美。玉兰油，青春美的奥秘。”

3. 突破观念障碍，挖掘产品价值

在不同文化背景和区域内生活的人，都会形成其特有的思想观念。这些观念在不知不觉中作用于人们的生活，影响着他们对客观事物的看法。因此，当某一产品符合人们的观念时，人们会较为乐意地接受。反之，人们则不情愿接受，甚至会排斥。因为这个缘故，广告的主题要尽量契合目标消费者的思维方式，避免与他们的固有想法相冲突。或者，广告要突破人们的观念障碍，在潜移默化中改变消费者的旧观念，让产品的价值更容易被人们所接受。

20世纪40年代初期，速溶咖啡首先在美国问世。它食用方便、省时，不会发生配料错误，价格也低于新鲜咖啡。最初，速溶咖啡的广告对其价廉、方便的特点大肆宣传，效果却不尽如人意。原来，当时美国社会的普遍心态是，把购买速溶咖啡的人看作是懒汉，是生活无计划的、邋遢的和可能没有贤妻照顾的人。广告制作者刻意宣扬的“方便”特征，正好与消费者的精神需求相抵触。

认识到这一点后，广告设计者转而着力宣传新鲜咖啡所具有的美味、芳香和质地醇厚等特点，速溶咖啡也同样具备。他们在杂志的整版广告上画了这样一幅图画：一杯美味的咖啡，它后面高高地堆着很大的褐色咖啡豆，并在速溶咖啡罐头上写上“100％的真正咖啡”的标签，很快消极印象被克服了，速溶咖啡成为西方咖啡中最受欢迎的产品。①

4．逆向思维

逆向思维也叫换向思维，当人们都朝着一个固定的思维方向去考虑问题时，而你却朝相反的方向进行思考或者定位，这样的思维方式我们就称之为逆向思维。

产品的价值不仅有正面的，还有负面的。比如，洗涤品可以洁物，但去污的化学物质有毒；加了添加剂的食物好吃，但缺乏营养乃至对人体有害……产品的负面价值，很大程度上降低了消费者对产品的好感和接受，但如果在广告中做出客观的、理由充分的解释，就是一个不错的广告主题。

例如，“胃痛，光荣”（美罗牌胃痛片），“乖孩子，每天只吃一只伊利雪糕”（伊利雪糕），“除了脏物之外，她不会伤害任何东西”（清洁剂广告）。

由上观之，通过建立产品价值网，深入挖掘产品新的使用价值，就可以在消费者的头脑中形成多环节、多层次立体价值辐射网和环生带，产品价格体系构建就会越完整、越清晰，广告主题立意的选择余地也就越大。

① 总有骄阳：《速溶咖啡为何卖不动》，《公关世界》，2009（3）。

第三章 广告创意的产生

第一节 广告创意概述

一个成功的广告最本质、最重要的因素是什么？绝大多数广告人会给出同样的答案——创意。李奥·贝纳公司的创始人李奥·贝纳认为：每一种广告都有潜在的戏剧性，都可以启发出一个大创意。杜利·丹·伯恩巴克公司的创始人伯恩·巴克主张广告必须有新颖的创造力。

一、创意及广告创意

（一）创意

创意一词最早见于东汉王充所著的《论衡·超奇》，所谓“孔子得史记以作《春秋》，及其立义创意”云云，其意是指写文章能有新意。但在之后的作品中，却很难见到创意一词，连在1989年版的《辞海》中仍没有收入创意一词。由此可见，固定词汇创意是外来语。

创意在英文中译为Creation（或Creative，Creativity，也译为idea），从英语词源上分析，它由拉丁语“Creare”一词派生而来，有“创造、创造性的、有创造力、思想、主意、概念、打算”之意。

通过对“创意”词源的考究，我们可以更加深刻地理解创意的内涵：好点子←创意→出点子。

也就是说创意这一概念，既是静止的概念，又是一个动态的过程：静态的创意是指创造性的意念、巧妙的构思，即我们常说的“好点子、好主意”；动态的创意是指创造性的思维活动，是“从无到有”这一逻辑思想的产生过程。[①]

---

① 余明阳、陈先红：《广告策划创意学》，193页，上海，复旦大学出版社，1999。

在国内，广告人对创意有如下理解：(1) 创意是广告的艺术构思（不包括制作）。(2) 创意是广告活动中有创造性的活动。广告创造的过程中所有涉及创造性的环节都可称之为广告创意。例如广告主题创意、广告表现创意、广告媒体创意等都属于创意。(3) 创意指整个广告作品，创意等同于广告。

在国外，广告大师大卫·奥格威认为"好的点子"即创意（idea），他认为"要吸引消费者的注意力，同时让他们来买你的产品，非要有好的点子不可。除非你的广告有好的点子，不然它就像快被黑夜吞噬的船只"[①]。美国广告专家詹姆斯·韦伯·扬（Jallies Webb Young）认为，创意是把原来的许多旧要素做新的组合。进行新的组合的能力，实际上大部分是在于了解、把握旧要素相互关系的本领。他解释真正的广告创作，眼光应放在人性方面，从商品、消费者及人性的组合去发展思路。

（二）广告创意

创意在广告创作活动中的运用，称之为广告创意。由于对创意见解的不同，对广告创意的认识也有诸多看法。比如广告创意是构思、是创造性主意、是一种复杂性的脑力劳动、是注意控制性工作等。迄今为止，学术界对广告创意还没有一个统一的认识，综合国内外学术界对于广告创意的理解，归纳如下：

第一，从操作流程的角度看，广告创意是整个策划活动的一个中间环节，它处于广告调查和广告主题策划之后，并能够影响到广告策划活动的全过程；第二，从思维性质的角度看，广告创意是一种以广告目标的实现为目的的构思活动，必须符合市场和产品的状况；第三，从创作艺术的角度看，广告创意的核心是创造性和创新性，它是广告主题的意象化，通过让人耳目一新的意象使广告主题得以升华，以激发人们的联想、想象和认同。

广告创意有狭义和广义之分。通常我们所说的广告创意，指的是狭义的广告创意，狭义的广告创意和广告表现是联系在一起的，也可以说，广告创意就是广告作品的灵魂，广告表现是广告作品的肉体。广告作品是可以看得见的，而广告创意则是在视觉形象以及各种符号背后的思想。这些作为广告创意的外显，构成了广告作品。而广义的广告创意可以体现在整个广告活动当中，在实际操作中，广告创意的思想往往渗透在整个广告活动中，包括媒体创意、促销创意、公关创意等等。

不论是狭义的广告创意还是广义的广告创意，有一种广告创意被人们

① 参见李平安：《现代广告传播中的创意理论》，《当代传播》，2006 (3)。

称为“大创意”，所谓“大创意”是指广告创意的核心策略在横向和纵向上都具有延展性。①

二、广告创意的特点

广告是与人沟通的艺术，创意的目的在于打动人心。只要我们留心，生活中的点点滴滴都充满创意的素材，生活中的方方面面都闪烁着创意的火花。广告创意具有抽象性、广泛性、关联性和独创性等特点。②

（一）抽象性

所谓抽象性，是指广告创意是一种从无到有的精神活动。具体说，就是从无限到有限、无向到有向、无序到有序、无形到有形的思维过程。广告创意在从“无”转化为“有”之前，它是一种内在的、模糊的、隐含的意念，一种看不见、摸不着的感觉或思想；而在转化为“有”之后（即经过广告表现之后），它也不能告诉你它是什么东西，它只是一种感受或观念的意象的传达。广告创意是要经过分析判断才能感觉得到是一种抽象理念。

（二）广泛性

广泛性是指广告创意普遍存在于广告活动的各个环节。广告创意不仅可以体现在主题的确定、语言的妙用、表现的设计等方面，还可以体现在战略战术的制定、媒体的选择搭配、广告的推出方式等每一个与广告活动有关的细节和要素上。③ 因此，有人提出了大创意的观点。从广义上说，广泛性也是广告创意的重要特点。

（三）关联性

关联性是指广告创意必须与广告商品、消费者、竞争者相关联，必须要和促进销售相关联。詹姆斯·韦伯·扬说：“在每种产品与某些消费者之间都有其各自相关联的特性，这种相关联的特性就可能导致创意。”找到产品特点与消费者需求的交叉点，是形成广告创意的重要前提。

（四）独创性

古人云：“善出奇者，无穷如天地，不竭如江河。”奇即超凡脱俗，具有独创性。独创性是广告创意的本质属性。广告创意必须是一种不同凡响，别出心裁，前所未有的新观念、新设想、新理论，是一种“言前人所未言，发

---

① 孙晓晨等：《论广告创意在广告活动中的作用》，《中小企业管理与科技》，2011（15）。

② 参见余明阳、陈先红：《广告策划创意学》，194－196页，上海，复旦大学出版社，1999。

③ 参见丁邦清：《广告策划与创意》，177－179页，北京，高等教育出版社，2011。

前人所未发”的创举。缺乏独创性的广告不仅不能使广告本身从广告的汪洋大海里漂浮出来，更无法使广告商品从商品的海洋里漂浮出来。

例如，杭州西泠电器集团曾在《文汇报》头版刊登整版广告，开启了新中国成立以来在党报头版刊登广告的先河，以独特的创意取得了非同凡响的轰动效应。① 广告文案这样写道：“今年夏天最冷的热门新闻，西泠冷气全面启动正值严冬，却聊起夏天的话题，因为西泠冷气要解放今年的夏季……”这则广告在全国引起了强烈反响，西泠电器名噪全国。

三、广告创意的作用

（一）广告创意可以增加广告作品对消费者的吸引力

实践证明，诉求内容完全相同但创意不同的广告，其吸引消费者的能力是有天壤之别的。根据广告的起效理论，广告对消费者有这样一个影响：AIDMA，即引起注意（Attention）→发生兴趣（Interest）→产生需要（Desire）→加强记忆（Memory）→导致行为（Action）。

要想吸引注意力首先要做到与众不同，要想与众不同，唯有发挥广告人的非凡创意。更能说明广告创意能大大增加广告作品对消费者的吸引力的例子是：广告主花同样的钱，在同样的媒体上，以同样的版面或时间做广告，你的富有新意的广告能脱颖而出，赢得消费者的注目和兴趣，这无异于提供了单位时间的广告效果，也就等于获得了超值的广告效应。相反，缺乏创意的广告就往往是负值的，是一种无效的投资。②

图 3－1　麦当劳咖啡壶路灯——免费咖啡促销，看到这样一个庞然大物，您能不去注意它吗？

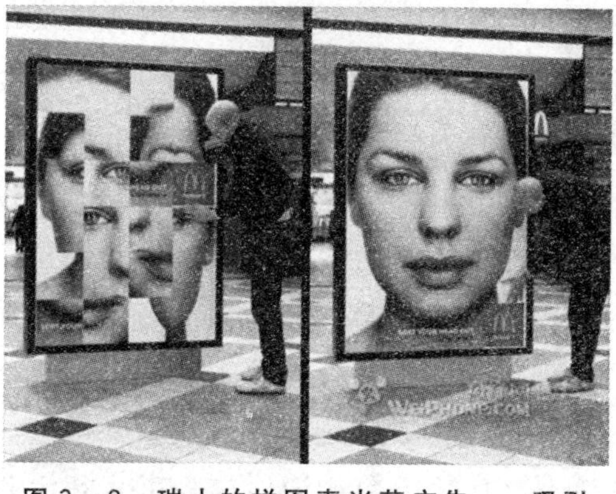

图 3－2　瑞士的拼图麦当劳广告——吸引游客注意，推销超值的 1 欧元咖啡：让您保持清醒，塑造干练形象。

---

① 华民刚：《论广告策划中的创意》，《统计与决策》，2003（6）。

② 尚徐光：《浅析广告创意的差异性》，《中国市场》，2008（18）。

（二）广告创意可以更好地进行信息传播

在信息社会，信息就是资源，就是财富，就是知识，就是动力。通过广告信息的传播，对于广告主来说，可以改善环境、促销商品、发展自身，可以把握竞争对手的产品状况，把握市场动向，以便充分发挥自己的优势，开发新产品，占领新市场。[①] 未来社会信息化程度越来越高，广告传播信息的功能对于企业来说就会更为重要。

如今的商业经济社会，信息众多而庞杂，受众处于信息的包围之中而迷失方向，只有优秀的广告创意才可以让产品信息从大量的信息中脱颖而出，更好地完成广告诉求。

（三）广告创意可以更好地达到促进销售的目的

当今社会，由于科学技术的发展和广泛应用，生产力得到了充分发展，社会产品总量不断增加，新品种日益增多，相对的产品过剩已经相当严重。这种情况下，企业和商家就需要越来越多地依靠广告等营销手段，向消费者展示和表达自己产品的优势，以此获得消费者的信赖。广告本身就是市场营销组合中促销的一种手段，广告要更好地达到促进销售的目的是广告的“本分”。

优秀的创意有助于广告进行告知活动和说服活动，有助于进行提示活动和增强轰动效应，这些组合在一起就可以更好地达到广告促进销售的目的，达到广告活动的预定目标。

（四）广告创意可以很好地提升企业及品牌形象

建立产品的声誉，广告宣传起着重要的作用。通过广告宣传，可以使更多的消费者明白产品的质量，明白产品生产采用的技术以及为消费者提供的服务等，为品牌形象的树立做好舆论上的准备。塑造形象是广告促进销售之后的第二大功能，其最直接的做法就是树立品牌，以良好的品牌形象所具有的张力使消费者认可、带动销售。

普通消费者主要是从广告信息中来认识企业和品牌的。很多时候优秀的广告创意本身就具有新颖、独特、高雅的格调，消费者自然就会把广告形象与企业、品牌形象紧密地联系在一起，并把广告形象转接到企业和品牌形象上。从这个角度说，广告创意很大程度上决定了企业和品牌在大众心中的形象。

如图 3—3 所示，左岸咖啡平面广告的画面均是以古老街道、桥梁和

① 孙宝国：《电视广告节目的分类方法与主要特征》，《新闻研究导刊》，2011（6）。

图 3－3　左岸咖啡系列平面广告

年轻姑娘为意象，附之以诗意的、期盼的文案之意，营造出一种宁静、淡雅的格调，并烘托出恋人相约的气氛，从而为品牌创造出了一种知识分子特有的小资情调。

（五）广告创意可以陶冶情操

广告是艺术化的传播活动，而广告创意集中体现了广告的艺术化。很多优秀的广告创意本身就是一部小小说、一幅风景照、一首哲理诗。这就是说，广告创意是一种科学前提下的艺术创作。广告创作者用艺术手段创作广告时，必然会把对艺术的理解和感悟融入到广告作品中去，给受众以艺术的熏陶和美的体验，在潜移默化中提高了大众的文化层次。随着广告的增多，受众对广告的质量也会提出更高的要求，其中艺术化成为标准之一。

四、广告创意的原则

广告创意作为一门科学性和艺术性高度统一的学科，作为一门正在形成的具有很强的实践性的学问，也有它自己的运作规律和创作原则。广告创意的原则主要有以下几个方面：

（一）实效原则

所谓实效原则，就是指能带来现实的广告效果，能给广告主带来实际的收益，这是广告创意的根本原则，广告创意其他原则本质上都是为这一原则服务的。广告是一种商业行为，是以追求经济效益为目的的活动，因此任何一个广告都应该特别注意投入与产出，无效或者效果不好的广告都是对广告主资金的浪费，是有悖于广告初衷的。从某种程度上说，创意就是创益，没有创益的创意就不是好创意。

评价一个广告创意是否优秀，其标准是什么，通常有三种看法：

（1）广告界、消费者、广告主都交口称赞。

（2）既达到促销目的，又受到广告界、消费者、广告客户的高度评价。

（3）促销，但并没有引起舆论对广告本身的兴趣。

对此，大卫·奥格威坚决支持第三种认识，他认为："能够促销产品，而不是把人们的注意力引向自身的广告才是一则好广告。"另外，马斯特也表示："广告应当反映的是广告主，而不是广告公司。……因此，我们要为客户创作广告。广告是客户的，而不是我们自己的。"

实效性原则还可以从广告的定义中得到证明。《美国小百科全书》认为："广告是一种销售形式，它推动人们去购买商品、劳务或接受某种观点。"日本川胜久认为："所谓广告，是为了预期的最大利益，以劝说买方为目标的大众情报宣传。"而广告大师伯恩巴克更毫不犹豫地声称："广告中的人和人，如果说他的目的不是销售所广告的商品，他就是一个骗子。"①

总之，广告因其具有的实效性而产生，因实效性而发展壮大。广告的实效性是广告创意的最高准则，也是衡量广告成败的重要标准之一。

（二）真实原则

广告创意是一种创造性劳动，需要发挥人类最伟大的天赋——想象力，用最大胆、最异想天开的手法去创造奇迹。然而，这种想象力和创造力不是无节制的、荒谬的，它还必须立足于真实，以事实为依据，"诚实的广告是广告创意最好的策划"。

真实性原则要求广告的内容必须实事求是，也就是讲真话。讲真话是人类生活的基本原则，当然也是广告创意被消费者接受和最终促销的重要保证。纽约大学查尔斯·爱德华博士曾说："讲的事实越多，销售的也越多。一则广告成功的机会总是随着广告中所含中肯的商品的事实数据量的增加而增加的。"

要摆事实讲道理，广告所陈述事实具有强大的说服力，而不是语言本身的技巧。这不仅是广告创意的内在依据，也是广告促销的有效策略。奥格威十一条戒律的第三条就是"讲事实"，他强调广告的内容比表现内容的方法更重要。奥格威为"劳斯莱斯"写的第一个广告用了719个字讲了一个事实，而没有一句夸张。他说："我为劳斯莱斯做的广告全是事实，没有形容词，也没有'高雅的享受'这类夸张的承诺。"但广告却获得了极大的成功。

广告创意所要求的真实并不是要求广告中所有的场景和场面必须是绝

① ［美］丹·海金：《广告写作艺术》，66页，北京，中国友谊出版公司，1991。

对真实的，创意允许适当的夸张和想象，但应该符合以下两个基本条件：

其一，创意要符合人们的生活方式和思维逻辑。即使是一些超现实的想象，只要在合理生活逻辑的范围内，就可能是一个成功的广告。荷兰著名电视品牌——飞利浦曾制作了这样一则电视广告：一只可爱的小猴子，对着电视屏幕中黄澄澄的香蕉，垂涎欲滴。整个过程没有声音，却无声胜有声，广告强有力地证明了电视的高清质量。

其二，夸张和想象的成分不影响广告信息的真实。

（三）独创原则

广告创意是广告中最具魅力的部分，一则广告同其他同类广告最大的区别就是创意的不同。技术的进步、媒体的发展以及全球一体化步伐的加快，产生的信息成几何态势增长，我们正处在一个信息爆炸的时代。如今的广告之争实际是注意力之争，广告创意就是打破受众对信息的麻木感。

广告的独创性表现在很多方面，包括创意思想的独特，表现形式的独特，销售主张的独特等等。

美国纽约的一家银行刚刚开张时，曾经做过这样一则电台广告。但广告的独特之处就在于，这家银行买断了纽约各广播电台黄金时间的10秒钟，向人们提供“沉默的时间”。在广告的开头，播音员说：“听众朋友，从现在开始，播放由本市国际银行向您提供的‘沉默的时间’。”然后，整个纽约的电台集体静音。广告播出之后，有关该银行的新闻如滚雪球般扩散开来，成为人们茶余饭后的谈资。就这样，该广告巧妙地以不说话换来了所有人的说话。

创意最大的特质就是不可重复性和不可模仿性。当一个广告创意诞生后，它就具备了空前绝后的性质。李奥·贝纳创作了罐装豌豆——“青豆巨人”的形象，别人再使用其他什么豆子巨人的内容加以模仿不仅是失败的，同样也是可笑的，广告创意的独特性恰恰也是创意残酷性的所在。

明显的例子是我国日化用品广告。“美女加概念”型是现在日化用品广告中绝对的主流模式，美女和概念是这类广告最主要的构成要素。不同风韵的漂亮女子会在广告中述说自己试用该产品的经历。为了证明产品的卓越功效，一个个全新的概念横空出世，从SPF（防晒系数）、PITERA（具有优异滋润及保湿功能的液体）到乳蛋白、糖醛酸，一张张用电脑制作的结构效果图，似乎让你真真正正地感觉到了这就是高科技。但问题是这类广告使用的表现元素完全相同，因此很难形成差异化记忆，再加上这类广告数量繁多，最后给人留下的印象只能用“模糊”二字来形容。广告的同质化甚至超过了产品本身的同质化。这些产品运用了大量创造概念的创意手法，似乎都在运用 USP（独特的销售主张），但过于雷同的表现手法导致 USP（独特的销售主张）只是广告主和广告创意人一厢情愿的理想罢了。①

（四）简洁原则

广告创意的简洁原则又称 KISS 原则。KISS 是英文“keep it simple stupid”的缩写，意思是“使之简单笨拙”。广告创意必须简单明了，单刀直入地进入主题，才能使人印象深刻，难以忘怀。

广告创意的简洁性既包含广告内容的简洁，也包含广告表现的简洁。创意必须简约、单纯、明确、清晰，把广告所要传达的意思以简洁明了的视觉元素、语言元素、声音元素等表现出来。简洁性既要求创意有高度的综合性，也要求其明了易懂。②

简洁看似简单，但在思维上却是复杂的。简洁是一个高度浓缩、提炼、升华的过程。从某种程度上说，简洁的事物中往往孕育着巨大的想象空间，广告创意的简洁反而能增强作品的艺术效果。这恰恰印证了英国著名诗人罗伯特·勃朗宁的名言“少就是多”。

在麦当劳几十年的品牌历程中，有很多以简洁为特色的广告作品。最出名的要数，麦当劳——婴儿篇的影视广告。一位躺在摇篮里的婴儿，一会儿笑个不停，一会儿又哭个不停，当摇篮靠近窗口时，他就露出笑脸，而当摇篮晃下去时，他就哇哇地哭，这一简单的镜头重复出现，直到广告的最后，镜头从婴儿的角度拍过去时才使人恍然大悟。③ 欢笑，是因为看到了麦当劳的黄色拱门，明了的创意，生动的情节，令人赞不绝口。

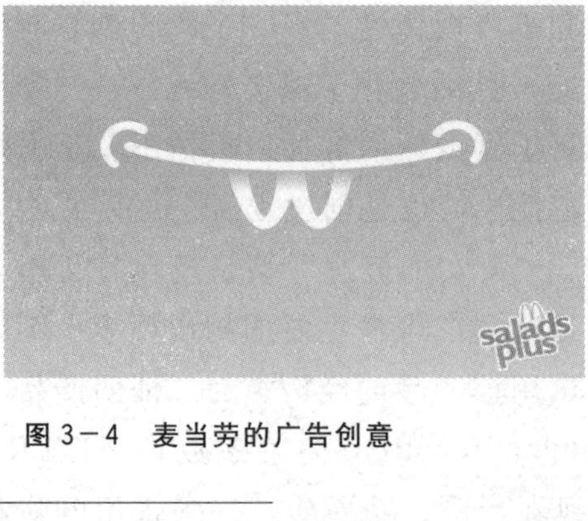

图 3－4　麦当劳的广告创意

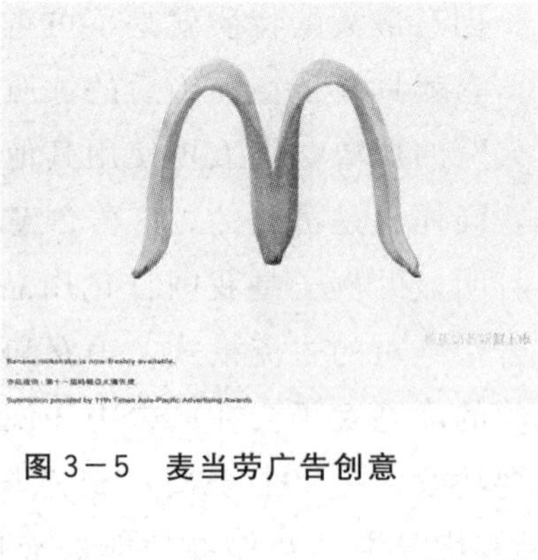

图 3－5　麦当劳广告创意

① 孙丰国：《你的位置在哪里?》，《智囊》，2000（12）。

② 许春元：《服饰平面广告创意研究》，天津工业大学，2009。

③ 钟洁云：《从文化认同的角度论麦当劳广告在中国的发展》，《湖南包装》，2009（1）。

麦当劳的平面广告，往往是简单的画面，单一的颜色，却独特新颖，创意十足。图 3－4 中，虽然麦当劳的黄色标志变成白色的“W”型的标志，就像一张吃了麦当劳产品后大笑的嘴，给人以强烈的想象空间；图 3－5中，在麦当劳香蕉奶昔上市的广告上，一个香蕉皮形成的麦当劳商标，将广告信息和品牌进行了完美的结合。

简洁也是为了让消费者更好地接受广告信息的需要。在信息高速增长的环境里，“广告就像我们日常生活中的空气一样到处存在着”，你无法改变。在这种情况下，消费者关注广告的时间是非常有限的，而且通常是在漫不经心和无所谓的状态下。一个普通的平面广告，消费者关注的时间很可能就是 1—2 秒钟，对户外广告的关注很可能就是在抬头或转身的一瞬间，而对电视广告和网络广告，很多受众几乎视而不见。所以，应尽可能用简洁明确的信息向潜在消费者传播他们希望接受的资讯。

（五）艺术性原则

广告创意的艺术性原则主要体现了广告的劝服功能。现代广告不仅仅是告知，更是一种劝导和说服。这就决定了广告原则上是一门艺术。任何一则有生命力的广告，必然会给受众带来美的愉悦和艺术的享受。

但是，广告不是单纯的艺术品，广告创作必须把创意放在首位，同时注意表现形式的灵动变化，不落俗套，才能创作出具有促销力的优秀作品。

附：广告表现与艺术表现的差异

广告表现	艺术表现
以传达信息为根本功能	以欣赏为根本功能
运用想象但必须证实其真实	以想象创作一个虚假的奥妙
创意受产品、策划制约	构思不受任何限制
以追求广告效果为目的	以作者个人感情抒发为目的
瞬间传达，受时空限制	不受时空限制
讲究产品个性与风格	追求个人个性与艺术风格
诉求必须清晰准确、防止误导	追求含蓄朦胧、模棱两可，可多方位、多角度理解，回味无穷
以市场为基础，以消费者为中心	以个人感受为基础，以艺术形式为中心
集中各方力量完成，以集体劳动完成	以个人创作方式进行
广告活动全方位，全媒介一体化	单一形态艺术品

（六）合规原则

合规原则是指广告创意必须符合我国的广告法规以及广告所应承担的

社会责任。随着广告事业的蓬勃发展，广告的商业目标与社会伦理的冲突时有发生，广告主与竞争对手的火药味也愈来愈浓，广告对消费者，尤其是对青少年的负面影响也越来越大。所以，广告创意必须符合国家政策、法律法规、各个国家的风俗、民族信仰以及道德标准等。比如，不能做香烟广告、不能做比较广告和以“性”为诉求点的广告，不能做违反风俗习惯、宗教信仰和主流价值观念的广告等。

图 3－6　丰田“霸道”广告

不合规的广告不但没有效果，甚至会对品牌形象产生损害。2003 年丰田“霸道”和“陆地巡洋舰”在《汽车之友》刊登的平面广告，引起了诸多消费者的不满，认为这两则广告对消费者的民族情感造成了巨大伤害。前者为体现“霸道”的威武不凡，让两只守门的狮子为其鞠躬作揖，并有与之配合的广告语“你不得不尊敬”。后者以戈壁荒滩为背景，“陆地巡洋舰”拖着一辆抛锚的汽车，以显示自己超强的越野性能，而抛锚车和我们一般印象中的军车非常相似。在很多消费者的观念中，传统的守门狮子和军车都带有一定的象征意义，并认为它们不能受到这样的蔑视。最终这两则广告以刊登媒体、企业和相关广告公司三方道歉而收场。

此外，还有一些广告大打色情擦边球，在品味上存在缺陷。如某口香糖的广告，一位清纯靓丽的少女一脸深情地问：“想知道亲嘴的味道吗?”暧昧十足；某洗衣粉“泡了吗？漂了吗？干了吗?”的广告，也曾惹来各方的非议。因此，广告创意应把握一个合适的度，广告不仅是吸引人们注意的一个手段，而且应借助形象及主题体现企业的个性品味。尤其是在利用女性及倡导女权主义的广告中，不应赤裸地把色情作为吸引消费者注意的手段，而是要保证画面与主题的协调性，不能超过了受众所能接受的“度”。①

第二节　广告创意过程

无论创意多么神秘和充满随机变幻，但作为人类的创造性劳动，其思

① 徐键：《探究广告“性”诉求》，《编辑之友》，2006（5）。

考过程总还是可以呈现一定的轨迹，因而是有规律可循的。包括广告大师在内的许多思想家、科学家对这一轨迹的描述可以帮助我们了解这一过程。

一、创意的过程

关于创意的发展过程，有多种说法。有美国当代著名创造工程学家、创造学奠基人奥斯本的三阶段论（寻找事实—寻找构思—寻找答案），英国心理学家华莱士提出的四阶段论（准备期—酝酿期—顿悟期—完善期），苏联学者加内夫提出的五阶段论（提出问题—努力解决—潜伏—顿悟—验证），以及加拿大内分泌专家、应力学创始人G·赛利尔的七阶段论。尽管各阶段论都各有特点，但都反映出创造是一个过程，而不是一个“片段”。创意的过程论对我们分析和认识广告创意的产生有极大的帮助。

（一）华莱士的“创造过程四阶段理论”

英国心理学家华莱士在总结世界著名的科学发明和人类创造活动的基础上，提出了“创造过程四阶段理论”，认为无论在哪个领域，无论其规模是大是小，创造过程一般都必须经历四个阶段，即准备期、酝酿期、顿悟期和完善期。

1. 准备期

首先是指发现问题、筛选问题以及从中确立欲优先解决的问题的准备阶段。这时发现问题的准确性、鲜明性及独特性是关键，只有选准了问题，才能避免盲目性。再者，当选中某一问题后还要进一步从各种角度对该问题进行审视，以便准确地捕捉适于解决该问题的思路，准备相关的知识，收集有关的经验，分析有关的事项，创造有关的条件，并预见可能遇到的困难和后果。这个阶段，往往是心理高度紧张和全神贯注的时期。

2. 酝酿期

其主要的特点是“松弛”下来，使心理状态从紧张的“动态”到解脱式的“静态”，意即“将活动的重点从意识区转向无意识区”。这时的主要任务是消除一切无意识地产生的障碍，恢复潜意识的自由、舒展的活动状态，促进异质因素的相互提携、相互渗透、相互合作，使潜意识和有意识的相互作用获得强化，这是孕育灵感和促发顿悟的时期。

3. 顿悟期

这个时期是指经过酝酿之后，创造性思路如柳暗花明般豁然开朗。常以“突发”式的醒悟，“偶然性”的获得，“无中生有”式的闪现或“戏剧性”的巧遇为其表现形式。如果说酝酿期是创造过程中量的积累和循序渐进，那么，顿悟期就是创造过程中质的突破和循序渐进。顿悟期是创造过程中的质的转折点，使整个创作过程上升到一个新的更高的层次。

4. 完善期

在这个阶段，有意识的功能又开始发挥其主导作用，从散开的思维状态恢复到集中的思维状态。这一阶段需要对最初闪现的出色的思想、崭新的观念、奇异的构思立即捕捉，及时甄别，迅速追踪和抓紧完善。这时，稍微的迟疑和疏忽，都有可能导致得而复失、灵思奔逸的后果。完善期也是论证期，是对创造成果及其价值的鉴定期，包括逻辑上和实践价值的论证。这时还要明确提出解决问题可行的实践方式或方向，以免使好的创意沦为空想。

（二）G·塞利尔的“创意七阶段理论”

G·塞利尔提出的创意七阶段理论，用人类的生殖程序进行概述，不仅形象生动，同样也具有很大的启发性。这七个阶段是：

1. 恋情

指对问题的探索和自然奥秘的揭露抱有一种强烈而持久的愿望和热情，只有像人求偶那样对创新目标进行超常的精力和智慧投入，才能接近目标。

2. 受胎

指有针对性地发现和提出问题，并在所设定的问题范围内广泛深入地搜求有关信息、知识，为新思想的产生提供资料。

3. 孕育

是新思想、新观念、新酝酿发育成熟的过程，又是对这些新创意进行修正、补充、完善和发展的过程。像孕妇那样，这是特别地需要“阶段性营养合理构成”的时刻。

4. 阵痛

这是新思想、新观念即将诞生的阶段，是这个新生命在智慧的腹中开始躁动的时刻，伴随着的是紧张、惶恐和令人窒息的兴奋。

5. 分娩

这是创新智慧痛苦而又幸福地“分裂”的时刻，是使人生经历一次“高峰体验”的快乐时刻。

6. 查验

像对新生婴儿那样对刚刚诞生的创意进行必要的逻辑梳理和实验

论证。

7. 生活

让经过逻辑验证的“新创意”进入实践，在实践中逐步发展并接受进一步的检验。

二、广告创意的过程

（一）詹姆斯·韦伯·杨的“创意五阶段论”

著名广告大师詹姆斯·韦伯·杨认为：广告创意的产生如同生产福特汽车那么肯定，创意并非一刹那的灵光乍现，而是经过了一个复杂而曲折的过程。不仅只靠广告人头脑中的各种知识和阅历累积而成，还要通过一连串看不见、摸不着的心理过程制造出来的。

詹姆斯·韦伯·杨在总结多年广告创意经验的基础上，写成了《发展点子的技巧》一书，提出了“创意五步骤”理论，具体的步骤是指：

1. 收集资料

收集资料是广告创意的准备阶段，也是广告创意的第一阶段。这一阶段的核心是为广告创意收集、整理、分析信息、事实和材料。按照詹姆斯·韦伯·杨的观点，广告创意需要的资料有两部分：特定资料和一般资料。特定的资料是指那些与产品、服务、消费者及竞争者有关的资料。这是广告创意的主要依据，创意者必须对特定资料有全面而深刻的认识，才有可能发现产品或服务与目标消费者之间存在的某种特殊的关联性，这样才导致创意的产生。

詹姆斯·韦伯·杨举了一个关于肥皂的广告创意的例子：“起初，找不出一种关于肥皂的独特性，但作了一项肥皂与皮肤以及头发的相关研究后，结果得到了关于对这个题目相当厚的一本书。而在此书中，连续得到广告文案创意达五年之久，在此五年中，这些创意使肥皂销售增长十倍之多。”这说明收集资料具有重要意义。许多人错误认为，创意就是一种毫无缘由、不可捉摸的灵光闪现，任何人为的准备，都是对创意的一种桎梏，这是一种非常错误的认识。俄罗斯著名音乐家柴科夫斯基说得好，“灵感——这是一个不喜欢拜访懒汉的客人”。灵感的出现都是在长期的资料储备和思想酝酿之后，绝不会在一个对创意对象一无所知的懒汉身上“从天而降”。广告创意绝不是无中生有，而是对现有的特定资料进行重新组合的过程。不掌握特定资料，创意就成了无本之木，无源之水。

一般资料，是指那些令你感兴趣的日常琐事，是创意者个人必须具备的知识和信息，这是人们进行创造的基本条件。不论你进行什么创意，都绝不会超出你的知识范畴。广告创意的过程，实际上就是创意者运用个人的一切知识和信息，去重新组合和使用的过程。可以说，广告创意者的知识结构和信息储备直接影响着广告创意的质量。

收集一般资料，用广告大师乔治·葛里宾的话说就是“广泛地分享人生”和“广泛地阅读”。说白了就是要做生活的有心人，随时注意观察生活、体验生活，并把观察到的新信息、体验到的新感觉，收集记录下来，以备创意时的厚积薄发。

广告大师李奥·贝纳在谈到他的天才创意时说，创意的秘诀就在他的文件夹和资料剪贴簿内，他说：

> 我有一个大夹子，我称之为 Corning Language（不足称道的语言），无论何时何地，只要我听到一个使我感动的只言片语，特别是适合表现一个构思或者是使此构思神龙活现，增色添音，或者表示任何种类的构想——我就把它收进文件夹内。
>
> 我另有一个档案簿，鼓胀胀的一大包，里面全是值得保留的广告，我拥有它已经 25 年了，我每个星期都查阅杂志，每天早上看《纽约时报》以及芝加哥的《华尔街时报》，我把各种吸引我的广告撕下来，因为它们都作了有效的传播，或是在表现的态度上，或是在标题上，或是其他的原因。
>
> 大约每年有两次，我会很快地将那个档案翻一遍，并不是有意要在上面抄任何东西，而是想激发出某种能够运用到我们现在做的工作上的东西。

李奥·贝纳的话具有很强的代表性，国内外许多在创意上有杰出表现的广告大师都是这样来收集和积累创意源泉的。

2. 分析资料

毛泽东同志曾经用“观察、体验、研究、分析”八个字，概括了文学艺术家摄取和积累材料的创作准备过程。这一点，对于广告创意也同样适用，在广告创意的前期准备阶段，当资料搜集完成之后，便进入了广告创意的后期准备阶段——分析研究阶段。

在这一阶段，主要是对收集来的一大堆资料进行分析、归纳和整理，从中找出商品或服务最有特色的地方，即找出广告的诉求点，然后再进一步找出最能吸引消费者的地方，以确定广告的主要诉求点即定位点，这样，广告创意的基本概念就比较清晰了。

对资料的分析研究一般要经过以下步骤：

第一，列出广告商品与同类商品都具有的共同属性。

第二，分别列出广告商品和竞争商品的优势、劣势，通过对比分析找出广告商品的竞争优势。

第三，列出广告商品能带给消费者的种种便利，即诉求点。

第四，找出消费者最关心、最迫切的要求，即定位点，找到了定位点，也就找到了广告创意的突破口。

詹姆斯·韦伯·杨把这一阶段称之为“信息的咀嚼”阶段，创意者要用自己“心智的触角到处加以触试”，从人性需求和产品特质的关联处寻求创意。如果能在看似毫无关联的事实之间，找出它们的相关性，并对它们进行新的组合，这样就能产生精彩的创意了。

3. 酝酿阶段

酝酿阶段即广告创意的潜伏阶段。经过长时间的绞尽脑汁的苦思冥想之后还没有找到满意的创意，这时候不如丢开广告概念，松弛一下紧绷的神经，去做一些轻松愉快的事情，说不定什么时候，灵感就会突然闪现在脑际，从而产生创意。

事实上，大多数创意灵感都是在轻松悠闲的身心状态下产生的。比如宋代大文学家欧阳修自称生平文章多成于“三上”——马上、枕上、厕上；希腊学者阿基米德奉国王之命鉴别纯金做的皇冠是否掺假，苦思冥想却找不到答案，在来到澡堂洗澡时，他看到盆外溢出的热水，忽然顿悟。在随后的实验中，他找到了王冠鉴别之法，还总结出了有名的阿基米德定律。

4. 顿悟阶段

这是广告创意的产生阶段，即灵感闪现阶段。灵感闪现也称“尤里卡效应”。“尤里卡”是希腊语，意为“我想出来了”。当广告创意人员高呼“尤里卡”的时刻，就意味着创意的诞生。詹姆斯·韦伯·杨把它称作“寒冷清晨过后的曙光”。

创意的出现往往是“踏破铁鞋无觅处，得来全不费工夫”。经过长时间酝酿、思考之后，一旦得到某些事物的刺激或触发，脑子中建立的零乱的、间断的信息，就会如同电路接通一般，使人恍然大悟，茅塞顿开。灵感的一个显著特点就是从不“预约”和“打招呼”，说来就来，说走就走，来不可遏去不可留，稍纵即逝。正如宋代文学家苏东坡所说：“作诗火急追忘捕，情景一失永难摹。”灵感的这种突发性要求我们，当灵感突然降临时应立即捕捉住，并记录在案。爱因斯坦有一次在朋友家交谈，突然灵感闪现，他急忙找纸，一时没找到，竟迫不及待地在朋友家的新桌布上写了起来。

广告创意的准备、酝酿和顿悟三个阶段，正如王国维先生所说的做学问的三种境界："'昨夜西风凋碧树，独上高楼，望尽天涯路'，此第一境也。'衣带渐宽终不悔，为伊消得人憔悴'，此第二境也。'众里寻他千百度，蓦然回首，那人却在灯火阑珊处'，此第三境也。"经此三境，广告创意并未完成，它还必须经过第四境，即小心求证阶段。

5. 验证阶段

验证阶段就是发展广告创意的阶段。创意刚刚出现时，常常是模糊、粗糙和支离破碎的，其中往往含有不尽合理的部分，因此还需要下一番工夫仔细推敲和进行必要的调查和完善。验证时可以将新生的创意交与其他广告同仁审阅评论，使之不断完善，不断成熟。例如大卫·奥格威非常热衷于与别人商讨他的创意，他为"劳斯莱斯"汽车创作广告时，写了26个不同的标题，请了6位同仁来评审，最后再选出最好的一个——"这辆新型劳斯莱斯时速60英里时，最大闹声是来自电钟"。写好文案后，他又找出三四位文案人员来评论，反复修改后才定稿。

（二）黄霑的五步骤论（黄氏程序）

香港广告学者黄霑将广告创意分作五个步骤，我们也可以理解为广告创作过程的五个阶段。这五个阶段可以用五个字来概括，即藏、运、化、生、修。

藏——即收藏，收集资料阶段；

运——即运算资料；

化——即消化资料；

生——即产生广告创意；

修——即修改验证创意。

（三）樊育志的PAIHIAE法

台湾省著名的广告研究专家樊育志先生则将广告创意过程巧妙归结为PAIHIAE法，这一名称系由广告创意过程中涉及的相关单词的首字母组合而成的。这些关键词是：

P	preparation	准备
A	analysis	分析
I	incubation	熟悉

H	hint	启示
I	inspiration	灵感
A	assessment	评价
E	elaboration	雕琢

通过对广告创意过程的了解，我们就可以揭开创意的神秘面纱，认清创意的“庐山真面目”，把握创意的发展规律，从而创造出“确有效果”的广告创意。

三、广告创意的思维

广告创意本质上是一种创新思维，但同时，广告创意又是一种特殊的创新思维。首先，广告创意的目的与其他的创新思维有所不同，它是为了达到广告目标，即抓住目标对象，促使他们采取购买行动。广告的创新思维只能围绕着广告目标来开展，脱离了广告目标，任何杰出的构想都毫无意义。其次，检验广告创意成功与否，并不在于其是否新颖独特，而在于是否被市场接受。如果不被市场所接受，不被消费者认可，即使思路再新颖、想象再奇特、文字再优美、画面再漂亮，这样的创意也是不成功的。

创新思维是广告创意的灵魂。进行广告创意，必须熟悉创新的思维方式，如果不能熟练地运用创新思维，就无法有效地进行广告创意。

（一）发散思维和聚合思维

发散思维亦称扩散思维、辐射思维、开放思维，是围绕着一个主题进行广泛的遐想，不受任何限制，可以想到各种各样的事情。它由一点向四面八方发散开去，充分运用丰富的想象力，调动积淀在大脑中的知识、信息和观念，重新排列组合，从而产生更多更新的设想和方案。其特点是求异性，它既不受已有的经验和知识的局限，又不受已经确定的方式、方法、规则、思路的束缚，使思维在同一原点上朝着各个不同方向扩展，产生众多的创造性设想。

聚合思维又称收敛思维、辐合思维和集中思维。如果说发散思维是放飞想象的话，聚合思维则是回收想象，就像光线透过凸镜集中在一个焦点那样，从不同的方向和不同的角度，将思维指向这个中心点，对想到的许许多多的新的设想进行过滤，加以筛选、组合，剔除与其主题不符的设想和内容，寻求与广告目标相吻合的最佳方案。

相对于发散思维而言，聚合思维是一种异中求同、量中求质的方法。只发散不集中，势必造成一盘散沙或鱼龙混杂，因此发散后必须进行筛选和集中，通过分析比较，选择出最有价值的设想和方案。

发散思维与聚合思维是广告创意中最常用的思维方式。在进行广告创意时，发散思维与聚合思维可以单用，也可以结合运用。如一则化妆品系列广告，创作人员运用发散思维，把女人和月亮、女人和天鹅、女人和音符、女人和珍珠联系起来，然后提出一条条颇有说服力的标题："有变化才会完善"、"有变化才会高贵"、"有变化才会灿烂"、"有变化才会细润"，如此广告的意境和视觉形象简洁而贴切。

在"女人是音符"的广告中出现的十二音阶，通过高低音符的变化演奏出了绚丽的乐章；在"女人是珍珠"的广告出现的是一只珠蚌中的粗糙的砂石逐渐变成晶莹的珍珠。整个作品均以女人为出发点，然后通过发散式联想选择出月亮、天鹅、音符、珍珠等相关事物，并加以形象化，从而形成了一则不错的广告作品。

在广告创意过程中，更多的是将发散思维与聚合思维结合起来，一般分两步走。前一阶段采用发散思维，后一阶段，在发散思维的基础上再运用聚合思维。在发散思维阶段，创意者在目标明确的情况下开展自由想象，借助各种实用的创意技能，对头脑中的各种原始意象进行加工组合，最后呈现各种形态的初始方案，越多越好。在聚合思维阶段，创意者以为达到目标而设定的种种规范来衡量各种初始方案，筛选出最适合完成目标的一项，方案最后选中的那一刻，也是创意正式诞生之时。以上述化妆品广告为例，把女人和月亮、女人和天鹅、女人和音符、女人和珍珠联系起来，这是发散思维，但所有的思维最终都必须集中到一点，即该化妆品具有这种魅力。也就是说，无论把女人比成什么，终极的衡量标准只有一个，那就是能否有效地树立该产品的品牌形象，如果做不到这一点，任何发散思维都是无效的。

（二）抽象思维与形象思维

抽象思维又称逻辑思维，它是借助概念、判断、推理、比较、分类、综合、抽象、概括、归纳、演绎等抽象的形式来反映现象的一种概括性、论证性的思维活动。其具体思维不必涉及具体事物的形象，而是按一定的顺序由一点到另一点，因而抽象思维也被称为线性思维。

抽象思维贯穿于广告创意的全过程。在收集资料和分析资料阶段，要运用抽象思维进行分析、综合、归纳、演绎、比较、推理。在酝酿、沉思阶段，要让目标受众能够从心理上接受广告信息，也要运用抽象思维。比如某纯净水"27 层净化"就是运用抽象思维，其思维过程是：27 层过滤——纯净——有益健康，从而使目标受众在心理上接受它。在评估发展阶段，也要运用抽象思维，对创意进行条理化、系统化、理论化，也就是说要予以正确的逻辑表述证明，进行系统的理论发掘。总之，广告创意的各个阶段都要运用到抽象思维。抽象思维如同整理加工信息的“滤波器”，创意者可以借助它对各种资料进行条分缕析，逐条深入地进行开掘。

形象思维又称艺术思维，是一种借助于具体形象来进行思考的，具有生动性、实感性的思维活动。形象思维不像抽象的逻辑思维那样是直线进行的，它是一种多途径、多回路的思维，故也称之为面型思维。

形象思维以知觉为基础，通过某一具体事物引发想象，从而产生创意。像牛顿看到苹果落地，阿基米德看见洗澡水溢出澡盆而想出检验金冠真假的方法……这些都是形象思维作用的结果。在广告创意中，形象思维有着极其重要的作用。在某牛奶的广告中，一家人喝奶的地点不是在家里，而是完全置身于大草原中，让受众形象地感受到该牛奶来自大草原，品质可靠、天然纯正的诉求。

在创意思维中各种思维能力是相互联系、共同作用的。在具体的创意思维中需要把逻辑思维和形象思维紧密结合起来，先深入研究对象的具体情况，获取有关对象完备的理性认识，再运用意识与无意识的活动能力，充分发挥知觉、想象的作用，对已有的理性认识作进一步的分解组合，求得新的发现。最后再运用逻辑思维的能力对发现的新形象、新内容加以验证和扩展。

（三）顺向思维和逆向思维

所谓顺向思维，是指人们按照传统的顺序从上到下、从小到大、从左到右、从前到后、从低到高等常规的序列方向进行思考的方法。这种方法平时用的最多，是最基础的思维方式，在处理常规性事物时具有一定的积极意义。在广告创意中也经常会体现出这种思维。

下面摘抄的是某国陆军部的一则“征兵广告”。

> 如果是打传统的常规战争的话，不用担心你当了兵就会死。当了兵有两种可能：一个是留在后方，一个是送到前方。留在后方没有什么好担心的，送到前方又有两种可能：一个是受伤，一个是没有受伤。没有受伤不用担心，受伤了的话也有两种可能：一个是轻伤，一个是重伤。轻伤没有什么可担心的，重伤也有两种可能：一个是能治好，一个是治不好。能治好就不用担心了，治不好也有两种可能：一个是不会死，一个是会死。不会死的话，不用担心，死了嘛……也

好，因为他已经死了，还有什么好担心的呢。

很明显，这则广告以调侃、幽默的口吻很好地表现出了一个士兵所应具备的大无畏精神。

但是顺向思维的常规性容易形成习惯性思维，即思维定势，某些时候会影响创新思维的开发。

所谓逆向思维，是一种反常规、反传统的思维方法，即“倒过来”思考问题，从事情的反面来考虑，从而收到意想不到的效果。法国文学家莫泊桑说：“应该时时刻刻躲避那条走熟了的路，去另寻一条新的。”如果说顺向思维是我们平时走熟了的路，那么逆向思维往往能帮助我们寻找一条新路。广告大师A·里斯在《广告攻心战略——品牌定位》一书中说：“寻求空隙，你一定要有反其道而想的能力。如果每个人都往东走，想一下，你往西走能不能找到你所要的空隙？哥伦布所使用的策略有效，对你也能发生作用。”

在科学技术史上有很多由于成功地运用反向思维而取得成就的事例。如1800年意大利物理学家优特发明了优特电池，第一次将化学能转化成电能。英国化学家戴维想：既然化学能可以转化成电能，那么，电能是否也可以转化成化学能呢？于是他做了电解化学实验，获得了成功。他通过电解一些物质，1807年发现了钾和钠，1808年又发现了钙、锶、钡、硼等5种元素。迄今人类发现的103种元素中他一个人竟发现了7种。可见逆向思维的作用。

四、广告创意的方法

（一）头脑风暴法

头脑风暴法（Brainstorming）由美国BBDO广告公司的策划人奥斯本（Alex Osborn）在20世纪40年代首先提出，又称脑力激荡法或智力激荡法。它是组织一批专家、学者、创意人员和其他人员，召开一种特殊的会议，使与会人员围绕一个明确的会议主题，共同思索，相互启发和激励，填补彼此的知识和经验的空隙，从而引发创造性设想的连锁反应，以产生众多的创造性设想。这种方法简易、有效，因而运用十分广泛。

1. 头脑风暴法的基本原则

（1）自由畅谈

参加自由畅谈者不受任何条条框框限制，放松思想，让思维自由驰骋。从不同角度，不同层次，不同方位，大胆地展开想象，尽可能地标新立异，与众不同，提出独创性的想法。

（2）延迟判断

头脑风暴，必须坚持当场不对任何设想作出评价的原则，既不能肯定某个设想，也不能否定某个设想，更不能对某个设想发表评论性的意见。一切评价和判断都要延迟到会议结束以后才能进行。这样做一方面是为了防止评判约束了与会者的积极思维，破坏自由畅谈的有利气氛；另一方面是为了集中精力先开发设想，避免把应该在后阶段做的工作提前进行，影响创造性设想的大量产生。

（3）禁止批评

绝对禁止批评是头脑风暴法应该遵循的一个重要原则。参加头脑风暴会议的每个人都不得对别人的设想提出批评意见，因为批评对创造性思维无疑会产生抑制作用。同时，发言人的自我批评也在禁止之列。有些人习惯于用一些自谦之词，这些自我批评性质的说法同样会破坏会场气氛，影响自由畅想。

（4）追求数量

头脑风暴会议的目标是获得尽可能多的设想，追求数量是它的首要任务。参加会议的每个人都要抓紧时间多思考，多提设想。至于设想的质量问题，可留到会后的设想处理阶段去解决。从某种意义上说，设想的质量和数量密切相关，产生的设想越多，其中的创造性设想就可能越多。

（5）巧妙地利用并改善他人的设想

头脑风暴会议鼓励与会者思考别人的创意，在别人的创意基础上发展和提炼出新的创意，或从别人创意中得到启发，产生更好的创意。

2. 头脑风暴法的实施程序

（1）确定议题

一个好的头脑风暴法一般从对问题的准确阐明开始。因此，必须在会前确定一个目标，使与会者明确通过这次会议需要解决什么问题，同时不要限制可能的解决方案的范围。一般而言，比较具体的议题能使与会者较快产生设想，主持人也较容易掌握；比较抽象和宏观的议题引发设想的时间较长，但设想的创造性也可能较强。

（2）会前准备

为了使头脑风暴畅谈会的效率更高，效果更好，可在会前做一点准备工作。如收集一些资料预先给大家参考，以便与会者了解与议题有关的背景材料和外界动态。就参与者而言，在开会之前，对于要解决的问题一定要有所了解。会场可作适当布置，座位排成圆环形的往往更有利于与会者不受场地限制进行畅谈。此外，在头脑风暴会正式开始前还可以出一些创造力测验题供大家思考，以便活跃气氛，促进思维。

（3）确定人选

参加头脑风暴会的人数一般以8—12人为宜，也可略有增减（5—15人）。与会者人数太少不利于交流信息，激发思维；而人数太多则不容易掌握，并且每个人发言的机会相对减少，也会影响会场气氛。只有在特殊情况下，与会者的人数可不受上述限制。

（4）明确分工

要推定一名主持人，1—2名记录员（秘书）。主持人的作用是在头脑风暴畅谈会开始时重申讨论的议题和纪律，在会议进程中启发引导，掌握进程。如通报会议进展情况，归纳某些发言的核心内容，提出自己的设想，活跃会场气氛，或者让大家静下来认真思索片刻等。记录员应将与会者的所有设想都及时编号，简要记录，最好写在黑板等醒目处，让与会者都能够看清。记录员也应随时提出自己的设想，切忌持旁观态度。

（5）规定纪律

根据头脑风暴法的原则，可规定几条纪律，要求与会者遵守。如要集中注意力积极投入，不消极旁观；不要私下议论，以免影响他人的思考；发言要针对目标，开门见山，不要客套，也不必做过多的解释；与会者之间要相互尊重，平等相待，切忌相互褒贬等等。

（6）掌握时间

会议时间由主持人掌握，不宜在会前定死。一般来说，以几十分钟为宜。时间太短与会者难以畅所欲言，太长则容易产生疲劳感，影响会议效果。经验表明，创造性较强的设想一般要在会议开始10—15分钟后逐渐产生。美国创造学家帕内斯指出，会议时间最好安排在30—45分钟之间。倘若需要更长时间，就应把议题分解成几个小问题分别进行专题讨论。

（7）加工处理

在头脑风暴法会议之后（最好在第二天），由会议组织者和记录员共同收集、整理与会者的新设想，交评价小组（不参加会议的、擅长批评分析的人员）按实用性设想、幻想性设想、平凡及重复设想加以分类，并认真分析每一个提案：有无新颖性？有无实用性？有无经济价值？外观设计如何？内部结构简单否？制造可能性如何？商品魅力如何？

（二）水平思考法

水平思考法又称横向思考法，是指在思考问题时向着多方位方向发展。1969年9月下旬，在日本举办的世界广告大会上，英国剑桥大学的迪·伯诺教授作了有关水平思考法的发言。迪·伯诺教授主张，当你为实现一个新的设想而进行思考时，很有必要摆脱一直被认为是正确的固有的观念的束缚。举例来说，按照人们的固有观念，水总是往低处流的，如果仅从这一观念出发，世界上就不会有能将水引向高处的虹吸管了。

水平思考法的基本原则是：

1. 要摆脱旧意识旧经验的约束；

2. 要从多方面去思考；

3. 要抓住一闪的偶然构思，深入发掘新的观念。

迪·伯诺教授举的下面例子，最能说明这种思考法。

1. 甲从乙处借了一笔债，如果无法偿还，就得去坐牢；

2. 乙是高利贷者，他想娶甲的女儿做老婆；

3. 姑娘至死不从；

4. 乙对姑娘说了个解决的办法：现在我从地上捡起一块白石子、一块黑石子，然后装进袋里由你来摸，如果你摸出白石子，你父亲的那笔债就一笔勾销，如果你摸出的是黑石子，那你就得和我成亲。

5. 说完，就从地上捡起两块黑石子放进了口袋，然而这个动作却被姑娘发现了。

迪·伯诺教授问与会者如果你就是甲的女儿，你会怎么办？

答案往往会有这样几种：

1. 姑娘拒绝摸石头；

2. 姑娘揭穿乙捡起两块黑石子的诡计；

3. 姑娘只好随便抓出一块黑石子，违心地同乙结婚。

然而，以上的办法都不尽如人意，只有运用新的思维技巧——水平思考法，才能两全其美地解决问题。

现在，我们如果以水平思考法来考虑的话，就会打破原有的观念，那就是将考虑的焦点移向水平方向由口袋中的石子移到地上的石子。

当姑娘的眼光从口袋移到地面（也就是说，她转移了思维方向），想到乙的两块石子是地上捡起来的。于是，她伸手到口袋里抓起一块石子，在她拿出袋口的一刹那，故意将其失落在地上。这时，她对乙说："呀！我真不小心，我把石头掉在地上了，我抓出来的那一块是黑是白已经无法知道了。但这也无关紧要，看看你口袋里剩下的那一块吧，我抓的肯定与口袋中的那一块不一样……”

口袋里无疑是一块黑石子，乙不敢承认自己的欺骗行为，他只好无可奈何地认定姑娘取出的是一块白石子。就这样，姑娘利用水平思考法，将束手无策的局面扭转过来，取得了令人满意的效果。

水平思考是一种超越性的思考方法，它可从答案出发来对问题进行思考。水平思考的重要秘密是逆向思维，即使是一种非常成熟的设想，也需反复地进行逆向考虑。这种逆向思考法，已成为一种重要的思维技巧了。

（三）垂直思考法

垂直思考法，又称直接思考法或逻辑思考法。这是一种十分理性的思考方法，它按照一定的方向和路线，运用逻辑思维的方式，在一个固定的范围内，面向纵深即垂直方向进行的一种思考方法。这种思考方法就是通常人们所说的深思熟虑，是我们进行广告创意最经常、最基本的思考方法。垂直思考法的重点是思考的深度而不是广度，它要求思考问题的人目标集中、用心专一。

1. 垂直思考的优点及重要性

(1) 鉴于垂直思考所获得的真理较具系统性、正确性及普遍性，故较适合学术研究，因此一般的学校教育较重视及鼓励这种思考。

(2) 垂直思考亦具实用价值，因为若能彻底了解与掌握逻辑里的原理，不仅可使自己在推理过程中避免犯错，而且也能辨认别人在推理过程中是否犯错。

(3) 在日常生活中，若缺少这种高度概括性的思考，将会问题百出。因为若每项举动、每种感觉都得一一深入分析，仔细思量才能被承认，即没有任何事情可以被视为当然的话，则很多事情均没办法顺利运作。

2. 垂直思考法的缺点

(1) 由于在逻辑思考时，大前提保证结论的有效性，但一旦前提有误时，则结论必跟着错误。

(2) 在逻辑思考时容易画地自限。往往预先设定一些限制，如以严密的定义、明确的范围为前提，并依此限制假想出答案的范围，但很多时候这种界限其实并不存在，故问题的解答也根本就在范围之外。

(3) 妨碍新概念产生。基于逻辑思考的本质要求，即对脑中的思绪做严密的控制，对每一件事都加以逻辑分析和综合。如此头脑永远强制性地要求事事物物都简单、明白、有条不紊，所以将难以接受事情的变化。一旦找出一条通往正确结论的途径，便不再费神寻找其他更便捷的方式，形成产生新概念的最大障碍。

(4) 易形成惯性及惰性的思考。惰性的思考是不愿舍弃过去，惯性的思考是渴望将过去继续推进到未来，均导致无法发挥新观念的最大效用。很多人常以为，不管选择何种解决的途径，只要贯彻它并应用逻辑技巧寻求解答，必能水落石出，其实往往事与愿违。恪遵现存的逻辑原则，不但常使我们在认识不清的时候便排斥一个新概念，甚至还可能使我们完全忽略一个极为有用的概念。

(四) 联想法

联想是从一事物、概念、方法、形象想到另一事物、概念、方法和形象的心理活动。比如，从红铅笔想到蓝铅笔，想到画、画圆、印圆点，想到圆柱。联想越远越有创新性。联想有一定的方法，例如从山如何联想到盘子，是根据这样的一个联想过程：根据对比联想，从山联想到水；根据接近联想，从水联想到鱼；根据相似联想，从鱼联想到虾；根据关系联想，从虾联想到盘子。联想是形成创意思维的基础，客观事物之间是通过各种方式相互联系的，这种联系正是联想的桥梁，通过这座桥梁，可以找出表面上毫无关系，甚至相隔甚远的事物之间的内在关联性；通过联想，让思维开阔，得出想要的答案。联想的类型主要有接近联想、相似联想、对比联想和因果联想等。

1. 接近联想

图 3－7　黑人牙膏广告创意图

接近联想是指不同的事物或现象之间比较接近的方面所导致的联想。接近联想是一种较为广泛的联想形式，它往往是从事物间比较接近的属性或者特征出发，进一步引申出新的意义。

又如，黑人牙膏的广告创意图（图 3－7）。蓝天、碧海、棕榈树，景色宜人，空气清新。半岛加上郁郁葱葱的棕榈，远看宛如一把牙刷。这里运用的是接近联想法。牙刷——牙膏。再配以贴合景色和产品的广告词，“黑人牙膏，给你天然感觉”。图的右下角有黑人牙膏的品牌Logo，则能完整地说明产品。

又如，台湾黄禾广告公司的一则广告《中国的月亮不够圆》，一个圆圆的月饼，被掰下几块，置放在南偏东的两小块，颇似中国香港和中国澳门。这里运用的接近联想法。

月饼——月亮——团圆

月亮不够圆——要团圆——祖国统一

一则普通的月饼广告，由于运用了接近联想，表达了人们思乡，渴望祖国统一的崇高意愿，也带动了商品的销售。

2. 相似联想

对性质、形状、内容接近或相似事物产生的联想。例如，语文书到数学书，钢笔到铅笔。又如，洋芋片比萨口味联想到比萨外型，相似点为：比萨。

3. 对比联想

即由某一事物的感知和回忆引起跟它具有相反特点的事物的回忆，从而设计出新的发明项目，这就叫对比联想法。广告创意中的对比联想实质上是逆向思维的运用，这里就要求创意人员摆脱传统的逻辑思维，充分发挥求异性的特点去想事物的另一面来进行创作，对比联想又可分为下列几种情况：

（1）从性质属性对立角度进行对比联想。

（2）从优缺点角度进行对比联想。

（3）从结构颠倒角度进行对比联想。

（4）从物态变化角度进行对比联想。

4. 因果联想

在逻辑上有因果关系的事物容易发生联想。比如从成功联想到能干，从畅销联想到质量好、功能全。这是广告创意中最常采用的方法。比如“全国驰名商标”、“出口销量第一”、“最受消费者喜爱产品”、“总统用的是派克”、“我只用力士”（国际著名影星），这些充满诱惑力的语言很自然地引发出消费者的因果联想，“既然如此，一定不错”，“既然不错，不妨一试”，广告目的由此达成。

日本创造学家高桥浩说：“联想是打开沉睡在头脑深处记忆的最简便

和最适宜的钥匙。”通过联想，可以发现无生命物体的象征意义，可以寻到抽象概念的巨象体现，从而使信息具有更强的刺激性和冲击力。

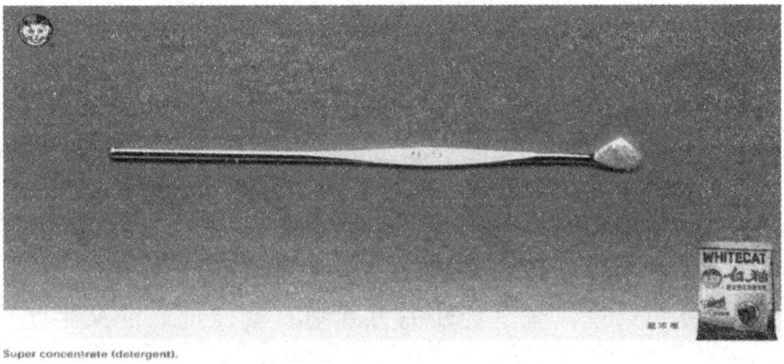

图 3－8　白猫浓缩洗衣粉之耳挖勺篇

例如，白猫浓缩洗衣粉之耳挖勺篇，其巧妙之处就在于创意者找出了耳挖勺和洗衣粉这两个看似没有任何联系的物品的共同所在，即两者都是日常生活必不可少的，且耳挖勺的小巧容量凸显白猫产品的超浓缩性。

（五）戈登法

戈登法是由美国人威廉·戈登创始的，这是一种由会议主持人指导进行集体讲座的技术创新技法。

戈登法是由头脑风暴法衍生出来的。但其与头脑风暴法有所区别：头脑风暴法要明确提出主题，并且尽可能地提出具体的课题。戈登法并不明确地表示课题，而是在给出抽象的主题之后，寻求卓越的构想。但是，就同一个课题而言，由于戈登法受到传统方法的限制，新颖的构想就难以提出。如主持人以“烧制”作为主题，寻求有关各种烧制方法的设想。在这种技法中，有关的成员完全不知道真正的课题，只有领导人知道，采用从成员的发言中得到启示的方法，推进技法的实施。

戈登法有两个基本观点：一是“变陌生为熟悉”，即运用熟悉的方法处理陌生的问题；二是“变熟悉为陌生”，即运用陌生的方法处理熟悉的问题。该法能避免思维定势，使大家跳出框框去思考，充分发挥群体智慧以达到方案创新的目的。

下面以开发新型剪草机为例说明戈登法的步骤。

1. 确定议题

主持人的真正目的是要开发新型剪草机，但是不让与会人员知道。剪草机的功能可抽象为“切断”或“分离”，可选“切断”或“分离”为议题。但是如果定为“切断”，则使人自然想到需要使用刃具，对打开思路不利，于是就选定“分离”为议题。

2. 主持人引导讨论

主持人：这次会议的议题是“分离”。请考虑能够把某种东西从其他东西上分离出来的各种方法。

甲：用离子树脂和电能法能够把盐从盐水中分离出来。

主持人：您的意思是利用电化学反应进行分离。

乙：可以使用筛子将大小不同的东西分开。

丙：利用离心力可以把固体从液体中分离出来。

主持人：换句话说，就是旋转的方式吧。就像把奶油从牛奶中分离出来那样……

3. 主持人得到启发

例如，使用离心力就暗示使滚筒高速旋转。从这个暗示中，主持人就得到这样的启发：剪草机是否可以使用高速旋转的带锯齿的滚筒，或者电动剃须刀式的东西。主持人把大家提供的解决措施记到笔记本上。

4. 说明真实意图

当讨论的议题获得了满意的答案后，主持人把真实的意图向与会者说明。可以与已提出的设想结合起来研究最佳方案。

戈登法的优点是将问题抽象化，有利于减少束缚、产生创造性想法，难点在于主持者如何引导。

（六）组合法

组合法就是将旧元素进行巧妙组合、重新配置以获得具有统一整体功能的创造成果的创意方法。

创造学家认为，组合是创造性思维的本质特征，世界上一切东西都可能存在着某种关联性，通过巧妙的组合，便可以产生无穷的创意。打一个比喻，元素的重组过程就好像是转动万花筒，每转动一下，碎片就会发生新的组合，产生出无穷无尽、变幻莫测的全新图案。广告创意就是将散乱无序的材料赋予独特的艺术表现手段，进行有目的的组合，产生各种各样新的想法。

中国神话传说中的“龙”就是以蛇为主体，结合兽脚、马头、鹿角、鱼鳞等其他特征的超现实想象。人面狮身的斯芬克斯和传说中的美人鱼都是人类组合思维的杰作。

组合法主要有以下四种类型：

1. 立体附加

这种组合就是在产品原有的特性中补充或增加新的内容。比如，现在许多洗衣粉的广告，强调干净的比较多，而碧浪洗衣粉做的广告创意是"为你解开手洗束缚"。运用中国古代的刑具、西方的手铐、牢房的栅栏三种形式进行了表现。他把衣服与之组合就产生了新的效果——思想与行动方面的改变。这个系列广告告诉我们洗衣粉不但能洗净衣物，而且能带给我们自由。

2. 异类组合

两种或两种以上的不同类型的思想或概念的组合，以及不同的物质产品的组合，都属于异类组合。

异类组合的特点是组合对象（思想或物品）原来毫不相干，也无主次关系；参与组合时，双方从意义、原则、功能等某一方面相互渗透，整体变化显著。

例如，《日本先锋音响》运用蒙太奇手法将世界上最大的尼亚加拉瀑布与美国纽约的摩天大楼群奇妙地组合在一起，瀑布从摩天大楼群上倾泻而下，声势浩大，景观壮丽，使人从无声的画面中感到了巨大声波的冲击力，这奇特的组合十分切题地表达了先锋音响洪亮而有力的声响效果，不仅使广告形象产生了极好的感召力，又使听觉的感受视觉化，极有力地表达了产品品牌的优异质地。

3. 同物组合

即若干相同事物的组合，如母子灯、双拉锁等。同物组合的特点是，组合对象是两个或两个以上的同一事物。组合后其基本原理和结构没有发生根本性的变化，但产生的新功能、发生的新意义，则是事物单独存在时所没有的。

例如，国外有一种昂贵、高质量的劳温堡啤酒，在广告宣传中要突出这种高质量、昂贵的品质，如果用"劳温堡啤酒——超级品质"的标题，就很平常。如果能将劳温堡和另一种象征高品质又被广泛认可的东西，如香槟酒组合起来，便产生了非凡的意义。

4. 重新组合

重新组合简称重组，即在事物的不同层次上分解原来的组合，然后以新的意图重新组合。特点是该组合在一件事物上进行，组合进行后会增加新的东西，主要是改变了事物各组成部分间的相互关系。比如搭积木、转魔方就是一种重新组合。

第三节　创意理论及应用

一、固有刺激法

（一）固有刺激法的内容

李奥·贝纳于1935年8月在美国芝加哥创办了李奥·贝纳广告公司，后来又创办了芝加哥广告学校，由此他被尊称为“芝加哥广告学校之父”。李奥·贝纳先生于1971年逝世，但李奥·贝纳广告公司仍然是当今世界最大的广告公司之一。

李奥·贝纳认为，成功的创意广告的秘诀就在于找出产品本身固有的刺激。固有的刺激也称之为与生俱来的戏剧性。广告创意最重要的任务是把固有的刺激发掘出来并加以利用，也就是说要发现生产厂家为什么要生产这种产品的原因以及消费者为什么要购买这种产品的原因。一旦找到这个原因，广告创意的任务便是依据固有的刺激——产品与消费者的相互作用——创作出吸引人的、令人信服的广告，而不是靠投机取巧、靠噱头、靠蒙骗或虚情假意来取胜。按照这种理念，在广告文案写作中，李奥·贝纳认为，不论你要说什么，一般情况下，根据产品和消费者的情况，要做到恰当，只有一个字能够表示它，只有一个动词能使它动，只有一个形容词去描述它。对于创意人员来说，一定要去寻找到这个字、这个动词和这个形容词。同时永远不要对“差不多”感到满足，永远不要依赖欺骗（即使是聪明的欺骗手段也不要用）去逃避困难，也不要依赖闪烁的言辞去逃避困难。

（二）运用固有刺激法的经典案例

李奥·贝纳运用固有刺激法最成功的一例广告是他为“青豆巨人”做的广告。为了向消费者传达广告主在收割和包装青豆过程中表现出的精心细致以及消费者对“新鲜”的渴望，李奥·贝纳在“青豆巨人”的广告中特别强调其“在月光下收割”。这一成功的创意成为广告界的经典范例。

广告标题：月光下的收成。

广告正文：无论日间或夜晚，青豆巨人的豌豆都在转瞬间选妥，风味绝佳……从产地到装罐不超过三个小时。

李奥·贝纳解释道，如果用新罐装做标题是非常容易说的，但是月光下的收成则兼具新鲜的价值和浪漫的气氛，并包含着特种的关切。“在月光下收成”，这在罐装豌豆的广告中的确是难得一见的妙句。

图3－9　李奥·贝纳作品《月光下的收成》

图3－10　“绿巨人”广告

（三）三种背离固有刺激创意法的做法

在1960年的一次讲演中，李奥·贝纳先生从三个方面论述了与固有刺激法相背离的做法，当然，他也是用罐装豌豆——“青豆巨人”为案例来做解释的。

1. 自吹自擂

李奥·贝纳认为，有这种习惯的撰文人员可能会这样写“青豆巨人”的广告——“如果你想要最好的豌豆，你就要青豆巨人。青豆巨人经过精心种植与装罐，保证使你最后对味道满意。因为他们是同类产品中最好的，所以这些大而嫩的豌豆在美国最畅销。今天就在你买东西的食品杂货店中买一些吧。”

2. 夸大之词

李奥·贝纳指出，有这样倾向的创意人员可能会醉心于这样的文案——“在蔬菜王国中的大颗绿宝石。你从来不会知道一颗豌豆能够像这样的——似露的甜蜜，像六月清晨那么新鲜并洋溢着丰富的豌豆的芬芳。这不是一般的豌豆，这是青豆巨人，是蔬菜王国中的大绿宝石。意兴遄飞，把它端到烛光照射的餐桌上，如果你丈夫把你的手握得更紧一点也不足为奇。”

3. 舞文弄墨

这类人会这样写下去——“这种豌豆计划永远终止蔬菜战争。青豆巨人，它也不过与玉米粒那么大，剥豌豆的人能够剥下。青豆巨人有一个保证豌豆永存于世的计划——豌豆在大地，善意满人间。”

二、独特的销售主张（USP）

（一）USP 的主要内容

罗瑟·瑞夫斯（Rosser Reeves，1910—1984 年）曾经是弗吉尼亚银行的一个文员，移居纽约后，他来到赛梭广告公司，正式成为了一名广告撰稿员。他的才华在进入特德·贝茨广告公司之后，更充分地显露出来。1986 年，特德·贝茨公司成为全美第三大广告公司，罗瑟·瑞夫斯多年的努力得到了令人欣慰的回报。

在长期的实践中，罗瑟·瑞夫斯积累了大量的经验，初步形成了自己的创意哲学——靠事实打动消费者。他强调研究产品的卖点，对家庭消费非常看重；他帮助高露洁牙膏重塑了形象；1952 年，他为德怀特·艾森豪威尔所做的竞选总统的电视广告宣传计划被采纳，从而对美国政治广告活动产生巨大的影响。①

1961 年，罗瑟·瑞夫斯写了一本名为《广告实效》的书，在广告界影响广泛。在这本书中，罗瑟·瑞夫斯提出了独特销售主张（Unique Selling Proposition）的广告创意理念，简称 USP。USP 理论的实质是以企业或产品的信息个性来确定广告的主题。其基本要点有：

1. 明确的销售主题。广告必须对消费者有一个明确销售主题，必须对受众说明：买这样的商品，你将得到怎样的特殊利益。这一主题，应该包括一个商品的具体好处和效用。

2. 销售主题的独特性。这一项主题，必须是独一无二的，它应该是竞争对手无法提出，也不能提出的。它最好没有被其他竞争者宣传过，是一个品牌或者诉求所具有的独特个性。

3. 销售主题的普遍性。这项主题，必须很强烈，足以影响上百万的社会大众，它必须能够推动销售，必须能够影响消费者的购买决策，促使新顾客来购买商品。

图 3－11　玛氏巧克力“只溶在口，不溶在手”篇

① 史历峰：《广播电视广告》，56 页，郑州，郑州大学出版社，2007。

独特销售主张的著名案例之一是罗瑟·瑞夫斯为M&M巧克力豆所做的广告。M&M巧克力豆是当时美国唯一用糖衣包裹的巧克力。有了这个与众不同的特点，又何愁写不出打动消费者的广告呢？罗瑟·瑞夫斯仅仅花了10分钟，便形成了广告的构想——M&M巧克力豆“只溶在口，不溶于手”。简单而清晰的广告语，只用了8个字，就使得M&M巧克力豆不黏手的特点深入人心，M&M巧克力从此名声大振，家喻户晓，人们争相购买。

（二）USP理论的发展——情感销售主张（ESP）

随着时代变化，传统USP广告适用的市场环境改变了。USP广告就开始了其形态变化之旅，一种被称之为情感销售主张（Emotional Selling Proposition）的广告创意思想应运而生，这种广告创意思想简称为ESP。

其思考的基点不再是罗瑟·瑞夫斯所强调的针对产品的事实，而是上升到消费者情感的高度，通过赋予产品新的价值和情感，转而诉诸购买产品带来的独特消费体验以及消费者形象的提升。倾向于诉求购买产品带来的独特的情感体验，从情感的层面挖掘商品与消费品的连接点，与消费者进行深度沟通，而不是通过产品的品质或功能来实现产品的差异化。例如，可口可乐和百事可乐都在力争建立和不断强化一种运动的、时尚的饮料形象。

一个好的ESP策略的发掘和运用，首先应该对准目标消费群的心理；其次应该和品牌紧密相关；第三，要经得起时间的考验。①

三、大卫·奥格威的品牌形象论

（一）品牌形象论的内容

广告大师大卫·奥格威（David Ogilvy，1911－1999年）素以创作简洁、富有冲击力的广告而闻名于世。他是奥美广告公司的创办人，他的广告作品的特点是文辞华丽却又切合实际，尊重消费者而不失幽默机敏。他为世人留下了诸多杰出的广告创意，如：哈撒韦衬衫、壳牌石油、西尔斯连锁零售点、IBM、罗斯—罗依斯汽车、运通卡、国际纸业公司等等。大卫·奥格威的品牌形象法随着他所著的《一个广告人的自白》一书，于20世纪60年代中期在广告界风行。

大卫·奥格威认为，每一则广告都是对整个品牌的长期投资，任何产

① 李景东主编：《现代广告学》，109页，广州，中山大学出版社，2010。

品的品牌形象都可依靠广告建立起来。他认为，品牌形象并不是产品固有的，而是在消费者对产品的质量、价格、历史等外在因素的诱导、辅助下形成的。根据品牌形象的理论，由于一个产品具有它的品牌形象，消费者所购买的是产品能够提供的物质利益和心理利益，而不是产品本身。因此广告活动应以树立和保持品牌形象这种长期投资为基础。①

品牌形象论的基本要点是：

1. 塑造品牌服务是广告最主要的目标，广告就是要力图使品牌具有并且维持一个高知名度的品牌形象。

2. 任何一则广告都是对品牌的长期投资，广告应该尽力去维护一个好的品牌形象，而不惜牺牲追求短期效益的诉求重点。

3. 随着同类产品的差异性减小，品牌之间的同质性增大，消费者选择品牌时所运用的理性就越少，因此描绘品牌的形象要比强调产品的具体功能特性重要得多。

4. 消费者购买时追求的是“实质利益＋心理利益”，对某些消费群来说，广告尤其应该重视运用形象来满足其心理的需求。

（二）运用品牌形象论的经典案例

哈萨威衬衫广告

1951年，在为哈萨威衬衫创作的一系列广告中，大卫·奥格威尝试了18种方法，通过“故事诉求”（Story Appeal）的方式表达产品的与众不同。他给模特戴上眼罩，这个引人瞩目的人物代表了品牌的形象。成功的广告不但给哈萨威衬衫带来了意想不到的收益，也为大卫·奥格威赢得了创建“品牌形象第一人”的称号。

广告正文：美国人开始认识到：穿一套高档西服，却配以一件大量生产的廉价衬衫，既破坏整体效果，而且滑稽透顶。因此，哈萨威衬衫的日渐流行，正是它所处阶层的需要。

首先，哈萨威衬衫耐穿性极强——可以穿很多年。其次，因为哈萨威衬衫精致裁剪的衣领，能使你看起来更年轻、更高贵。整件衬衫不惜工本的剪裁，会令你觉得更为舒适。下摆很长，可以深入你的裤腰。纽扣是用珍珠母做成的故非常大，也非常有男子气。甚至缝纫上也存在着一种南北战争前的高雅。

最重要的是哈萨威衬衫使用从全世界各地进口的最有名的布料来缝制

---

① 史历峰主编：《广播电视广告》，57－58页，郑州，郑州大学出版社，2007。

他们的衬衫——从英国来的棉毛混纺的斜纹布，从苏格兰奥斯特拉德地方来的毛织波纹绸，从西印度群岛来的手织绸，从英格兰曼彻斯特来的宽幅细毛布，从巴黎来的亚麻细布。穿着如此完美风格的衬衫，定会使您得到超乎衬衫本身的众多满足。

哈萨威是缅因州小城沃特威的一个小公司里虔诚的手艺人缝制的，他们老老少少在那里工作了整整114年。

假如你想在离你最近的店家买到哈萨威衬衫，请写明信片到："C. F. 哈莎萨威，缅因州，沃特威"，即复。

这则广告至今仍被世人津津乐道，其原因除了"戴黑眼罩的男人"为主要视觉要素的画面设计的创意外，朴实无华的文案，中肯、具体、实在、令人信赖的风格是这则广告出奇制胜的关键。整个文案重在突出产品的形象，与画面意图一致，目标明确，的确起到了吸引消费者阅读的作用，具有极强的感召性。

（三）品牌形象论的影响

品牌形象理论认为，消费者所购买的不是产品本身，而是产品能够提供的物质利益和心理利益。这种广告创意法把对产品品牌的长期投资放在首要地位，一旦以长期投资为目标，企业在有些时候就必须牺牲短期利润。

长期利润和短期利润的平衡问题近年来已经成为令企业和广告界最为头痛的问题之一。按照大卫·奥格威的看法，产品的品牌形象一旦培植到出众的地步，生产该产品的企业将会以最高利润获得最大的市场份额。然而，随着竞争的日趋激烈，要维持品牌形象的活力和领导地位的广告费用越来越大，企业的利润开始降低，许多企业把广告作为开支来看待，为了保证利润，广告预算成为削减支出首先"开刀"的对象。愈演愈烈的促销战等短期获利行为使许多企业对长期投资望洋兴叹。即使许多著名的大品牌也在为经过长期投资建立起来的品牌形象是否会受到侵蚀而感到惴惴不安。①

四、威廉·伯恩巴克的实施重心法

（一）实施重心法的内容

威廉·伯恩巴克（WilliamBembach，1911－1982年）广告创意领域最有影响的人物之一。著名广告公司DDB公司的创始人之一。威廉·伯恩巴克出生在美国纽约，从小受过良好的文化熏陶，在纽约大学获得文学学

① 史历峰主编：《广播电视广告》，57－59页，郑州，郑州大学出版社，2007。

士。大学毕业之后，威廉·伯恩巴克凭借着出众的文笔杀入了广告界，先在葛瑞等一些广告公司工作了七八年，并于1947年和他人合伙成立了DDB广告公司。DDB公司的名称，源于3位合伙人多伊尔、戴恩和威廉·伯恩巴克的姓氏的第一个英文字母。从DDB公司创立之后，威廉·伯恩巴克担任总经理一职，直接创作了大量引起轰动的广告作品，使公司的业务蒸蒸日上，迅速跻身于美国最大广告公司之列。

20世纪50年代，威廉·伯恩巴克提出了实施重心法。他以为，广告信息策略的“如何表达”可以独立成为一个实施过程，广告的技巧不在于“说什么”——每家广告公司都知道说什么，而在于“如何说”。

按照他的观点，实施风格是广告中起决定作用的特征，有效广告的秘诀便是抓住问题，然后将其变成一条图像刺激而又诚实可信的优点。杰出的广告创意不是夸大，也不是虚饰，而是要竭尽创意人员的智慧使广告讯息单纯化、清晰化、戏剧化，使它在消费者脑海中留下深刻而难以磨灭的记忆。广告创作最难的事就是使广告讯息排除众多纷杂的事物而被消费者认知接受。广告必须制造足够的“噪音”才会被注意，但这些“噪音”绝非无的放矢、毫无意义。①

周密地实施离不开以下四点：

1. 尊重受众。广告不能以居高临下的口吻与其意图接触的人们交流。

2. 手法必须干净、直接。威廉·伯恩巴克说：“假如你不能把你所要告诉消费者的内容浓缩成单一的目的、单一的主题，你的广告就不具有创新。”

3. 广告作品必须出众，它们必须具有自己的个性和风格。威廉·伯恩巴克说：“我认为广告上最重要的东西就是要有独创性与新奇性。”

4. 不要忽视幽默的作用。幽默可以有效地吸引人的注意力，使人得到一种收听、收看和阅读的补偿。

（二）运用实施重心法的经典案例

1. 大众金龟车

威廉·伯恩巴克运用实施重心法的著名作品有为大众金龟车所做的系列广告。

金龟车被初次介绍到美国市场时，被认为有四个特征：外观不漂亮、小、后引擎驱动、外国制造。这四个特征皆不被看好。在此之前，美国所有的汽车广告都是展现富丽堂皇或赏心悦目的图景。然而，威廉·伯恩巴

① 金萍华、汤蓉：《实用广告学》，193页，南京，东南大学出版社，2006。

克却在产品特点的基础上，抛弃传统的诉求方式，以幽默和别致的创意制造了广告史上的奇迹。

下面让我们来看一则金龟车的广告：

广告标题：Lemon（Lemon俚语，意为不合格被剔除的产品）

广告画面：一辆看不出任何瑕疵的金龟车

广告正文：这部车子没有赶上装船，因为某个零件需要更换。你可能不会发现那个零件的问题，但是我们的品质管理人员却能检查出来。在工厂里有3389人只负责一件事，就是在金龟车生产的每一道过程严格检验。每天生产线上有3000个员工，而我们的品质管理人员却超过了生产人员。任何避震器都要测试，任何雨刷都要检查……最后的检验更是慎重严格。每部车经过189个检查点，在刹车检查中就有一辆不合格。因此，我们剔除‘柠檬’，而你得到好车。

图3－12　大众汽车“柠檬篇”

柠檬篇告诉人们：所有福斯金龟车都需要经过严格检查，画面中的汽车只因为车门处有一道肉眼难见的刮痕，就被福斯汽车厂无情的品质管理人员评为不良品，标题极具创造性和震撼性，画面非常简洁，干净易懂。

五、艾尔·里斯和杰克·特劳特的定位法

（一）定位法的内容

艾尔·里斯和杰克·特劳特于19世纪70年代初在《产业营销》（*Industrial Marketing*）和《广告时代》（*Advertising Age*）上发表了一系列文章，系统地阐述了关于“定位”这一观念。这种观念自从提出后，被不断加以修正和发展，时至今日已经成为一种最为基本的广告创意方法。

他们以为，广告应该为竞争中的产品确立一个独特的位置。所谓的定位，就是利用广告为产品在消费者的心目中找到并确立一个位置。一旦定位成功，当消费者面临某一特定题目需要解决时，就会自动想到这个产品。[①]

艾尔·里斯和杰克·特劳特用艾维斯租车公司（Avis）的“我们第

① 史历峰主编：《广播电视广告》，59页，郑州，郑州大学出版社，2007。

二，但更努力”的广告以及米歇罗伯啤酒（Michelob）的“第一家美国造特佳啤酒”的承诺作为自己理论的证据。

图 3－13　艾维斯汽车租赁公司广告

广告正文：我们只是无法忍受肮脏的烟灰碟，或是半空的油箱，或是用旧了的拭雨刷，或是未加洗刷的轿车，或是充气不足的轮胎，或是无调整座位的调整器、加热的加热器、除霜的除霜器，还是不重要的任何事物。

显然，我们在全力以赴地求取完美。让你出发时能有一辆活泼、马力充足的福特新车以及愉快的微笑。嗯，让你知道在DULUTH的什么地方能买一个又好又热的五香牛肉三明治。为什么？

因为我们无法让你白白地照顾我们，下一次请乘我们的车，我们柜台前排的队比较短。

这则威廉·伯恩巴克为艾维斯租车公司（Avis）创作的广告，使几乎破产的艾维斯有效地对抗了出租车行业的老大赫兹（Hertz）并取得了自己的独特地位。

（二）常用的定位方法

1. 首次定位

定位对象首次进入空白心智，对于受众来说，这方面的信息在第一次感知时对其造成的视觉和听觉冲击最大。农夫山泉最先提出了“有点甜”这一概念，既说明农夫山泉的独特口感，又让人联想到传统意义上的好水——甘泉，暗示该产品的过硬品质。

2. 关联定位

使定位对象与竞争对手发生关联，并确立与竞争对象的定位相反的或可比的定位概念。使宣传的品牌既与现有商品类别有关联，又有区别。日本一家经济暖气机同时兼有中央暖气系统和石油或瓦斯暖气炉两种商品的特性。中央暖气系统费用高昂又不适合小房间，石油或瓦斯暖气炉有油烟气味，经济暖气机排除了两者的缺点。经权衡得失，厂商决定采用与中央暖气系统造成关联的商品定位，并以“中央暖气系统新发现——小房间专用”为广告标题，因而获得意外的销售业绩。

3. 特色定位

如果市场上有极为强大的竞争对手，可借对手在目标受众心中的地位，使之确立为心理中同类对象的新位置。七喜刚上市时，广告中着重强调其“非可乐”的定位，既借着可乐扩大自己的名气，又明显区别于可乐。

4. 单一位置定位

一个企业要在竞争中立于不败之地，就要不断推陈出新，以新产品压制竞争者。如宝洁（P&G）公司针对受众的个性化需求先后推出了潘婷、飘柔、沙宣、伊卡璐等不同产品，在消费者心中确立了不可替代的位置。

5. 类别品牌定位

当一个知名的品牌名称成了某行业产品的代名词时，公司在推出新产品时，一定要选取崭新的品牌名称，与已有的王牌产品有所区别。当“小天鹅”成了洗衣机的名牌产品后，该公司生产的空调则启用了全新的“波尔卡”品牌，没有沿用“小天鹅”商标。

6. 销售量定位

消费者有着很强的从众心理，更愿意选用多数人使用过的品牌。因此很多品牌都宣称自己在销量上遥遥领先，以取得消费者的好感，如“波司登绒服，连续六年全国销量遥遥领先”，美国 Sanka 咖啡——“美国销售第三大的咖啡”等。

7. 再定位

也叫重新定位，即打破产品在消费者心中原有的形象和位置，以创造一个利于产品发展的新秩序。

六、查德·伍甘的信息模式法

1979 年，理查德·伍甘提出信息模式法。这是早期的广告传播理论范畴。这种模式由建立在两个连续集团——思维与感觉、重要性的强与弱——上的“信息模式”组成。之所以将这种模式称为信息模式法，是因为它迫使创意者在创意时，使产品特征信息与消费方式信息相符。① 他的基本观点是：不同类型的产品适用不同的广告。这种模式有 4 个象限。

横向的“思维——感觉”分别意味着：

1. 思维代表消费的理性特征，指购买决策的过程是合乎逻辑或客观

① 丁俊杰：《现代广告通论》，295 页，北京，中国传媒大学出版社，2007。

的，并考虑产品的功能。

2. 感觉代表消费的感性特征，指依据感觉展现个人感性及个人感觉的偏好来进行决策。

纵向的“卷入”程度高低分别意味着：

1. 卷入程度高的消费者在作出购买决策时需花费更多的金钱、精力、时间或者风险。

2. 卷入程度低的消费者意味着在作出购买决策时无须花费更多的金钱、精力、时间或者风险。每个象限都把产品类型与消费者联系起来，指出广告应如何处理，并提出了创意、媒介和测定的含义。

第四节　创意的常用技法

一、情感手法

很多情况下，消费者购买商品是追求一种情感满足或自我形象的表现。情感手法是广告最常见的手法之一，它的主要功能是打动消费者的内在心灵，使之心动，然后行动。一个充满理性说服力量的广告若能以感人的形式表达出来，则将是一个真正既有严谨的科学性，又有动人的艺术性的现代广告。正如美国的广告专家霍普金斯在《科学的广告》中所说的：“要用严肃的能激发感情的因素来充实广告的内容。”

（一）情感手法兴起的背景

情感广告古已有之，但情感广告作为一种技法被广泛、自觉地运用到广告创意过程中，则是当今时代的新现象。情感手法被当今广告界所重视主要是由于以下方面原因：

一方面，现代工业文明和技术理性对人性的反叛逼使人们重新寻求情感关照。从本质上讲，人既是物质的存在又是精神的存在，这是人类生存的两条永恒的前提。当物质条件相对满足之后，人就会转而寻求第二个生存条件——人类感情。“人不仅仅生活在物质世界中，更生活在精神世界中，人并不是根据他的直接需要和意愿而生活，而是生活在想象的激情中，生活在希望和恐惧、幻觉和醒悟、空想和梦境之中”（卡尔西语）。事实上人更需要一种精神满足，需要那被过度机械工业化和技术性阻断了的人类情感，需要从物质商品那冰冷的表层下发现温暖的精神价值。这种需要正应验了著名未来学家约翰·奈斯比特的预言：“未来社会正向着高技术与情感的平衡发展。”

另一方面，随着生产的发展和人们生活水平的不断提高，随着生存需要逐步让位于发展需要，随着商业竞争所导致的模仿使产品使用价值的差异日益缩小，人们开始对附加在商品上的文化价值产生了强大的历史需要，这就包括广告在内的对产品的再加工成为必要，这种增大商品附加值的精神加工很大程度上是对商品的情感投入。情感的融入让产品富有一定的精神价值，从而满足了藏于人们内心深处对感情的终极关怀的需要。正如可口可乐公司的J·W·乔戈斯说的：“你不会发现一个成功的全球品牌，它不表达或不包括一种基本的人类感情。”

（二）情感手法在广告中的作用及适用范围

感情对行为有推动作用。直接推动行为的是动机，但行为的发动需要一定的情感状态作为基础和动力来源，“只有感动，才有行动”。一个充满善意的表情比毫无表情的美女更能打动人心。情感手法使广告通过情感与产品产生联系，在给人愉悦感和满足感的同时触动人们最敏感的情感末梢，使得人们心甘情愿地由“心动”转化为“行动”。

情感广告还有移情作用。受众在接受广告的过程中情感会被广告所触发，而迁移到广告产品中去，从而导出对产品的好感，尽管产品本身并不具有直接的情感内容。腾讯公司 2011 年推出的广告《弹指间，心无间》，讲述了年少叛逆的儿子在长大离家后通过 QQ 聊天和母亲彼此理解，增进亲情的故事。“她，是我最亲近的人。但也许，正因为相距太近，反而有了距离。当我们相隔在地球两端，我才逐渐读懂生活，读懂她。偏见因为距离而消失，距离远了，弹指间，心却近了。弹指间，心无间。”感人的情节并不是腾讯公司所特有的，但移情作用却使人将这美好的情感与广告的产品联系了起来，使广告目的得以实现。

相对于其他广告而言，情感手法更适用于以下商品：

第一，与其他同类产品难以形成明显差异的产品。

第二，单位价值较小的快速消费品，如食品、饮料等。

第三，价值性消费品，如烟酒、轿车、化妆品、服装等。

第四，市场知名度较高的品牌或产品，对产品的作用不需大量展示说明的。

第五，产品竞争对手大多采用非情感诉求。

（三）广告创意中的情感类型

人类情感是非常复杂的，其中主要有两大类，即积极情感（如亲情、爱情、感激、幸福等）和消极情感（如恐惧、痛苦、仇恨等）。以下主要介绍几种积极情感的广告创意：

1. 亲情

注重亲情是中国人自古以来的传统道德观念。广告如能真实地传达这一情感，其效果是不言自明的。MCT（美国微波通信公司）在面对世界电信业巨人 AT&T 公司时，运用了人间亲情这一情感诉求，起到了意想不到的效果。

广告用 60 秒的时间展现了一个人生片段：开始，是一个表现合法离婚程序的黑白镜头，接下去是一个彩色镜头，拍出一个豪华的办公室，一个男人的手神经质地用钢笔敲打着书桌，此人低沉的声音说："简（Jane）经常说我是与我的事业结了婚，而不是她。她和凯文（Kevin）在三月份搬走了。"摄影机将镜头移向一个男人和他的儿子，然后转向一个 800 号电话卡和一张半空的床。

同时这个声音继续说："为了他的生日，除一个飞机模拟器外，我送给他一张有的 MCT 个人 800 号的电话卡。我告诉他可以在任何时候给我打电话，不管是白天还是黑夜。"

镜头很快切换到一对正处在幸福时光的夫妇的照片。"所以后来某一天，电话铃响了，是简，她说：'你用 800 号想干什么？'有个声音说：'你打这电话想干什么？'"这个声音又说："我告诉她，也许人是可以改变的。她说：'也许。'"

摄影机镜头很快切换到了 MCT 标志，它的下面出现了"个人 800 号。1—800—727—2878"字样。广告情节感人至深，许多电视观众激动得当场流下了眼泪。由于电信业相互之间并没有特别的品牌功能差异，后来许多电信公司也竞相用亲情作广告诉求，很多都取得了不错的效果。

亲情也存在于大自然的动物之间。有些广告通过展现动物之间的亲情，给受众留下了深刻的印象。让我们一起看一下马自达 5 轿车的亲情诉求广告。故事叙述了一只大拉布拉多想把狗宝宝托付给一家好心人收养的故事。为了达成这个愿望，他带着孩子穿过大街小巷，度过一个个黑夜和白天，最终把孩子留在了一辆马自达汽车旁。看着孩子得到汽车主人的悉心照顾，狗妈妈十分欣慰，紧接着是马自达的广告语：生命中的最爱，值得最好的。狗妈妈这个简单的举动，深刻诠释了动物的母子亲情，以及动物与人之间的信任。狗妈妈那深情的眼神触碰到受众内心最柔软的部分。广告在感人之余让人们接受了马自达 5 宣传的产品。

另外，广告不仅具有商业属性，更具有文化属性。以亲情为诉求的广告符合中国人的文化心理，能够树立良好的企业形象，并且起到良好的教育功能。2010 年台湾大众银行的广告《母亲的勇气》讲述了一位台湾母亲，首次远离家乡到陌生国度，不会一句外语，只为能给在委内瑞拉刚生产完的女儿烹煮鸡汤，她独自搭乘飞机三天，多次转机，食不果腹，还因药材被海关误会，但她偏执而无畏地走完了这一段看望女儿的爱心之路。这则广告故事由台湾真实故事改编，以不平凡的平凡大众为主角，以“坚韧、勇敢、爱”为主题所表达的情感感人至深。这组广告的主要目的不在于宣传产品本身，而是渗透大众银行的企业精神——大众银行，关注平凡大众的银行。

2. 爱情

莎士比亚曾说过，爱情是人类艺术作品永恒的主题，广告诉求更是把爱情作为宠儿。“生命诚可贵，爱情价更高”，以爱情为主题的广告像百花丛中一朵最娇艳多姿的鲜花，带给人们温馨的感动。在感性消费的现代社会，爱情主题常出现在饰品、香水、洗发用品、化妆品等商品类型的广告中，广告通过爱情故事的演绎，赋予了商品浓浓的情意。

曾经，求婚是不用钻戒的。如今，钻戒作为爱情的象征，几乎是结婚的必备物品。戴比尔斯钻石的这句“钻石恒久远，一颗永流传”的广告语，不仅道出了钻石的特点，而且从另一个层面让爱情与钻石之间形成巧妙的联系，带给人们浪漫的心理感受。

美国广告大师乔治·葛里宾为美国旅行者保险公司所作的一则保险广告，被他称为“写过的最好的广告”，同时也是将爱情融入到广告中的成功范例。

> 当我 28 岁时，我认为今生今世我很可能不会结婚了。我的个子太高，双手及两条腿的不对头常常妨碍了我。衣服穿在我身上，也从来没有像穿到别位女郎身上那样好看。似乎绝不可能有一位护花使者会骑着他的白马来把我带去。
>
> 可是终于有一个男人陪伴我了。爱维莱特并不是你在 16 岁时所梦想的那种练达世故的情人，而是一位羞怯并拙笨的人，也会手足无措。
>
> 他看上了我不自知的优点，我才开始感觉到不虚此生。事实上我俩当时都是如此。很快的，我们互相融洽无间，我们如不在一起就有怅然若失的感觉。所以我们认为这可能就是小说上所写的那类爱情故

事，以后我们就结婚了。

那是在四月中的一天，苹果树的花盛开着，大地一片芬芳。那是近三十年前的事了，自从那一天之后，几乎每天都如此不变。

我不能相信已经过了这许多岁月，岁月载着爱维莱特和我安静地度过，就像驾着独木舟行驶在平静的河中，你感觉不到舟之移动。我们从来未曾去过欧洲，我们甚至还没去过加州。我认为我们并不需要去，因为家对我们已经是够大了。

我希望我们能生几个孩子，但是我们未能达成愿望。我很像《圣经》中的撒拉（Sarah），只是上帝并未赏赐我以奇迹。也许上帝想我有了爱维莱特已经够了。

唉！爱维莱特在两年前的四月中故去。安静地，含着微笑，就和他生前一样。苹果树的花仍在盛开，大地仍然充满了甜蜜的气息。而我则怅然若失，欲哭无泪。当我弟弟来帮助我料理爱维莱特的后事时，我发觉爱维莱特是那么体贴关心我，就和他往常的所作所为一样。在银行中并没有给我存了很多钱，但有一张照顾我余生全部生活费用的保险单。

就一个女人所诚心相爱的男人过世之后而论，我实在是和别位女人一样地心满意足了。

这则广告文案讲述了一段平常却幸福的婚姻故事，以第一人称的形式诉说着一个女人对已故丈夫的感激与眷恋，以及一个丈夫对妻子的体贴与关爱。这份体贴既表现在平时的温存与爱意上，更体现在一张照顾妻子余生全部生活费用的保险单上。

创意源于生活，广告中表达的情感一定要符合目标消费者的情感需求，这样才能引起目标消费者的兴趣。据乔治·葛里宾说，这则文案是以他太太的经历为原型创作出来的，加上用第一人称进行叙述，所以有一种特别真实与亲切的感觉，增强了广告宣传的效果。

文案中没有煽情的情节和华丽的词藻，但在平淡而质朴的语言中，人们能体会到爱的温馨和生活的真实，也增加了故事的可信度。于是，人们为这个故事感动的同时，也增添了对旅行者保险公司的好感，从而接纳了广告的宣传。

3. 怀旧

怀旧是人们对过去的人、事物或者场景的追忆，是记忆的年轮里有深刻感觉的印象。怀旧创意是一种对人类情感的理性把握，通过分析人们共有的怀旧情结，把怀旧作为情感诉求的突破口，如果运用得当，就可能产生意想不到的广告效果。

值得注意的是，并不是所有的广告都适合采用怀旧创意，创意人需要考虑两方面的情况：一方面，创意人要能够准确地把握产品与怀旧的密切联系；另一方面，创意人应当让消费者易于从广告里寻找到引起怀旧情绪的理由，并且这个理由足够充分和完满。

怀旧因变化而生，或因物是人非的辗转，或物移景异的变迁，对童年往事的追忆，成年后转化成了淡淡的乡愁，曾经刻骨铭心的感情，在不经意间凝固了时空。应该记得“一股浓香，一缕温暖，南方黑芝麻糊”的广告片，整个广告在画面、人物装束和声音的处理上，处处营造着一种怀旧的情节：

> 在遥远年代的麻石小巷，天色近晚，一对挑担的母女，小女孩帮母亲研磨芝麻，母亲招呼着食客。在深宅大院门前，一个小男孩深吸着飘来的香气，再也坐不住了。小男孩搓着小手，神情迫不及待。大铜勺被提得老高，往碗里倒着芝麻糊。小男孩埋头猛吃，大碗几乎盖住了脸庞。几名过路食客美美地吃着，大嫂周围蒸腾着浓浓的香气。小男孩站在大人身后，大模大样地将碗舔得干干净净。大嫂看到后轻轻地抹去他脸上的残糊，爱怜地给小男孩又添上一勺……①

该广告获得了“全国第三届广告节”创意一等奖。评审专家认为：“芝麻糊是一种普通的食品，在广告诉求上难度较高，该广告能恰当确定广告定位，从情感诉求入手，把平淡无奇的商品用回忆的手法把人带到芝麻糊香甜可口的回忆之中，以达到引起欲望，促进销售的目的。”

大卫·爱格曾说过：“厂商制造的是有物理属性的产品，消费者购买的是有感情寄托的品牌。”在怀旧广告中，产品的价值已经远远超越了本身的使用价值，更多的是创意人赋予产品的一种精神价值。怀旧氛围的营造调动了消费者的感情动力，使消费者认为消费产品的目的不仅是物质需要，更是一种精神需要。在广告制造的幻想世界里，消费者把广告的“假”化作内心世界的“真”，对广告产品的选择其实是对内心情感认同的结果。

台湾的左岸咖啡选择 17—22 岁的年轻女士作为目标受众，她们多愁

---

① 张满锋等：《一碗黑芝麻糊的经典——透视中国传统广告创意理念》，《电影评介》，2011（15）。

善感、喜爱文学艺术。相对于产品质量而言，她们更寻求产品以外的东西，寻求情感回报。[①] 左岸咖啡广告，在人们脑海中建立了一个虚拟的左岸咖啡馆，为怀旧者创造了可供想象的浪漫空间——巴黎的风情，美丽的塞纳河左岸，诗人、艺术家和哲学家汇聚的沙龙，每天有无数动人的故事发生在咖啡馆……一杯左岸咖啡喝出一个浪漫的爱情故事，一缕放飞的休闲心思，一份经典的感人诉说，一段迷人的巴黎春光，在内心最柔软处，怀旧情结就这样轻易地被催化了。人们着迷于左岸咖啡馆具备的怀旧品质，这份情感恰是整天忙碌奔波的都市人追寻的归宿。

二、恐惧手法

（一）恐惧手法的作用及适用范围

恐惧创意手法就是将产生恐惧的源头事件在作品中展现出来，使接受者产生“如何解决这一问题”的疑问，也促使他们产生一定的恐惧感，再将要推销的产品或观念作为一种解决方案提出的创意方式。通过创作恐惧场景、让人引起思考并提出解决方案的过程，使消费者对广告产品产生相信、依赖，最后产生行为变化——对商业广告来说就是购买其产品或服务，[②] 对于公益广告来说就是改变其不良的行为方式。

恐惧创意在各种类别的广告中都可以运用，出现频率较高的是药品类、保健品类、保险类等商业广告。此外，一些与禁烟、禁毒、交通安全有关的公益广告，恐惧创意也比较多。

（二）各类广告中的恐惧创意

1. 政治广告

广告史上最经典也最具震撼力的广告莫过于 1964 年广告大师威廉·伯恩巴克创意的政治广告“采花姑娘”。“采花姑娘”的创作背景是约翰逊竞选美国总统时，广告的目的是攻击竞争对手戈德华特鼓吹的核威慑论。广告情节如下：

> 蓝天、草地、小姑娘哼着歌谣在野外采花，（刺耳的音乐入）男人低沉的声音，倒数数，小姑娘数手中的花，1，2，3……伴随着男人的倒数声，倒数数到“1”时，一声惊天动地的巨响，整个画面被

---

① 参见曾朝晖：《左岸咖啡策划纪实》，《中国名牌》，2003（2）。

② 刘合强：《人文与管理：恐惧情绪在广告创意中的运用》，《武汉职业技术学院学报》，2002（4）。

一团蘑菇云吞没。小姑娘、鲜花、蓝天、草地，顿时灰飞烟灭。

广告巨大的恐怖效果让无数的美国公民感受到，如果戈德华特当选总统，美国将会有多少无辜的儿童成为核战争的牺牲品。这部广告的恐惧创意和隐喻性手法为约翰逊最终赢得总统选举发挥了重要作用。

2. 公益广告

公益广告造成的恐惧与商品广告中的恐惧诉求不同。商品广告尽可以编造一个恐怖的故事或画面，消费者产生的恐惧是短暂的，因为故事多半是虚构的，而公益广告更强调创意的真实性，出现在公益广告中的图片、场景或者以真实拍摄的资料为证，或者是对发生过的事件、状态的真实再现。

以下这则来自 GreenPeace（绿色和平组织）的公益广告，宣传主题是为发起反核试验运动争取支持者。主题指向的真实事件是法国 1995 和 1996 年在穆鲁罗所作的核试验。广告采用了一幅真实的照片为广告画面，一个身患脑水肿的婴儿，脑袋比正常的婴儿硕大许多，作令人揪心地啼哭状，他的小手掖着衣服，眼神惊恐而无助。这幅特写给人巨大的视觉冲击，画面造成的恐惧效果足以震撼所有善良的人们。

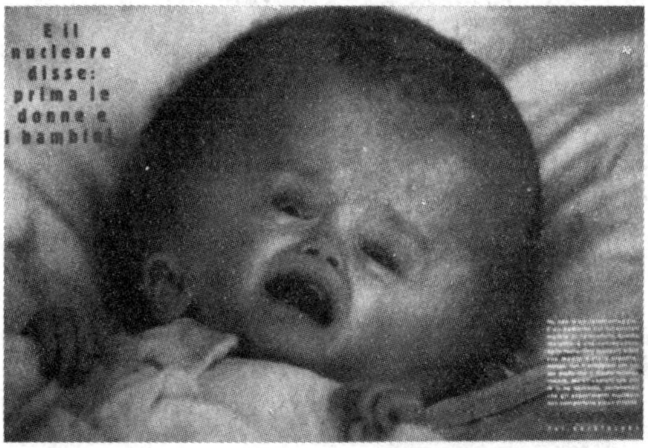

广告文案：“不，这不是经过加工的平面效果。这是一个来自喀撒基斯坦的孩子，天生脑水肿。这个缺陷是因为孩子母亲曾暴露于辐射中所致。现在，不要谴责我们将这个悲剧展示。请谴责那些将它隐藏并强调核能实验并冒险的人。”

图 3－14　绿色和平组织反核试验公益广告

公益广告中，恐怖创意的基本思路是描述、营造某种不良行为所带来的恐惧，告知消费者要避免广告中的情况就必须停止不良行为。在 Russian Ic 的伏特加公益广告中，7 个酒瓶底组合成的样子非常像过去手术台上的照明灯，告诉人们过量饮酒会让你非常危险的。

台湾的一则戒烟广告，整个画面只有一条长长的焦痕。广告文案这样写道：“这是一支香烟在三分钟内造成的伤害。”这张烧焦的纸条很容易让人们联想到自己的肺。试想一下，假如我们的肺受到香烟多年的毒害后会变得多么可怕？广告通过即时的伤害带给受众强烈的视觉冲击，这种冲击很容易造成人们的恐惧心理。为了避免这种伤害，放弃导致伤害的香烟是最好的选择。

3. 商业广告

在商业广告中恐惧创意的惯用手法是创作恐惧内容或营造恐怖气氛，同时告诉消费者要避免或停止这种恐惧，解决办法就是购买、使用广告中的产品或服务。肤美灵洗面奶是一种能清洁脸部肌肤又能抑制螨虫的洁面产品。广告制造了一个让爱美人士恐惧的问题，广告称“其实，我们每天洗脸只洗了一半”，广告画面上，模特的脸被中分为一明一暗的半边，令消费者产生了小度恐慌。广告采用的恐惧诉求突出了肤美灵洗面奶“洁肤抑螨，两全其美”的功效。

华硕 LS246H 显示器的广告，再现了一个人们所熟知的恐怖片片段——《午夜凶铃》。当贞子在惊悚的配乐声中从古井里爬出的时候，电影中的恐怖场景不由得浮现在人们脑海中。而这次，当贞子踩着那熟悉的舞步走到人们眼前时，戏剧化的一幕发生了。只听“嘣”的一声巨响，贞子撞到了屏幕上。此后，贞子再次努力未果，甚至到最后拿出了“杀手锏”——电钻，但也还是奈何不了华硕 LS246H 那 8H 级蓝宝石硬度的屏幕。广告既证明了显示器的超强硬度，又因其恐怖的表现手法而让人印象深刻。

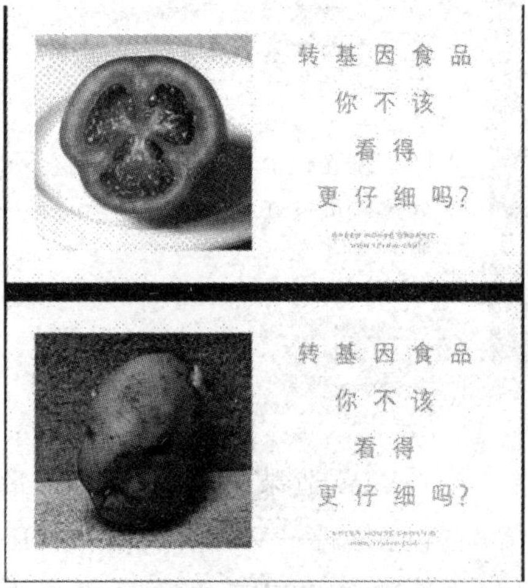

图 3－15　绿屋有机食品的这一组广告旨在揭露转基因食品的本来“面目”，从而凸显自己的有机特色。广告展现了转基因食品本身构成的恐怖，简单有力。广告语是：“转基因食品，你不该看得更仔细吗？”

（三）恐惧手法应该注意的问题

第一，应该明确恐惧手法的目的。商业广告中制造恐惧是一种手段，目的在于让消费者意识到某种不良后果，从而促进产品的销售。恐惧并不是为恐惧而恐惧，而是为了广告目的而恐惧。恐惧之后要人们觉得你的产品和服务是安全的才是有意义的。

第二，恐惧强度要适度。社会心理学者贾尼斯等人曾经做过一个实验，围绕着保护牙齿、预防蛀牙这个劝服主题进行几种不同程度的恐惧诉求。实验结果表明态度改变较大的是接触到轻微恐惧信息的实验对象，效果最不明显的是感受到强烈恐惧信息的实验对象。这充分表明，在进行传播和说服活动时，轻微的恐惧比强烈的恐惧能得到更佳的效果。①

在广告创意中要把握恐惧的“度”，应该注意以下几个方面：

1. 不要用夸大事实的文案恐吓消费者。

2. 避免恐惧诉求对受众的生理或心理造成不良影响。

3. 恐惧创意要考虑对儿童群体的影响。

4. 把握恐惧的实际心理承受度。

三、幽默手法

（一）幽默手法的作用

幽默一词来自英语 humour 的音译，意为“有趣或可笑而意味深长的”。在欧美，幽默一直以来都是广告创意的主流手法，每年各项广告大奖中幽默广告占据了70％以上，在平常播放的广告中，幽默广告也占到了30％左右。

幽默手法在广告中发挥着不可忽视的作用，这些作用主要表现在：

首先，幽默广告的戏剧性、趣味性能有效地吸引人们的注意力，将严肃的广告目的包容在轻松诙谐的喜剧气氛中，引导人们观看广告，唤起消费者的热情，创造出一种兴奋愉快的心境，造成一种自然的传播默契，并在默契中引导人们接受广告主张。②

第二，在幽默广告生动欢愉的气氛中传递给受众广告主题，既消解了人们对广告的抵触情绪，也提升了人们对广告的记忆度。在轻松、愉快和满足的情绪下能缩短消费者与广告的心理距离，从而有助于消费者接受并记住广告的内容。比如千岛湖广告，“来千岛湖旅游，用农夫山泉洗澡！”幽默谐趣，雅而不俗。

第三，由于幽默广告巧妙地隐蔽了直接的功利目的，冲淡了广告的商业气息，使自己看起来更像是一则轻喜剧，这就比较容易激起消费者的好感，在消费者被吸引的情况下无意间消除了对广告的怀疑与抗拒心理，然

① 刘合强：《人文与管理：恐惧情绪在广告创意中的运用》，《武汉职业技术学院学报》，2002（4）。

② 邓惠兰：《试论幽默广告》，《江汉大学学报》，2000（2）。

后在一种轻松的情境下认同了广告提出的观点。例如，佩利钠饲料的广告词是“如果‘佩利钠’还不能使你的鸡下蛋，那它一定是一只公鸡。”

第四，幽默广告以独特的叙述和娱乐化的方式，巧妙地再现了喜剧的特征，“把需要肯定的事物无限地延伸到漫画程度，形成一种充满情趣、引人发笑又耐人寻味的幽默意境”①，具有强大的艺术感染力。

（二）幽默手法的表现形式

1. 幽默与夸张

即对广告商品的品质或特征的某些方面进行明显的夸大，以加深消费者对这些特征的认识，从而使其对商品有更深的印象和进一步的理解。

马来西亚的一则交通安全广告这样写道：“阁下，驾驶汽车时速不超过 30 英里，您可以饱览本地的美丽风景；超过 60 英里，请到法庭做客；超过 80 英里，欢迎光顾本地设备最新的急救医院；上了 100 英里，请君安息吧!”广告以幽默的口吻善意地提醒司机驾车不要超速。

图 3－16　联想笔记本太薄了，竟一不小心……

图 3－17　超强对焦，竟然发现山中隐藏的拉登

2. 幽默与喜剧

幽默广告将推销活动放在轻松愉快的喜剧气氛中进行，使消费者注意广告产品并产生好感，不由自主地改变对商品的态度。李奥·贝纳曾经说过，每一件商品都有与生俱来的戏剧性，而幽默广告创作者就是要用幽默的手段来尽量完善地表现产品的戏剧性。大众化的戏剧性幽默是老少咸宜的，幽默能促进受众对广告及产品的喜爱程度。

在百事可乐的广告中，有不少以喜剧的形式表现。有一则广告是这样的：一个小伙子在冰天雪地里贪婪地喝着百事可乐，嘴唇却因为低温黏在

① 刘丽喆：《浅析如何营造平面设计作品的视觉冲击力》，《文学与艺术》，2009 (12)。

了可乐罐上，无奈只好求助于医生，来到诊所却发现那里的男女老少，还有一只小狗都患了和他一样哭笑不得的症状。[①] 这则广告轻松幽默，有人情味，在有趣而引人发笑的故事中，冰释一切烦恼和愁闷。这不禁让人联想起其总裁说过的一句意味深长的话："可乐之争，输赢并不重要，重要的是有趣。"

3. 幽默与自嘲

这是一种具有很强幽默效果的表现形式。广告商在所发布的广告中进行自我调侃，别出心裁地制造出幽默色彩，可以产生出相当的表现力。

弗莱特轮胎公司的广告词是："无数弗莱特的轮胎正在世界各地飞驰——弗莱特轮胎公司"，而弗莱特（Flat）本身是"瘪了"、"走了气"的意思。这条广告等于在说无数瘪了气的轮胎正在世界各地飞驰。这条广告以超强的幽默感给消费者留下了深刻的印象。自嘲的幽默走得再远，也有可能回到它们原先设定的目标，因为人们总是更喜欢那些"批评自己"的人。

（三）运用幽默手法应注意的问题

1. 切忌喧宾夺主

广告的目的是宣传商品或服务，幽默只是广告的表现手法。因此，广告要以准确传达信息为前提，不能为了制造幽默而喧宾夺主，弄巧成拙。

2. 幽默因产品而异

如推销相机用动物来表现广告主题是完全可以的，但如果是推销食品，则容易让人联想到动物饲料。因此幽默中的情感特征、情节格调应与商品的性能用途巧妙配合，协调统一。

3. 幽默应耐人寻味

不可重复欣赏的幽默不适宜于广告，由结局出乎意外造成幽默感的故事最好不要用于广告，引人哄堂大笑的幽默也不耐用；只有含蓄而清新的幽默才值得推荐。[②]

4. 要研究广告的对象目标

一份关于美国134家广告公司创意人的调查显示，适宜采用幽默手法的广告受众是年轻、受过高等教育、处于上层社会的男性及专业人员。这

① 黄云：《赢得笑容，赢得全世界——探讨幽默在广告中的效果》，《广告大观》，2005（2）。

② 唐朝晖：《以情动人——试论艺术广告创意的制胜秘笈》，《艺术百家》，2004（1）。

些人理解力强，富有幽默感，心胸开阔，因此更能理解、欣赏生活和广告中的幽默，并产生共鸣。

四、名人手法

（一）名人手法的作用

名人广告是以演员、歌星、体育明星、社会名人等作为品牌代言人的一种广告表现形式，是一种借势营销策略，利用名人所具有的优势来推介产品，快速提升产品的知名度，促进产品的销售，实现快速营销的目的。名人手法的作用表现在以下几个方面：

第一，名人广告容易吸引受众的注意力。名人的知名度高，他们的一举一动也备受关注。本来大家并不了解的品牌，请名人担任产品代言人，其产品和广告也会由于名人效应而吸引大众的眼球。

第二，名人能快速提升产品的知名度，塑造良好的品牌形象。知名度不高的品牌可以借名人的影响力而声名鹊起，受众还会把对名人的好感转移到产品上去，从而提升品牌本身的形象价值。

第三，名人广告可以有力地推动产品销售。人们喜欢某个名人，自然也会对他推荐的产品产生一种偏爱，认为该产品档次高、质量好。许多消费者出于对名人的崇拜心理，争相购买广告推荐的商品，从而有力地推动商品的销售。

（二）名人广告的适用度

虽然名人的创意手法有其不可否认的优势，但是在广告的具体实践中仍需谨慎把握，要有一定的分寸，否则就可能既花了钱又造成适得其反的效果。做名人广告时，应当考虑以下因素：

1. 注意名人的美誉度

名人广告最重要的一步就是选择适合品牌的代言人。其中的第一标准就是选择的名人要有美好的形象。美国学者研究发现，名人广告若想取得满意的效果，必须具备专业性、信誉度和吸引力三个基本条件。① 选择名人特别是明星代言广告时，必须对他们的公众形象、责任心、亲和力、个人操守、为人处世原则及其在业界口碑和声誉等进行长期、缜密的考察，绝不能仅看其知名度而忽视其美誉度。如赵薇在“军旗服”事件发生以后，她所代言的产品广告在一夜之间全部淡出了人们的视线。

---

① 张彦军：《广告中“名人效应”的心理学分析》，《兰州学刊》，2003（5）。

2. 注意名人与产品或品牌的关联性

名人广告奏效的基本条件就是名人的形象、职业、特长等与所推荐产品的特点、功能、目标形象有一定关联。只有这样的名人推荐的产品或品牌，受众的注意力才能自然而合理地延伸到广告推荐的产品上来。为地奥银黄含片做广告的李雪健，其演员职业与产品功能有密切的关联性，广告语“没有声音，再好的戏也出不来”的诉求，就比较自然贴切。而在罗纳尔多代言的广西金嗓子广告里，罗纳尔多的足球明星身份与金嗓子喉宝的功能并无联系，广告效果就大打折扣。

3. 避免名人在广告中喧宾夺主

过于追求名人的表演技巧和喜剧效果，名人在广告中喧宾夺主，消费者只见名人不见产品，记住了名人，却没有记住产品的内容，这样的广告必然不会促进销售。[①] 名人作为沟通产品与受众的中介，只是品牌宣传的一个工具，所以在广告中真正的主角应该是产品而不是名人，名人在广告中的台词及表演都是为更好地突出产品特色，传达品牌形象。例如张卫健代言的今麦郎弹面广告，用“弹得亲嘴和被弹倒在地”的夸张手法，来诠释“弹得好，弹得妙，弹得味道呱呱叫”广告语。广告播出时，受众多把注意力放在了张卫健身上，而没有体会出弹面所具有的独特口感，因而广告的效果欠佳。

4. 预防名人意外事件所带来的风险

名人与企业签约拍摄、制作广告，时间跨度往往很长。这期间难免会发生一些有负面影响的事件，如果处理不得当，则会影响产品销售，甚至危害企业的公共形象。对于名人代言的风险，首先要有预防和控制意识，采取科学的控制策略。企业在与代言人签订的广告合同中要含有相关的条款。当代言产品和品牌的名人出现丑闻时，企业有权终止合同并要求赔偿。如章子怡在“泼墨门”和“诈捐门”之后，她代言的某化妆品立即撤掉了官方网站带有章子怡形象的所有广告。

5. 保持广告风格的连贯性

为避免消费者产生厌倦心理，广告主一般不会长期运用同一位名人作为品牌代言人。选择新的代言人，必须注意保持原有风格的延续性，避免出现落差、断裂现象。应确保代言人形象与品牌形象的统一，不断用相同的信息刺激受众的视听感官，强化记忆。美国耐克公司就非常注重代言人

① 张锐等：《名人广告策略研究》，《商场现代化》，2007（12）。

风格的一致性和连续性，先后选用了阿加西、麦肯罗、巴克利、乔丹等著名运动员担任形象大使，不断强化耐克品牌“强健、活力、积极、成功”的品牌个性。

五、对比手法

（一）对比手法的作用及类型

对比手法就是在广告中直接或含蓄地将不同品牌的商品、不同类型的商品、不同的事物加以比较，通过比较来宣传某种商品或服务的价值。有比较才有鉴别，通过对比可以让消费者更清晰地了解广告产品的优点，还能在一定程度上打击竞争对手，体现出自己的竞争优势。用比较的手法宣传商品，有两个含义：一是艺术手法的比较，二是实质性的比较。艺术手法的比较是指：在画面上采取一定的艺术手法以突出商品的形象。实质性的比较手法，则可以用于反映商品使用前后效果的比较、商品改装前后的比较等方面。

马德里动物园（Madrid Zoo）做的一组主题为“动物教导我们如何做人”的公益广告。广告文案为：“熊不会重男轻女”、“象群从不放弃年老的大象”、“海豚会救助受伤的同类，帮助它们生存”、“当两个猩猩群体碰面时，他们总是避免冲突”。系列广告采用动物的行为和人类的行为进行对比的手法，具有深刻的教育意义。

至于本商品与其他同类商品的比较，最具代表性的当属可口可乐与百事可乐的广告之争了。百事可乐作为市场的挑战者，“比较”一直是它采用的主要广告策略。

百事可乐有这样一则广告，一个小男孩从自动售货机取了两瓶可口可乐放在了地上，然后双脚踩上去，再在自动售货机上按下了位置较高的百事可乐，最后喝着百事可乐离开了自动售货机。从小男孩把可口可乐踩在脚下，不难看出百事可乐的寓意，“你们的品牌就只有为我垫脚的份”。

同样两款自动售货机对比的广告篇，也出现在“Joy Pepsi”系列广告中：静静的街旁，两台自动售货机并排站在冰天雪地里，百事可乐的售货机前，一条被人们踩踏出来的通道清晰可见，而旁边的售货机已经被冰雪覆盖，无人问津的售货机前连一个足印也没有。虽然在冰雪的掩盖之下，但那热烈的红色和特有的波浪线，让每一个看到广告的人在第一时间都认出这是可口可乐的售货机。在这则广告中可口可乐备受冷落的尴尬昭然若揭。

图 3－18 百事可乐“自动售货机”广告

在我国，像百事可乐这种广告策略是不允许的。《中华人民共和国反不正当竞争法》第 14 条规定：“经营者不得捏造、散布虚伪事实，损害竞争对手的商业声誉、商品声誉。”另外，根据《中华人民共和国广告法》的有关规定，“经营者不得贬低其他生产经营者的商品和服务”。

（二）运用对比手法应该注意的问题

1. 遵守对比广告的相关法规，避免触犯法律

在对比广告中，必须遵循以下几点：首先，对比广告中所对比的产品或服务具有可比较性，所选择的被比较对象与广告中的产品或服务大体属于一个类别。第二，广告中所运用的对比方式必须是公平合理的。第三，用于比较的依据是真实可信的，数据等相关信息是已被证实了的，且该数据等信息在广告发布时仍是有效的。[①]

2. 灵活运用多种对比手法

对比的手法分很多种。一种方式是泛比，即用特定品牌与该类商品进行比较。例如高露洁牙膏的电视广告，将用高露洁牙膏和普通牙膏刷牙的牙齿进行对比，前者比后者更坚固。另一种方式是自比，就是自己现有的产品和之前的产品进行比较，从而凸显新产品的优势。如用汰渍二代“排挤”汰渍一代，红色装飘柔“排挤”绿色装飘柔。

六、汉字手法

（一）汉字手法的创意优势

广告中的汉字创意，是指以汉字为广告创意的主元素和表现形式，对汉字进行创意，从而有效且别致地传达广告主题的一种创意思维和创意方法。广告设计师韦伯·杨在《产生意念的技巧》一书中写道：“文字本身就是创意，文字是创意的符号，我们能够以收集文字来收集创意。”韦伯·杨在这里所指的“文字”是指字母化的、以英文为代表的西方文字。

① 李西臣等：《关于对比广告的法律思考——兼评两则典型的对比广告》，《西南民族大学学报（人文社会科学版）》，2005（6）。

虽然他所说的“文字本身就是创意”的观点适合所有的文字，但在利用文字进行创意方面，汉字所拥有的优势更加明显。

与其他文字相比，汉字在创意方面有独特的优势，其原因在于汉字结构的象形性。世界上各种文字大多数是由拼音构成的，拼音字母构成的文字，在字形上只表音不表意。汉字则不然，汉字为形声字，既可表音，也可表意。在广告创意过程中，如果能以形写意，以意达神，往往可收到非常奇妙的表达效果。汉字反映着人类直觉思维模式的智慧成果，其深玄的哲理，灵动的意念，具有很强的创作意义和视觉价值。① 同时，汉字是由点和线构成的，与只有几十个字母的拼音文字相比，汉字的形态变化千姿百态，丰富多样，这也为创意提供了更大的发挥空间。

（二）汉字手法的创作方法

汉字是一种富于极强艺术美感的文字，它集广深的文化信息、多元的表现形式、丰富的艺术风格于一体，但又和谐的构成一方形，具有严格的条理性和比例尺寸，呈现出高度的秩序美、和谐美。汉字以其笔画的变化和组合，偏旁部首的大小和方圆，用笔的刚柔或粗细，间隙结构的疏密协调等形成了一种独特的形式美，根据汉字的特征和已有的应用，在广告创作中从以下几个方面进行：

其一是转化。所谓转化，就是在广告创意中把汉字转化为图形或把其他事物转化为汉字，从而形成有利于广告主题传达的画面或意境。很多汉字本身具有象形的特征，充分体现了浓缩物象、概括规律、简明直观的特征。一个象形字既是一个文字符号，又是一个完整的信息单元。汉字的这种特点，使其具备了转化的基础条件。

其二是拆分。汉字创意中的拆分就是将汉字的某一部件进行拆解重组，从而形成新的形态或涵义，达到与广告主题有机结合的目的。汉字丰富的结构特点为汉字的拆分创意提供了广阔的空间。例如，汶川地震后，中国红十字会发布了号召大家捐款的公益广告。通过对毛笔书写的“济”字艺术化的上下拆分，使其形成近似“汶川”的字样。“汶川”等于“济”的意思直接明了，较好地传达了汶川需要救济的广告主题。

图 3－19　汶川地震后号召捐款的公益广告

① 金定海：《汉字的广告智慧发生学思考》，《国际广告》，2005（4）。

其三是凸显。形声、会意等合体字造字法使汉字本身就具备了一定的逻辑关系，在广告创意中可以利用这种逻辑关系对汉字的局部进行凸显，从而与广告主题结合，更好地突出所要传达的信息。最常见的做法是通过改变笔画、部首、文字等的字形、字体、大小、颜色等方式将重要的、有意义的部分凸显出来，并通过相互之间的逻辑关系把广告诉求点表现出来，以达到读文达意的效果。

中国民生银行的“民生保理”业务旨在帮助企业解决账款问题。在其广告中，同样都以一个“账”字表现，通过对“账”字的不同部分的凸显，来表现不同且又有联系的两层意思。一则广告中的“账”字缩小“贝”部分，拉大“长”部分，并且夸张化地将其布满蜘蛛网，下方广告语：“收账还要等多长?”指出了目标客户们最头疼的问题：应收账款迟迟无法收回，导致周转不灵。另一则中的“账”字刚好相反，将“长”字淡化，“贝”字则被强化，下方广告语：“及时收账不延长。”凸显的“贝”既表示及时收回的账款，又表示“民生保理”是企业用于收账的宝贝。

其四是字义的运用。字义是汉字的三大属性之一，汉字的表意性使汉字成为世界上单位字符信息量最大的文字，容易辨识，利于联想，因此，可以利用汉字本身的涵义进行创意。通常的做法是根据汉字涵义丰富、一语双关等特点与广告信息结合，从而吸引受众，达到广告推广的目的。博大精深的汉语文化为创意者提供了丰富的创意素材，古诗词、歇后语、谚语等各种语言形式都是创意灵感的来源。

在一则关于保护环境的公益广告中，作品中“木”上的绿叶纷纷飘落。众多的“木”变成了坟头林立的十字架。在《说文解字》中，“木”字被定义为：“木冒也。冒地而生。东方之行。从中，下象其根。凡木之属皆从木。”在该广告中，将“木”字解构为“人”和“十”，并进行重组形成图画。“人”犹如绿叶一般凋零，失去了叶子的树木变成了十字架，警示世人，破坏森林将带来的触目惊心的人类毁灭。通过这种巧妙的文字组合，使读者的灵魂受到深刻涤荡。

七、悬念手法

悬念手法是利用受众的好奇心理，预先设计好问题，引起人们的疑问和关注，从而主动在之后的广告中寻找答案。该手法的作用在于以悬念引起受众的注意，增加广告的被关注度。

一般的悬念广告通常是在一种媒体上完整地展示，或是将电视广告分段播出，或是在纸质媒体上进行连载。随着广告媒介策划的提升，一个悬念式广告可以贯穿于多种媒体，并且还可以同受众进行巧妙互动。

2000年初，美国耐克公司曾在电视台上播出了系列广告《街头》，运用一个悬念故事，将大众媒体和新媒体充分结合——大众媒体称为吸引观众的诱因，而网络广告的价值则在于它的具体性和体验性。① 广告上，一个大雪球正在追逐滑雪的人，当雪球越滚越大，马上要压到滑雪人的紧要时刻，广告定格，屏幕上打出"欲知下文，请在因特网上浏览"的字样。当人们登陆网页后发现，这则广告有多个不同的结局。广告播出一周，Nike网站的访客人数一下子增加了65万人次。

在运用悬念手法需要注意的问题有：

第一，内容必须引发受众的兴趣，不能让人有"事不关己，高高挂起"的感觉。广告的内容要贴近受众的生活，情节要引人入胜，打动人心，否则就不能激发观众追踪广告的热情，广告取得的效果也会事与愿违。

第二，"悬念"设置要自然、恰到好处。有的悬念式广告无法引起受众的关注，主要原因是没有悬念可言。所谓的"悬念"一看就明，连三岁小孩都"蒙骗"不了，自然就不会引起大家关注；有的则是无病呻吟，"悬念"过头，故弄玄虚，让人看了大倒胃口。这样的"悬念"不仅不能达到目的，甚至还会弄巧成拙，让读者反感。② 悬念要"顺其自然"，如果为了"悬念"而人为设置悬念，可能会适得其反。

第三，时间上要把握"火候"，才能吊足受众的胃口。科学实验表明，人对新鲜事物的好奇心是有限度的，大约在3－5次范围内达到最佳点。"吊胃口"时间太短，不能激发好奇心理，达不到应有效果；"吊胃口"时间太长，会让受众失去兴趣和耐心，得不偿失。只有把握恰到好处的"悬念时间"，才会收到最好的悬念效果。③

八、其他常用的创意手法

（一）夸张手法

夸张以现实生活为基础，使用丰富的想象对事物的典型特征加以放大或强化，或改变物体间的比例，来达到广告的创意。夸张手法的运用让广

① 曾盈盈：《悬念——广告媒体创意正好的有效策略》，《广告人》，2004（4）。

② 倪丽霞：《悬念设置例说》，《语文学刊（高等教育版）》，2009（10）。

③ 倪丽霞：《悬念设置例说》，《语文学刊（高等教育版）》，2009（10）。

告更加新颖奇特，有利于吸引受众的注意，突显广告主题。

广告创意中的夸张可以是扩大型的夸张，即在内容与形式上向大、高、快、强等方面夸张，突出产品特征。也可以是缩小型的夸张，即向小、低、慢、弱等方面夸张，从而体现产品在轻便、安静、节能方面的特点。

注意夸张与夸大的区别。前者是一种艺术手法和技术手段，增强产品特点的感染力，一般情况下消费者能够理解和认识到这是一种艺术手段。而后者则是信息的失真，是人为的虚假广告，主观目的是误导消费者。

（二）比喻手法

比喻就是将一种事物比喻成另一种事物，喻体的形象与本体的某一特性应有相似之处。通过比喻可以使比较深奥的、需要具备较高文化水平才能理解的内容变得通俗易懂，使消费者更容易理解和接受；可以使广告内容更加生动，增强作品的表现力。

（三）名作利用

名作利用通常是指利用大家耳熟能详的著名艺术作品如绘画、雕塑等，对其进行局部变异或变换，以满足广告主题的需要。由于这些艺术作品已经在人们的脑海中留下深刻的印象，加之局部的变异和变换又能进一步引起潜在消费者的注意，在受众的心里产生共鸣。因此，利用名作的影响力对商品进行广告宣传，很容易取得成功。但应注意，不能因为刻意追求名作的视觉形象而歪曲作品的真实意图，以免对原作造成伤害或者侵权。

第四章　广告文案写作

第一节　广告文案概述

一、广告文案的概念

广告诞生之初，人们就是用语言和文字将广告宣传的内容表达出来，但是严格意义上的广告文案的概念，是在现代广告学产生之后才出现的。

大概从1880年开始，在美国广告文案（Advertising Copy）一词已经开始被人们使用，而且出现了专门的广告文案撰稿人（Copywriter）。但由于我国所见的早期的广告史或广告学相关著作资料不多，很难断定其中有没有广告文案的概念、定义。

在中国内地广告文案的概念由港、台地区传入，并且为部分广告学者和广告实务界人士所认同、采纳。在1991年出版的《现代广告学名著丛书》中，有数本以“Advertising Copy”或“Copywriter”为中心内容，并且统一采用了广告文案和广告文案撰稿人的译文，由此广告文案的概念在近年来逐渐普及。

关于广告文案的定义，目前比较普遍的理解是“已经完成的广告作品的全部的语言文字部分。”这一定义的要点在于：

1. 广告文案是依附于广告作品而存在的，而在广告运作过程中的其他应用性文稿，如广告策划文本、媒体计划书及其他有关广告的文字方案都不能称为广告文案。

2. 广告文案必须是已经完成的广告作品的文字部分。在一则广告作品完成之前，虽然要经过相应的创作过程，并且形成“草案”或“讨论稿”性质的语言文字内容，但是它们不直接面对广告受众，因此不能称为广告文案。

3. 广告文案有语言和文字两种表现形式。语言指诉诸听觉的有声语言，主要体现为有声语言的广告文案，包括电视广告文案和广播广告文案；文字指诉诸视觉的书面形式的语言，主要体现为文字的广告文案，包括报纸广告文案及其他通过印刷媒体发布的广告作品的广告文案。

4. 广告文案包括广告作品"全部"的语言文字部分。它不单单指"广告语"，也不单单指"广告正文"，它是由一则有效的广告作品所必需的全部的语言文字组成的一个有机的整体，广告作品中的任何语言文字内容（当然广告作品中展现的产品本身所包含的文字除外）都是广告文案不可或缺的组成部分。

二、广告文案的构成和类型

（一）广告文案的构成

一般来说，广告文案包括标题、广告语、正文、随文等四大组成部分。

标题是广告诉求的中心内容，传达最重要的广告信息，引起受众对广告产品的兴趣，激发受众的购买行为，起到统领整个广告的重要作用。

广告语又称广告口号，为传达广告产品的总体形象，宣传广告品牌核心理念，在广告中长期、反复使用，以达到口耳相传的效果。例如，"钻石恒久远，一颗永流传"（戴比尔斯钻戒广告），"Just do it"（耐克广告）等。

正文是广告文案的主体，集中表现广告主题，详细表述广告诉求重点，传达产品或服务的核心理念。

随文又称附文，是传达广告产品或服务的基本信息，方便诉求对象采取行动的语言或文字，例如企业名称、地址、购买路径等，一般出现在广告文案的结尾部分。

当然，不同媒介的广告文案，其组成部分各有不同。例如，印刷媒介的广告文案一般包括标题、广告语、正文、随文四个部分，最能体现广告文案结构的完整性；在电视媒介的广告文案中，常常省略标题，而随文常以字幕的形式表现；广播媒介的广告文案，也常常省略标题，而随文则以语言的形式表现。

广告文案撰写还有一个为人熟知、长期使用的英文模式，就是AIDCA（也作AIDMA），即广告文案先要引起读者的注意，引起受众的消费欲望，进而引导其产生购买行动。

序号	结构内容	阶段效果	
1	标题	引起注意	Attention
2	副标题	保持兴趣	Interest
3	正文	挑起欲望	Desire
4	广告语	建立信心	Conviction
5	随文	促使行动	Action

这个表格也反映出广告文案的基本框架，我们不妨以广告界艺术派大师伯恩·巴克为奥尔巴克百货公司撰写的广告文案为例，对广告文案的基本结构做一个详细的了解。

[标题] 慷慨地以旧换新

[副标题] 带来你的太太，只要几块钱……

我们将给你一位新女人

[正文] 为什么你硬是欺骗自己，认为你买不起最新的与最好的东西？在奥尔巴克百货公司，你不必为买美丽的东西而付高价。有无数种衣物供你选择——一切全新，一切使你兴奋。

现在就把你的太太带给我们，我们会把她换成可爱的新女人——仅仅只花几块钱而已。这将是你有生以来最轻松愉快的付款。

[随文] 奥尔巴克　纽约·纽瓦克·洛杉矶

[口号] 做千百万的生意，赚几分钱的利润

以上文案是典型的广告文案，由标题、副标题、正文、随文、口号等五部分构成。标题以“以旧换新”为卖点，抓住了受众的注意力；副标题对标题作了进一步解释，幽默夸张的语言使读者保持着浓厚的兴趣；正文集中表现广告主题，详细表述诉求点，激发受众的购买欲；随文告知了奥尔巴克百货公司的地址，便于消费者产生行动；“做千百万的生意，赚几分钱的利润”的广告语，更为消费者注入了强大的信心。

（二）广告文案的类型

1. 按广告目的划分

根据广告目的的不同，广告文案可划分为商业广告文案和非商业广告文案。商业广告文案，是指以盈利为目的，推销一定的商品或服务的广告作品中全部的语言和文字。非商业广告文案，指的是不以盈利为目的，为了政治的、法律的、文化的等方面的广泛宣传，用以改变大众态度，或普及相关知识的广告作品中全部语言和文字。

2. 按传播媒介划分

根据广告发布媒介的不同，广告文案可分为纸质媒体广告文案、广电媒体广告文案、网络媒体广告文案、新媒体广告文案，其他如户外广告文案、包装广告文案，以及产品说明书、传单等应用性广告文案。媒介特点不同，其文体特征也会相应有所不同，写作要求也不一样。

3. 按篇幅划分

根据篇幅的不同，广告文案可分为长广告文案和短广告文案。应该说，文案的长短在字数上不应有太严格的界限，但通常认为，超过400字的文案可以被视为长文案，400以下的属于短文案。在资讯过剩的时代，广告文案应该短一点，精一些。但也不可一概排斥长文案，长文案写得好，能使消费者得到比较完整的商品或服务信息，所获取的传播效果也不比短文案差。

但是，长广告文案并不意味着冗长，每个文字都应是广告的有机组成部分。消费者对于汽车等耐用消费品，具有较明显的理性诉求。所以，大卫·奥格威撰写的劳斯莱斯经典广告文案详细陈述了劳斯莱斯汽车的性能，详细展示消费者关心的质量、价格等问题。为了撰写好广告文案，大卫·奥格威进行了详尽的实地调查，初稿长达3500个单词，对广告文案进行了反复修改，最终形成了经典的广告文案。

4. 按自身结构划分

根据自身结构的不同，广告文案可划分为单篇广告文案和系列广告文案。单篇广告文案是指通过一则广告作品的重复表现而达到目的的广告文案。系列广告是指通过一系列单篇广告文案，从不同角度全方位地表现广告主题，形成加大的广告冲击力的广告文案组合，具有连续发布、风格一致、信息全面等特点。一般情况下，系列广告文案由三则或三则以上单篇广告文案组成。

5. 按反映信息划分

通过分解广告反映的信息，可以将广告文案划分为产品广告文案、服务广告文案、企业广告文案和公共事务广告文案。

①产品广告文案

产品广告文案又可划分为消费品广告文案与工业品广告文案两类。消费品广告文案的受众主体是普通消费者，其信息主体是消费品；工业品广告文案的受众主体一般是工业品相关机构或企业，其信息主体是工业原料或工业产品等。

②服务广告文案

服务广告文案是指以服务为信息主体的广告文案。以服务为产品的相关企业，必须积极争取服务对象，向目标对象传达服务项目、服务内容、服务效果、服务价格等相关服务信息。服务信息的传播主要通过广告来完成，于是产生了服务广告文案。

③企业广告文案

企业在市场营销过程中，要与原料供应商、经销商、顾客、竞争者等社会公众发生各种关系，于是就产生了有关企业的广告信息和大量旨在传达这些信息的企业广告。由此企业广告文案也成为广告文案的一个重要类型。

④公益事务广告文案

公益事务广告文案主要服务于社会公众的公共机构，包括政府部门、法院、职业服务机关、医院及社会公益机构等，其所传播的信息主体是公共事务。有关社会问题、公众话题等，均是公益事务广告文案涉及的范围。

三、广告文案的地位和作用

（一）广告文案的地位

广告大师大卫·奥格威认为："广告是词语的生涯。"尤其是在电视、电影等视频媒体没有诞生前，广告作品的发布渠道仅局限于传单、报纸、杂志等纸质媒体，广告文案写作成为广告创作的核心。一则广告作品的优劣，主要是以文字表述及编排变化等作为标准来衡量的。现代科学统计也表明，广告效果的50%以上来自文案写作部分。

伴随着科学技术的进步和广告业的发展，各种非语言文字的表现要素在广告创作中逐步得到运用，但广告文案仍是广告作品的核心。例如，图文广告，虽然在文案的基础上配图，或者以图案为表现形式配以简要文字，但广告文案是整个广告作品不可或缺的重要构件；广播广告，将文案转换成为有声语言，再配以必要的音响效果，广告文案是广播广告的核心要件；电视广告，有关人员在文案的基础上，加入图画、音响以及其他因素，将文案转换成影音作品，文案构成了电视广告的脚本，电视广告必须在文案的基础上进行创作。由此，不论哪种类型的广告作品，广告文案都是广告作品的基础和核心。

（二）广告文案的作用

1. 广告文案是广告制作的蓝本

广告文案为广告作品的制作提供了蓝本，有了广告文案就相当于有了广告的半成品。在广告创作过程中，必须有效解决重广告创意、轻文案写作的错误倾向。

2. 广告文案是广告创意的表达

广告文案是将广告创作过程中的创意思维整理、记录，形成结构合理、条理清晰、论证充分的文字表现形式。有学者认为，创意是广告文案的核心，在某种意义上，找到了好的创意，也就在相当程度上完成了广告文案的写作。但是，再好的创意都必须通过广告文案进行表达。

3. 广告文案贯穿广告创作的全过程

广告创作涉及一系列环节，包括市场调研、媒介战略等，但是广告创作的一系列环节都是紧紧围绕广告文案的。在广告创作初期，市场调研在某种意义上是为了更好地开展广告文案写作；在广告制作过程中，广告是严格按照广告文案的思路进行的；在广告播出过程中，是按照广告文案选择发布渠道的。可以说，失去了广告文案，广告创作便寸步难行。

四、广告文案的特性

(一) 广告文案的文本特性

1. 文本较为短小精炼

广告文案文本的简短，这在所有形式的文章体裁中都是比较突出的。它可以是一段短文，也可以是三言两语，甚至还可以是片言只语。这是由于在通常情况下，受众接触广告的时间有限，文字精短、重点突出，产生的效果往往比较好。另外，广告媒介租用费相对昂贵，文案简短也有节约广告费用的考虑。

广告文案的文本充满智慧。广告文案的文本，篇幅虽然短小，但往往字字珠玑，饱含智慧。例如，某治疗脱发产品的广告文案为："聪明不必绝顶"。寥寥数语，诙谐幽默，人们一旦读懂，马上就能感悟到它的妙处，且过目难忘。

2. 不拘于结构完整

一般而言，广告文案包括标题、正文、口号、随文等构件。在完备的表现结构中，标题、正文、口号、随文等部分各司其职，赋予广告信息完备、层次分明等特点。但是，广告文案并不拘泥于固定的结构程式。在实际的广告文案文本中，往往从广告目标出发，以广告传播效果为旨趣，打破完整的文案结构，进行有机的结构安排和取舍。不同媒体的广告文案、不同行业的广告文案、不同风格的广告文案，对广告组成部分的侧重点也不尽相同，必须根据实际情况进行调整。

3. 表现手法多样

广告文案的表现手法形式多样，但主要服务于广告信息的表达。在广告文案的写作过程中，文案撰稿人的主要职责在于如何通过有效的表现形式将广告作品所要传达的信息进行有效表达。为了有效传播信息，实现广告目标，必须合理地选择、使用和创造广告文案的表现手法。例如，广告作品通常运用幽默、夸张、比喻等元素进行广告文案表达。

（二）广告文案与新闻作品的区别

1. 真实性要求不同

广告文案和新闻作品都强调表达内容的真实性，但广告的真实性，要求广告不能在产品或服务的有无、质量的优劣、消费者的评价等等方面传播虚假信息。在反映信息真实的前提下，广告文案在写作和表达方式上，从修辞上可以夸张，从情节性、戏剧性上可以虚构，只要符合艺术的真实便是允许的。

新闻作品的真实性，要求运用记录的手法，如实反映人物或事件的原貌。新闻作品中，绝不允许虚构。但广告文案可以在如实反映广告产品信息的同时，适当运用虚构、夸张的手法。

2. 文本价值取向不同

广告文案的诉求主体是产品的消费者，主要用于推介产品、宣传品牌，以达到消费者购买相关产品或服务的目的。新闻作品的诉求主体是社会公众，主要在于向社会公众传达某一消息，起到告知的作用。与此同时，广告文案的重点在于吸引受众的注意，进而打动受众；新闻作品的重点在于报道新闻事实，从时效性、重要性、显著性、接近性以及趣味性等要素选择有价值的新闻。

3. 文本结构不同

新闻作品的文本结构基本上可以划分为新闻信息报道和新闻事实评析。新闻信息报道，文本结构以确保清楚地报道新闻事实为基本要求，往往采用相应的方法突出主要内容和主要事实，一般都比较注重于报道新闻事实发展。新闻事实评析，文本结构以就事论理为基本要求，往往采用相应的方法来示理和明理，摆事实、讲道理条理清晰。而在广告文案中，提供信息往往无需提及来龙去脉，对道理、对观念不必加以论证和分析，更不涉及推理的过程。

4. 传播媒介不同

广告文案的传播媒介广泛多元，远远超过了新闻作品。新闻作品的发表和传播主要依靠大众传媒，在传播媒介的种类和数量上都受到一定制约。而广告文案作品的发布和传播，除了报纸、杂志、广播、电视、网络等五大媒介之外，还包括户外路牌、车载媒体等。只要是有利于目标受众接收、有利于说服受众的接触的媒体都可以作为广告的传播媒介。

5. 时效性不同

时效性是新闻作品的生命，同样的内容一般不再做两次报道。广告文案一般不要求时效性，所表达的内容可以跨越古今，横贯中西。甚至于为了广告信息的有效传播，广告文案可以为广告产品或服务刻意营造一个适当的时代背景。此外，在传播发布方面，广告作品的发布是反复的，要求在同一媒体或不同媒体、同一媒介或不同媒介上进行重复性传播，以达到使受众产生深刻记忆的效果。

（三）广告文案与文学作品的区别

不可否认，有一部分广告文案借用文学作品的形式表达广告诉求。但是，广告文案与一般意义上的文学作品有很大的区别，即使是某些广告作品借用文学作品的形式表达广告诉求，这些广告作品由于包含了广告因素而不再属于纯文学作品的范畴，广告文案与文学作品的区别主要有以下四个方面：

1. 写作目标的差异

文学作品的写作目标在于让读者陶醉于文学作品的审美过程。而广告文案则兼具审美性和功利性，既要给人带来美的享受，同时又必须有利于实现广告主的既定目标和要求。英国诗人托马斯·赫胥黎曾经感叹："写一首过得去的十四行诗，比写一个过得去的广告要容易得多。"广告文案主要通过艺术的形态传递商业信息，前提是绝不能游离既定的广告目标之外。广告文案只在属性上具有文学性，而传达广告信息、与目标消费者进行沟通、促使消费者产生购买意愿和购买行为才符合广告文案写作的根本目的。

我们可以通过两则关于电灯的广告，直观地了解广告文案与文学作品的区别。一则是著名诗人闻捷为上海某灯泡厂写的一首广告诗，现摘录如下：

向太阳里取来的熔岩，
从碧空中摘来的星星，

耐得住千度高温，

负得起延长白昼的使命，

把五彩缤纷的晚霞，

接上金光灿烂的晓云。[①]

从文学角度上看，这首诗想象丰富、文辞优美，表达了作者高远的志向。但作为一则广告，它明显缺乏促销力，仅“负得起延长白昼的使命”一句与消费者需求相关联。

另外一则是台湾菲利普台灯的广告文案：

留一盏灯，给不眠的自己

所有的灯都暗了

所有的人都睡了

而我，仍独坐案头

对着满纸空格苦思

且点上一盏灯

点上无尽的信心与感觉

为不眠的自己

等待灵感过境

菲利普 PL 台灯，

为不眠人点一盏灵感的灯。[②]

这则广告诗明确了不眠者的需求，把台灯塑造成在夜深人静时，默默关注、陪伴并给予不眠者灵感的伴侣，把产品个性与人性贯通起来，具有强大的促销力。

2. 写作主体与客体关系的差异

广告文案的写作重点首先不在于如何体现文案撰写人的思想、才情等个人魅力，而在于如何运用文字功底有效表达广告信息。文学作品的写作重点是体现文学作品撰写人的思想、才情，写作客体是为写作主体服务的，主体风格决定写作客体风格。

3. 创作过程的差异

首先，广告文案受商业制约，满足消费者、广告主的需要，最终目的是为广告主赢得利润。而文学创作虽然要适应读者的要求，却不受商业性

① 曾庆璇：《著名广告词修辞艺术》，175 页，重庆，重庆出版社，2001。

② 岳海翔：《广告文案写作要领与范文》，248 页，北京，中国言实出版社，2009。

的制约。其次，广告文案是由广告策划所决定和导向的，根据广告策划拟定的策略创作而成的。而文学创作只是根据作家对生活的认识、对生活规律的把握去反映生活和表现生活的。

4. 创作人员的差异

广告的创作是一项集体活动，是广告创作人员集体劳动的结晶。广告文案的创作之初，需要相关部门密切配合，如市场调查、产品分析、目标确定、广告策划等等。另外，与广告文案配合的图形、影像、音乐等出现在广告作品中的其他元素的创作，都是集体性的劳动成果。而一般来说，文学作品创作具有独立性，作家作为个体劳动者，他的作品就是他独创的作品。

第二节　广告文案的结构

一、广告标题的写作

（一）广告标题的作用

标题是广告的题目，旨在传达广告文案中最重要的信息，位于广告文案最前面，对全文起统领作用。标题在广告作品的整个版面和构图中，处于最醒目、最有效的位置，人们在无目的阅读和收看时，也习惯于先读标题，以决定选读哪些感兴趣的内容。美国广告专家约翰·加普斯曾经指出："在广告文案写作实践的56年间得到的50条教训中的第一条，就是标题在广告中是最最重要的因素。"①

广告标题是广告中最重要的因素，广告标题的优劣，几乎决定着整幅广告的优劣。日本广告学家植条则夫曾经指出："标题的功能大致可分为四类：(1) 吸引读者注意。(2) 诱导读者阅读正文。(3) 锁定潜在顾客。(4) 直接招揽顾客。"该论述对我们认识广告标题的作用具有很大的启发意义。总体来说，广告标题具有以下几点作用：

1. 点明主题

广告标题用高度概括的语句表达了宣传内容和中心思想，使消费者对广告内容一目了然，或产生相应的联想。例如，某地产公司的广告——"拥有一座家园，感受一生幸福"，直接点明家园主题，一目了然。又如某

① 朱瑞波：《广告文案与创意》，25页，北京，中国纺织出版社，2008。

香水产品广告——“两颗心之间的最短距离”，该广告标题，虽然不像前面一个标题那么显露，但是却能马上使人联想到用了香水后的浪漫情调，进而感受到这种香水的迷人之处，间接地点明了广告所要宣传的主题。

2. 引人注目

据美国哈佛大学商学部的调查，在所有广告中，大约有85%不能引起人们的注意，其中一个重要原因就是广告的标题不吸引人。人们每天都接触众多的广告信息，如果广告不能引人注目，就相当于是一则失败的广告。广告大师大卫·奥格威对广告文案的标题非常重视，他认为：“读标题的人平均为读正文的人的5倍。因此，可以说，标题一经写成，就等于花去1美元广告中的80美分；如果你做标题起不到推销的作用，那就等于浪费了80%的广告费。”① 所以，成功的广告文案标题必须引人注目。

3. 诱读正文

大卫·奥格威在《一个广告人的自白》一书中指出：“标题是大多数平面广告最重要的部分，它是决定读者是否读正文的关键所在。”因此，无论在形式上还是内容上，标题都要抓住读者的注意力，激发读者的阅读兴趣，以此诱导目标消费者继续关注正文。例如，“我的朋友乔·霍姆斯，他现在是一匹马了”，“女人什么时候最美？”一读了这些标题，一般读者都还想从广告正文中寻找答案，广告标题在这里就起到了诱导作用。

4. 促进购买

成功的广告标题应能够激发读者强烈的购买欲望，促成读者购买商品的行为。例如，波多黎各经济发展部的“唯独这种煤气能向你提供一大桶一大桶的热水，比普通煤气快3倍”，“现在波多黎各对新工业提供百分之百免税”广告标题，直接点明了产品的利益点，唤起了消费者的注意。此外，成功的广告标题还可以直接或间接地劝导消费者进行购买，或号召其购买。如“看足球，喝可口可乐”。

（二）广告标题与广告口号的区别

广告文案一般由标题、口号、正文、随文等四大部分组成。但是在具体的广告文案作品中，经常会出现无广告标题文案或无广告口号文案。在有的广告文案中，广告标题与广告口号相同或相似。在现实操作中，广告

① 钟燕：《广告基础》，184页，成都，电子科技大学出版社，2006。

口号与广告标题也经常会被混为一谈。那么，广告口号与广告标题有区别吗？它们的区别在哪里？

1. 表现目的不同

广告标题的目的在于点明主题、引人注目，进而诱导受众阅读广告正文。而广告口号的目的，在于树立企业形象，推介产品信息，直接服务于广告目标。一般说来，广告标题服务于广告口号。

2. 负载信息不同

广告口号所负载的是企业形象、产品特性等广告目标信息，是企业、产品或服务信息的集中体现。而广告标题则不一定体现上述信息，可以负载广告口号中相关的信息，也可以负载与广告口号不相关的信息，其最终归宿是吸引受众的眼球。

3. 表现风格不同

广告口号着力于对受众的传播和波及效应的形成，在表现风格上立足于口头传播的特征，其语言表达风格就要体现口语化特征，自然、生动、流畅，给人以朗朗上口的音韵节奏感，并富于号召力。而广告标题具有提纲挈领的作用，要求它新颖、有特色、能吸引人，可以是生动流畅的口头语风格，也可以是稳重大气的书面语言风格。

4. 运用时限、范围不同

一般来说，在每一则广告中，广告标题是不尽相同的，使用的时间相对短暂，使用范围相对较小。而广告语一般在企业广告中长期使用，企业不同广告作品共同服务于广告语。

5. 出现位置不同

广告语可以单独使用，其在广告作品没有特殊的位置限制。而广告标题必须与正文放在一起，在设计上往往置于广告作品最醒目的地方，通常与照片、插图等有机结合起来。

（三）广告标题的写作要点

1. 目标要集中

广告标题是广告主题的凝练。要彰显广告主题，首先应使广告标题做到诉求单一，即重点突出，把广告的主要诉求点凸显出来，不追求过多的信息量，更不需要面面俱到。例如，康柏计算机广告——“从现在起，每部康柏电脑背后，都有强劲售后服务支援，媲美康柏授权维修中心的服务速度”（画面为飞奔的雪豹），“媲美康柏授权维修中心的细心态度”（画面为母袋鼠温情地看着胸前的小袋鼠），“媲美康柏授权维修中心的网络分布”（画面为漫山遍野的兔洞）①。广告标题集中于“速度”、“态度”和“网络分布”这一主题，以完善的售后服务为诉求重点，与创意紧密配合，使信息传达非常到位。

很多创作者在商品的性能、特点、质量和售后服务方面无从选择，不满足于广告标题中单一的信息传输，这样从表面看来似乎多多益善，但由于可能导致读者抓不住重点，反而使广告的传播效果受到影响。

2. 切忌平铺直叙

广告标题应该富有创意，力求新颖，这样才能唤起受众的注意力和购买欲。标题应避免平铺直叙，避免使用笼统或空泛的词语而影响受众兴趣，尽量不使用否定词，因为受众往往习惯从正面接受信息。平铺直叙虽然能表达准确，但无助于吸引读者，因此在创作广告标题时，要寻找出人意料的角度，运用生动活泼的语言，让顾客过目不忘。例如 S&W 罐头系列广告文案第二则，标题为“这些番茄仅供饮用”，画面照片为一只大的饮料杯中装几个番茄。反过来说，若把标题改成“新鲜的番茄”、“好喝的果汁”，则意义太广、陷于一般化。

广告语言要引人入胜，并不是说使用晦涩、拗口、新奇的词语就一定能成功。关键是要贴切、精准，不故弄玄虚、生搬硬套、文不对题，做到既准确传达广告信息，又凸显广告的魅力。

3. 长度适中

为了让受众一看便知，一听便懂，广告标题要简洁明快，多用短句，少用长句。一般地，长句具有过分书面化倾向，受众可能因为长句过于书面化而自动放弃阅读。同时，从记忆规律来看，权威认可的广告标题在 4—12 字时效果最佳。其实，广告标题并无严格的最佳长度标准，但一般来说，标题不宜太短或太长。

（四）广告标题的类型

1. 直接式标题

这类标题以简明的文字直接向公众表明广告的宣传主题和内容，陈述企业行为给公众带来的利益，使读者不需要读正文就能明白所传达的信息。直接标题具有简单、明确的特点，让人一目了然，因而深受广告创作人员的喜爱。

以下两种情况一般采用直接式标题：一是只有标题，没有广告正文，

① 黄锡明：《企业文化（中卷）》，108 页，吉林，吉林人民出版社，2002。

如路牌广告、招贴广告等。它们多数是将标题与画面配合，将主要的广告信息包含在标题中。如“白猫洗衣粉，洗衫好干净!”。二是标题与正文相配合，以标题引导读者去阅读正文，而正文是对标题的补充和说明。例如：万科集团的广告标题——“投资万科就是投资中国的未来”，东宝空调的广告标题——“人间有冷暖，东宝最相知”。

2. 间接式标题

这种标题并不直接介绍广告产品，而是采用迂回的办法。如：乍看S&W罐头标题“我们把大鱼放生”，并不能完全读懂。广告正文是：“小金枪鱼，简直就像小羊、小豆子、嫩玉米粒一样柔嫩。因此，S&W绝不用大金枪鱼制作罐头。您把S&W的罐头打开，一定会发现里面是多汁的小金枪鱼。那如果捕到的都是大鱼呢？很简单，S&W就不把它装罐。为什么？因为，如果是不完美的，就不会被S&W装入罐头。”标题并没有把广告主题叙述殆尽，只有当读者读完正文后，才恍然大悟，赞叹标题的精妙。

间接式标题的应用也很多，如美国某眼镜公司的广告标题——“眼睛是灵魂的窗户，为了保护您的灵魂，请给窗户安上玻璃吧!”该广告标题未指明具体广告商品，但是用暗喻的手法间接告诉受众关心切身利益，起到很好的效果。需要注意的是，间接式标题切忌迂回过大，应该注意把握好分寸。

3. 复合式标题

这种标题往往兼具直接标题和间接标题的双重特征，通常由引题、主题、副题三种标题组成。引题起引导作用，引出正题；正题以艺术的手法揭示主题；副题则是对正题的说明、补充、延伸，以扩展正题的含义。该类标题中，正题是必不可缺少的，引题、副题可以根据实际情况取舍。例如西泠空调广告标题是“引题：今年夏天最冷的热门新闻；正题：西泠冷气全面启动；副题：显示豪华气派，发动强力冷气，解放今年夏天”，引题、主题、副题三者兼备。又如广州胜风除湿机广告标题，“正题：把广州拧干；副题：在这个湿冷的季节，广州需要重量级胜风除湿王”，只有正题和副题。又如影星美容厅广告标题，“引题：电影化妆用于生活，自然漂亮更有神韵；正题：影星美容厅独树一帜”，只有引题和正题。

（五）广告标题的形式

1. 新闻式标题

新闻式标题是指具有新闻风格、叙述消息的标题样式。采用该类标题的先决条件是，广告信息本身必须具有较大的新闻价值。据大卫·奥格威研究，新闻式标题与没有新闻式标题相比，将会多出22%的人记住它。例如美国大陆航空公司用“发现藏在海里的二分之一个世界”、“发现陆地之外的二分之一个世界”告诉我们重要的事实信息，用副题“美国大陆航空公司载您飞往密克罗尼西亚的每座热情的岛屿”作补充说明，完美表述航空公司的服务项目。又如“花旗银行很荣幸邀请到前美国总统布什往亚洲巡回演讲”，用新闻语言来达到令人惊奇的效果，从而引起受众的关注。

2. 承诺式标题

承诺式标题的主要特点是向受众承诺关于广告产品或服务的某种利益和好处，具有很大的吸引力和促销力。例如某轿车产品的广告标题——“买上海桑塔纳新车，一年内不限里程免费质量保证”。某摄影服务的广告标题——“你只需按一下快门，余下的一切由我自己来做”。某黏合剂的广告标题——“它能黏住一切，除了一颗破碎的心”。均以直接承诺、间接承诺或暗示性承诺的方式，向受众提供质量保证。需要注意的是，承诺式标题要遵守真实性原则，一定要保证承诺可以兑现，否则会招来无穷的麻烦。

3. 悬念式标题

即在标题中设立一个悬念，迎合受众的好奇心理，促使受众阅读广告标题，从而能达到意想不到的广告效应。对于一个不完整的意思，人们总是急于了解下文。悬念式广告标题其实是以省略的方式，如说出一句并未全部表达一个完整意思的话，然后加上省略号，以引发人们的思考。例如：荷兰某航空公司的一则广告写道：“从12月23日起，大西洋将缩短20%。”这是怎么回事呢？原来是“本公司改进服务态度，提高了航班速度，节省了时间，犹如缩短了路途一般。”这样的广告吸引了乘客的眼球，一时间该航空公司的航班机票被订购一空。

4. 问答式标题

这是标题中使用最广泛的一种，其通过提问和回答的方式进行广告信息传播。该类标题常用的词汇和句式是：难道……？它是……？谁不愿？谁能？怎么样？为什么？等等。

问答式标题一般可分为设问式广告标题和反问式广告标题两大类。其中，设问式广告标题又呈现两种情形，一种是在标题中设问，在正文中回答，还有一种是在标题中自问自答。

①在标题中设问，在正文中回答

该情形是问答式标题中使用最多的。例如，埃索室友系列广告作品的标题：

为什么——撒哈拉大赛车前三名都有同样的坚持……？

为什么——国内98%的民航机都有同样的坚持……？

为什么——世界最大的船队都有同样的坚持……？①

该系列广告获得1991年第14届《台湾时报》广告金像奖。

②在标题中自问自答

这类广告标题用的不是很多，但也有运用。如海飞丝洗发水的广告标题——“你的洗发水做得到吗？当然海飞丝”。恒星牌灯泡广告标题——“谁为万家燃灯火？恒星牌灯泡为你带来光明与欢乐！”

反问式标题是在问答的基础上进一步用较为强烈的口吻。例如福特汽车广告标题——“你的眼光不被‘福特’所吸引?”泰国航空公司广告标题——“谁不希望用一点真诚代替千言万语?”

5. 对比式标题

对比式标题是采用对比的方式写成的，其目的是要通过对比的方式，为受众提出一个参照物，形象生动地传达广告信息，以说服受众。对比的范围和指向也多种多样，有同类商品的对比、同一商品的对比、同一商品使用先后对比、价格对比、功能对比，等等。例如雷达表广告标题——“时间改变一切，唯有雷达表……美感永恒”。日立洗衣机广告标题——“看得到的优点，听不到的好处”。蓝天六必治牙膏广告标题——“当您使用其他药物牙膏不理想时，请您试用蓝天六必治牙膏”。

在运用对比广告中，要遵循科学公平原则，遵守广告法律，不得用贬低性暗示指向别的产品或品牌。

6. 建议式标题

建议式标题是指用建议或劝导的方式向受众提出某种建议的广告标题。其特点是运用情感因素，缩短广告与消费者之间的距离。如果同时告知建议的理由，就会有效增强标题的说服力。例如可口可乐广告标题——“请喝可口可乐吧！”，黑松汽水广告标题——“让汗水痛快地流吧！”

很多广告文案撰写人倾向于使用该类标题，其优点有如下几方面：第

① 郭庆然、吴磊：《广告理论与实务》，102页，北京，对外经济贸易大学出版社，2008。

一，标题主动劝说读者去做或去思考某种事情。第二，标题直接说明产品的用途或使用办法。第三，标题直接把使用该产品的利益或好处告诉读者，具有动之以情，晓之以理的双重功能。

7. 假设式标题

假设式标题是指在广告标题中提出某种假设，并据此得出某种结果。其主要特点是运用假设的手段，引起受众的注意，并促使受众进行思考且产生购买行为。例如，台湾松下电器国际牌“省思篇”系列广告作品，其随身听广告标题：“如果有一天，你聆听的只剩下这样的音符”；其电视机广告标题：“如果有一天，水中的世界不再有鱼类生存”；其水果榨汁机广告标题：“如果有一天，地球只剩下这样的植物”，均运用了假设式标题的写作形式。

8. 解题式标题

解题式标题是指围绕企业品牌、商品名称等进行解析的标题形式。主要有以下三种表现形式：其一，对企业品牌或商品名称进行拆分，得出具有一定内涵或内容的解释；其二，对企业品牌或商品名称在上下句中反复出现，使之形成新的内涵或内容；其三，用注解的方式来表现广告主题。

解题式标题对企业品牌或商品名称进行形象化的解析，能有效加强受众对企业品牌或商品名称的记忆。但在运用解题式标题时，切忌牵强附会。

9. 赞美式标题

赞美式标题是指在标题中直接以赞美、夸耀甚至炫耀的形式表达广告信息的标题形式。该类标题具有让受众直接地明白广告企业、产品或服务的功能、特征、质量等优点。例如南美咖啡广告标题——“一分钟就能闻到香味的好咖啡”；CHUN 青云高传真组合电视广告标题——“不说谎的电视”，但在运用赞美式标题时，切忌出现自我陶醉、自我炫耀、夸耀无度而不真实的情况。

10. 口号式标题

口号式标题是指运用简洁而富于号召力的口号而形成的标题形式，亦称为格言式广告标题，具有言简意赅、易记易读等特点。口号式标题一般包含企业或品牌名称在内，集中表现企业或商品的品牌特性。例如孔府家酒广告标题——“喝孔府家酒，做天下文章”；秦池特曲广告标题——“永远的绿色，永远的秦池”；欧米茄表广告标题——“见证历史，把握未来”。

11. 否定式标题

一般情况下，广告文案撰写人较少使用否定式标题。但是，如果运用得当，否定式标题具有加强语气，体现产品或服务的自信等功效。例如白兰氏鸡精广告标题——“虽然我们肤色有别，但绝对不含人造色素”；理光影印广告标题——“听唱片要翻面，双面影印不必翻面”；路易·威登服饰广告标题——“路易·威登，并非只以其标志驰名”。

二、广告正文的写作

（一）广告正文的功能

1. 支持标题

正文承接标题的话语，并且给标题的承诺以有力的支持。正文的开头段落或语句是正文与标题之间的连接点，应该自然承接标题的话语，以继续保持诉求对象的兴趣。如果标题对受众作出了某种承诺，那么在正文中需要对承诺的具体内容进行说明，必要时还应引用具体材料，如证言、实例等对承诺的真实性和可信性进行证明。

如大卫·奥格威在为波多黎各撰写的招商广告中，其广告标题是“现在‘波多黎各’对新工业提供百分之百的免税”。为了进一步支持标题内容，大卫·奥格威在广告正文中指出：

> 假如你的公司今年在税后净赚53500美元，你如在“波多黎各”则净利就会是10万美元——多赚87%，只因为联邦的所得税法不适用于“波多黎各”，而一切地方捐税也一概全部免除。一项对一家俄亥俄州公司的调查分析显示，由于税金的免除与经常费的节省，把新厂设在“波多黎各”将把他全年的净利从187000美元增至442000美元。在“波多黎各”的公司中，你的股息如得到5万美元，而你如在美国只净得25000美元——因为联邦个人所得税法也不适用于此地。①

以上正文用摆事实讲道理的方法承接标题的内容，把波多黎各招商的方案——免除所得税、地方捐税、个人所得税等优惠政策交代得一清二楚。还有什么比“不交税光赚钱”对企业家们更有吸引力的呢？广告正文对标题起到支撑作用，该文案给波多黎各带来新工业。

2. 完整传达信息

正文传达完整的广告信息，并且进行必要的解释，广告的理性说服或

① 汪朗、谭雪梅：《成功的广告人》，47页，北京，中国青年出版社，1995。

者情感沟通，主要在正文中展开。为了使消费者更透彻地了解商品或服务，广告正文必须要进行深度诉求，强调该商品所能提供的利益，并详细地说明该商品或服务将如何满足消费者的要求，务必从消费者的切身利益或角度出发，精确地描述商品，切忌枯燥乏味。

3. 培养购买欲望并号召实施购买行为

标题侧重于引起注意和兴趣，正文则更深入一层，通过更为具体的信息和所采用的说服手段，诱导诉求对象采取行动。在企业和品牌形象广告中培养诉求对象的信任感，在产品广告中培养诉求对象的购买欲望，并号召诉求对象采取购买行动。

4. 展现风格，营造氛围

广告中的每一个创意都要求具有特定的风格和氛围，而风格的完整呈现和氛围的营造，主要通过正文完成。

（二）广告正文的构成

广告正文基本可以分成引言、中心段和结尾三部分。在广告正文中，三者是一个有机的整体，必须精心构思每一部分，使之均服务于广告所要表达的主题。

1. 引言

引言位于广告正文的开头，是广告标题与广告正文的衔接部分。广告正文的引言担负着承上启下的使命，因而必须以高度概括和精炼的笔触，迅速生动地点明标题并引出下文，以便无意中阅读广告的读者能在几秒钟内得到完整的信息。但是，引言并非重复标题中说过的话，而是要承上启下快速转入正题。

例如，德国奔驰卡车的一则广告。标题是“一个饥饿的18磅婴儿哭起来比一辆行驶着的8吨卡车还响”。标题中提到了婴儿哭声、卡车这两个关键词，正文的开头部分就要进行解释和说明：

> 在您的耳朵里，听起来这很诧异，但却是事实：一个哭闹的婴儿声音能盖过一辆载重大卡车。其前提是，这辆载重大卡车必须是梅赛德斯——奔驰公司生产的一辆LEV货车。

引言是正文最难写的部分，让不少文案创作者不知道该如何下笔。德莱尼谈到自己的经验时说：“我惯于端坐在案前，说一些与标题和故事有关的话，然后就把说过的话写下来。那些内容可能是一个问题，一个比喻，甚至一些对故事的发展感到惊奇的话，或者联想到的其他的类似的事件……我随心所至地写下去。我一直这样写着，就像我不想被别人打扰似的，不停地用笔写，写，写。”[①]

2. 中心段

中心段是广告文案正文的核心部分，负责阐述广告主题或提供论据。中心段必须明确阐释广告商品或品牌的特点，指出目标消费者可以得到的价值利益。商品广告中说明这些利益点的依据是什么，对消费者的保证措施等，以此来说服消费者进行购买，以奔驰卡车的广告为例：

> LEV是Low Emission Vehicle（低排放货车）的缩写，表示我们降低了功率之外的所有消耗：首先是油耗及其废弃排放，其次是噪音。至于我们怎样才如愿以偿，这里当然不打算三缄其口，即便现在得使用一些技术术语。首先我们从源头减少了噪音的产生：在发动机内，一种新式燃烧过程控制着气体膨胀的声音。其次是装有涡轮发动机制动器，它不仅提高了发动机制动器的效能，还明显减少了声音强度。此外我们把发动机和传动装置“包裹”起来，用我们工程师的话说，叫“噪音隔离”。所有这些措施导致一个结果：最大的噪音来自轮胎与地面的摩擦。

3. 结尾

结尾是广告正文的结束部分，它与引言、中心段构成了一则完整的广告方案，它的主要目的是敦促消费者购买产品或使用服务。一般来说，广告的结尾较短，带有总结性和建议性。具有肯定语气和煽动性的结尾与广告标题相呼应，可极大地提高广告效果。如奔驰卡车广告的结尾是：

> 在梅塞德斯——奔驰公司，我们不会坐等立法机关采取行动收紧排放标准，而宁愿作出表率先行一步。这一点可以用听觉感受到。

应当注意的是，广告的结尾千万不要带有太强烈的促销意味，通常的方式是重复产品或服务的利益点，或建议目标消费者获取更多的信息。

（三）广告正文的表现形式

1. 直陈体

直陈体直接以客观口吻展开诉求，不借助任何人物之口。采用这种方式的广告文案，可以从任何角度向受众提供信息，可以直接陈述事实或阐述观念，进行比较，也可以引用权威证言和消费者证言，列举单个消费者的使用经验和消费者的普遍反映。可以使用图表的形式帮助说服消费者，

① ［澳］吉姆·艾奇逊著，臧恒佳等译：《卓越广告》，361页，昆明，云南大学出版社，2001。

而不受人物身份的限制。一般而言，直陈式文案的魅力并不在于文案本身的写作技巧，而在于广告作品或服务本身的诉求力量。例如方正电脑的杂志广告正文：

北大方正专为中国家庭用户度身制作的网络时代的多媒体电脑卓越98，更充分发挥了电脑在信息处理、通信、多媒体欣赏与创作等方面的功能，再次确立了网络时代高性能家用多媒体电脑标准。

卓越全部采用立式机箱，外设麦克风和音箱，全新的人工工程设计适合家居环境，其独具特色的滑动门设计可较好地保护软驱与光驱。在系统设计上，以网络与多媒体为核心，采用一系列先进的技术，全部配置有33.6/144kbps全功能Fax/Voice/Modem卡、快速S3VIRGE三维图加速卡、16位三维立体声声卡、8倍速光驱、15数控MPR低辐射、防静电平面直角显示器；CPU全部升级至AMDK5、奔腾或多功能奔腾166MHz处理器，可实现快速多媒体数据处理、高品质三维影像播放、便捷Internet浏览、快捷传真收发、电话答录、特制的S-Video与AV输出端子，可方便用户将电视作为大屏幕显示屏。卓越的9980还配备了视频捕捉卡和CCD摄像头，更方便用户享用可视电话新技术，代表了当今家庭数字或信息处理的更高境界。

方正电脑，源自北大学府，创新科技文明。①

2. 新闻体

新闻体是指运用写作新闻的方式表现广告内容，借助新闻的形式加强广告正文的新闻性、权威性的表现形式。因为一般受众都对新闻感兴趣，有一种好奇心理，如果带着这种新闻意识来写作，无疑会收到很好的效果。某汽车品牌借电影宣传的余热，推出了一则广告，标题讲的是给《非诚勿扰》续结局的八卦新闻，吸引受众的眼球。八卦新闻在正文中指出：

葛优和舒淇将联袂为某汽车品牌广告代言。在该汽车广告中，启用贺岁电影《非诚勿扰》的原班人马，并且该款汽车广告的创意来自于《非诚勿扰》。在贺岁电影中，葛优和舒淇扮演的男女主角最终能否步入婚姻的殿堂是一个未知数。在汽车广告中，将有一个完满的结局。

德国著名广告人玄特纳指出："报刊广告利用新闻事件，必须满足三个前提才有意义：广告产品和新闻事件必须存在直接关系、关系必须真实可信、对消费者的好处显而易见。这些前提若得不到满足，与新闻事件相

---

① 周鸿铎：《广告实务》，202—203页，北京，中国财政经济出版社，2005。

联系就显得勉强做作，令人生厌。”①

3. 对话体

对话体一般通过广告中人物的对话展开诉求，具有自然亲切、容易让人在不知不觉中接受产品信息的特点。对话体广告能较好地融入感情因素，达到以情动人的效果。人与人直接的对话，能相互沟通，了解对方，这种手法常用于生活片段式和故事式的广播电视广告中。对白应符合人物身份、个性及广告中的语言环境，做到真实、自然。而人云亦云、缺乏个性的套话和矫揉造作的言词，都会影响对话式广告的诉求效果，有时甚至会引起观者的反感。

以下孔府家酒的广告，通过爷爷和孙女的对话，把孔府家酒的特点进行了充分展示，整篇文案洋溢着对民族文化的自豪之情，对家乡亲人的依恋之情，对祖国统一的渴望之情，充分调动了观众的情感因素，达到以情感人的效果。

女孩：爷爷，您回台湾带这么多东西呀？

爷爷：对，好园园，快别动，快别动，这箱子可是爷爷的宝贝！

女孩（撒娇）：我是您的宝贝，我要看看箱子里是什么宝贝！要看嘛！要看嘛！

爷爷：好！好！乖园园，看吧！（音乐起）

女孩：孔府……

爷爷：孔府家酒。

女孩：全是孔府家酒啊！

爷爷：对，你知道孔府吗？

女孩：知道，在孔夫子的家乡曲阜。

爷爷：园园真聪明。

女孩：我们幼儿园老师说，孔子是大教育家，妈妈说孔子是大圣人。

爷爷：对呀，中国不管是大陆还是台湾，谁不知道孔夫子啊，这酒出在孔子的家乡，名气这么大，酒味这么香，在台湾的爷爷、伯伯、叔叔们谁都想尝一口，爷爷也想时不时地喝上两盅，所以带这么多，还不够呢！

---

① ［德］瓦尔特·玄特纳著，肖健译：《广告奏效的奥秘》，129页，北京，民主与建设出版社，2001。

女孩：妈妈说，您年纪大要少喝白酒。

爷爷：对，对，这酒度数低，喝几杯醉不了，就是醉了，也是醉在家乡的清水里，也是醉在民族的自豪中啊！

旁白：飘洒中华芳香，深藏民族自豪！孔府——家酒[①]

4. 文书体

采用文书的表现结构、特有形式进行正文的表现。特点是能给人以客观、严谨、公正的感觉，能提高广告信息的权威性和严肃性，多以报刊为载体。

以下是一则刊登在《西安日报》的“2011名家书画艺术品拍卖会”广告：

由陕西省电视传媒有限责任公司、陕西文达拍卖有限责任公司联合举办的“2011名家书画艺术品拍卖会”开拍在即，本次拍品精品荟萃，包括赵望云、何海霞、方济众、黄胄、张义潜、刘文西、王西京等艺术家的巨幅力作300余幅。陕西电视台“中国书画名家”栏目也为此次拍卖提供了部分拍品，是省台历届书画珍藏品，均为艺术家本人所作艺术珍品。拍品确保拍卖高真性，将满足广大书画收藏者的品位与需求。百幅名家名作荟萃，邀您共享饕餮文化盛宴。

在拍卖公告结尾，添加了预展时间、预展地址、拍卖时间、拍卖地址、咨询电话等本次艺术品拍卖的详细信息。

文书体广告文稿的撰写需要把握以下几点：第一，注意格式的规范性。文书在写作中已经形成了一套相对稳定的格式，在撰文时应遵照特定的格式，既清晰醒目，又简便易行。第二，注意内容的严肃性。文书体广告大都是根据制文权限和政策精神制作的，制作者必须严肃对待，内容要真实、确切、庄重。第三，注意主旨的明朗和语言的质朴。文书体广告不需过多的文字修饰，只需以质朴、直述的方式叙述，主旨明确，开门见山，让消费者一看便领会其意，知其所以然。

5. 说明体

以说明为主要表达方式，针对某种新产品或可能使消费者产生疑问的情况进行解释、说明。作为说明体广告，它主要常用来介绍或解释商品性质、特点、功用、形态，或介绍某商业组织的经营项目、营销方式等。在

① 陈培爱：《如何成为杰出的广告文案撰稿人》，171—172页，厦门，厦门大学出版社，1995。

解释、剖析商品或服务时，说明体的广告文稿一般要求概念准确、判断恰当、分类清楚、种属分明。说明体文稿又可以分为定义式、分类式、举例式、比较式、数字式等。以下是一则宜家家居被子的广告文案：

标题：春天到了，该换被子啦！

副标题：春季推荐使用：宜家 3—4 暖度的被子

正文：你感觉暖烘烘的一夜也许对别人来说冷冰冰。您感觉超完美的枕头也许对别人的脖子就受不了，这就是我们设计如此多系列被子的原因，一切都为您特别打造！

每种暖度的被子都有合成纤维、纤维素纤维和羽绒等不同的填料。

适合的被子让您睡得香甜，醒来感觉精神十足。

这则广告采用分类的方法，提出了暖度的概念，将产品分成若干类别，分别加以说明，既能让消费者了解到被子在功用上的差别，又树立了宜家以人为本、科学量化的企业形象。

6. 论说体

论说体是指以议论为主的广告正文表现形式，兼具说理性和逻辑性。这类文稿舍弃了情感性的诉求方式，以严密的逻辑思辨性和语言的严谨性取胜，以理性的思考引发受众的思考和注意。在写作时需要注意论点必须正确，论据必须真实，论证要合乎逻辑，富有条理。在论证过程中，除运用议论之外，也要运用说明、叙述、描写等手法，直接或间接地为说理服务。

不论篇幅长短，论说体正文一般是开头提出结论，在主体部分以充分的论据证明结论。论说体正文主要有理论论证式和事实论证式两种体裁。理论论证广告文稿，是用科学原理以及人尽皆知的常理等作为论证，来证明商品的优异性。事实论证广告文稿，是用事实进行论证，是论说体广告文稿中最常见的一种论证方式，因为“事实胜于雄辩”。

事实论证的另一种形式是，通过事实来论证某种看法，这种看法和企业及其产品没有直接联系，但却能提高企业的知名度。例如刊登于美国《星期六晚间邮报》的卡迪拉克汽车公司广告：

出人头地的代价

在人类活动的每一个领域，得了第一的人必须长期生活在世人公正无私的裁判之中。无论是一个人还是一种产品，当他被授予了先进称号后，赶超和妒忌便会接踵而至。在艺术界、文学界、音乐界和工业界，酬劳与惩罚总是一样的。报酬就是得到公认；而惩罚则是遭到反对和疯狂的诋毁。当一个人的工作得到世人的一致公认时，他也同时成了个别妒忌者攻击的目标。……

这一切都没有什么新鲜，如同世界和人类的感情——嫉妒、恐惧、贪婪、野心以及赶超的欲望——一样，历来就是如此，一切都是徒劳无益。如果杰出人物确实有其先进之处，他终究是一个杰出者。杰出的诗人、著名的画家、优秀工作者，每个人都会遭到攻击，但每个人最终也会拥有荣誉。不论反对的叫喊声多响，美好的或伟大的，总会流传于世，该存在的总是存在的。①

这则文案是一篇典型的议论文，通过大量的事实，证明一个观点：“无论是一个人还是一种产品，当他被授予了先进称号后，妒忌便会接踵而至。”通篇文案似乎与卡迪拉克轿车公司及其产品没有多大关系，但仔细忖度，其主旨还是非常明显的：一是告诉人们，卡迪拉克轿车是名牌轿车；二是告诉人们，因为卡迪拉克轿车是名牌，遭人妒忌在所难免。第二种用意作用非常大，使那些诋毁卡迪拉克轿车的流言失去了影响力。

7. 描写体

描写体的广告正文重在对商品或劳务的特征进行具体形象的描绘，使其有声、有色、有形，从而激发人们的基本情感和购买欲望。描写体广告可分两类，一是细描式，二是白描式。

细描式广告文稿以形象化的手法描述品牌、产品或服务，能给受众留下深刻的印象。细描式文稿无论是刻画人物，还是描写景物，都要细致入微，而且文辞要优美，读来宛如一篇散文。例如台湾“统一企业”在父亲节所做的广告正文：

爸爸的脚步
爸爸的脚步，永不停止
曾经，我们携手走过千万步
逛过庙会，赶过集会
走过沙滩，涉过溪水
爸爸的脚步，陪我走过好长的路……
一面走、一面数
左脚是童话，右脚是盘古

① 赵宏：《广告言语艺术》，124－125页，北京，中国经济出版社，2004。

前脚是龟兔，后脚是苏武
爸爸的脚步，是我的故事书
一面走、一面数
左脚一、三、五，右脚二、四、六
前脚是加减，后脚是乘除
爸爸的脚步，是我的算术
爸爸的脚步，是我的前途
为了孩子，为了家
爸爸的脚步，永不停止……
今天，让我们陪爸爸走一段路
即使不能亲身随侍，也请打个电话，写封信，
表达对爸爸深深的感恩之情。①

8. 证明体

证明体文稿是指为了传递广告所要表达的内容，证明产品或服务的可靠性和有效性，以权威方面的鉴定、奖项或知名人士、专家、典型的用户赞美之词为依据写成的广告文案。这类文稿可以独立成篇，也可以作为其他文稿形式的组成部分。

以名人、专家对商品或服务的评价和体验创作的正文，要抓住权威性和体验性。即在内容上要有让人信服的力量和威望，在语言风格上要符合名人在受众心中的一贯特点。例如立升超滤机广告——“立升超滤机正在引发一场水质净化的技术革命”；三九胃泰广告——“肠道好，睡觉特别香”。

以用户的形象出现，传达对产品的使用感受和评价的证明体广告，一般以消费者主诉性的广告征文来表现，容易让人产生真切、可信的感觉。如加拿大俱乐部酿酒公司的广告——“八十五个国家的人说：‘这是最好的威士忌’”，通过数字、消费者实证的方式，反映产品的市场反响。此外，在广播电视中，消费者的证言可采用情景化的方式表达，如以日常的、生活化的、拉家常的口气表现。例如以下是一则牛奶辅助果汁的广告正文，虚拟了一个叫 Marlin 的男孩，以他的口吻推介产品：

嘿，我叫肮脏的 Marlin

我之所以得了这么个“美名”，是因为不管我怎么使劲儿，我的衣服和房间总是乱糟糟的。直到有一天，妈妈带回来一瓶稠稠的、浓

① 舒咏平：《广告传播学》，333－334 页，武汉，武汉大学出版社，2006。

浓的美味 Hershey 巧克力酱，用塑料瓶装着，手一挤就出来，不会弄得到处都是。当我做出了最好吃的巧克力奶时，我还不知道它是什么呢。这次，我可没把巧克力酱洒得到处都是，我只是打开瓶盖把它挤出来就行了，不会乱滴乱溅，可逗呢！

现在，妈妈高兴了，我也一样高兴。我的房间和衣服还是乱糟糟的，可至少已经有点希望了。①

9. 故事体

故事体广告文稿是讲述一个与广告信息内容息息相关的故事，塑造鲜明的人物形象，让企业、产品或者服务在故事的发展中扮演重要角色。也可以在故事中穿插品牌，用故事中的良好氛围给品牌营造形象，进而传达广告信息。这种手法适用于平面广告，故事性内容可以有效保持读者的阅读兴趣，在故事中自然而然地展开诉求，会大大增强广告的说服力。

故事体正文有以下几个技巧：第一，在表达方式上以叙述为主。第二，故事情节要为广告主题服务，不能为追求吸引人而脱离主题。第三，在故事体广告中，用来烘托产品的部分在叙事内容中往往占了较大的篇幅。第四，故事叙述上多采用第一人称或第三人称。②

台湾奥美广告公司为"统一产品"杯装咖啡构思了一系列发生在左岸咖啡馆里的短篇故事，为怀旧者创造了可供想象的浪漫空间。

10. 文艺体

文艺体广告正文通常通过一定情节，采用诗歌、散文、歌词、相声等文艺形式，达到宣传品牌、商品或服务等效果。这种广告文稿一般都讲究文采，语言以准确、形象、生动、潇洒、自然和有节奏感为特色，新颖别致，引人入胜，容易让人接受。

以诗歌为表现形式的广告正文，诗歌句式整齐，分行排列，具有和谐的结构美，感情色彩也较浓厚，易唤起共鸣，赢得好感。现时常用的有格律诗、散文诗、自由诗等。例如 MCI 电讯服务公司广告文案，借用中秋之夜一位游子的思乡之情，在诗意的氛围中，借用"那一晚，我回到了家"，宣传 MCI 电讯服务公司优质的服务：

那晚不经意，看到茶中明月的倒影

---

① 何碧：《广告文案》，157 页，北京，高等教育出版社，2006。

② 黄秀莲：《平面广告讲出精彩故事》，《东南传播》，2007 (6)。

蓦然发觉，是中秋的明月

千里之外，昔日的时光

吸饮着茶中的明月，那一晚，我回到了家。

以散文为表现形式的广告正文，虽富于想象的诗意，但不拘泥于节律、音韵等形式。例如广东太阳神集团广告——“孩子，妈妈能给你的真的不多……”就不拘泥于押韵、工整等形式：

12岁，我就离家读寄读中学了。那时正是春荒季节。每次返校前，妈妈总能变戏法似的弄出一小袋米来，再让我捎上一罐咸菜，这便是那时山里孩子一星期最奢侈的伙食了。送我上路时，妈妈那爱怜的眼神里总是盛满了愧疚与无奈。岁月荏苒。今天，我才读懂了妈妈的眼神，她仿佛喃喃地对我说：“孩子，妈妈能给你的真的不多，但那可是我能给予的全部啊。”火柴很小，散发的光亮也很微弱。但它真的是在竭尽所能燃烧着，就像妈妈。①

该广告通过妈妈“微弱”而“全部”的爱，暗示出太阳神集团的企业精神：太阳神集团在竭尽所能，奉献着广博的爱。

以歌词为表现形式的广告正文，必须要有旋律的配合。因此，以歌词为表现形式的广告正文只能运用于广播、电视等有声媒体。在写作时，歌词广告必须注意要能与乐曲相配合，容易演唱，容易听懂，朗朗上口，避免生僻的字词。例如蒙牛酸酸乳广告——“酸酸甜甜就是我”

耳朵里塞着小喇叭/躲在被窝里看漫画

虽然我还在象牙塔/我多么想一夜长大

亲爱的爸爸妈妈/别叫我小傻瓜

虽然我很听话/不代表我没有想法

我喜欢酸的甜/这就是真的我

每一天对于我都非常新鲜/我挑剔的味觉

有最独特的区别/我喜欢酸的甜

这就是真的我/青春期的我有一点点自恋

大人们的世界/等待着我去冒险

哈……快长大，快快长大/对这个世界say hi!

我要我自我最像我的自我/人群之中我要最最的独特

唱我自己的歌/要唱出我的性格

① 华红兵：《全天候营销》，151页，北京，中国物资出版社，2003。

我要我自我最爱我的自我/笑过哭过我会全部都记得

梦想总会有沙漠/梦想就是种快乐①

这首歌曲为年轻受众量身打造，歌词通俗而富有个性，曲调清新，容易传唱，符合目标消费者的欣赏习惯和文化背景。

11. 自述体

自述体广告正文运用拟人化的手法，将品牌或服务进行“由物到人”的转化，以品牌或产品自身的口吻传达广告信息，具有谐趣、可爱、亲切、对话感强等特点。例如台湾阿Q桶面广告——“饿”：

饿的时候就食我/我是这么大碗的阿Q桶面

很饿——很饿——的时候/你才能吃出我的实实在在

我有好多汤，好鲜……

红椒牛肉，排骨鸡汁，蒜香珍肉，麻婆豆腐，香菇肉松……

越想会越饿/饿的时候就食我

实实在在的阿Q桶面②

（四）广告大师的正文写作经验

1. 美国广告大师大卫·奥格威的广告正文写作经验

以下是大卫·奥格威提出的广告正文写作九大原则：

①要直截了当地用准确的语言来写作；②不要用最高级的形容词、一般化字眼和陈词滥调，要讲事实且把事实讲得引人入胜；③要经常运用用户经验谈广告信息；④向读者提供有用的咨询或者服务而不仅仅单纯地讲产品本身；⑤文学派的广告无聊；⑥避免唱高调；⑦用消费者的通俗语言写作文案；⑧不要贪图写作获奖广告文案；⑨衡量优秀广告文案人员的标准是看他们使多少新产品在市场上腾飞而不是用文字娱乐读者。③

2. 美国广告文案撰写权威罗伯特·斯通的七步曲法则

以下是罗伯特·斯通提出的文案撰写七步曲：

①在标题或第一段中允诺一种好处；②紧接着详细叙述这种好处；③确切地告诉读者将得到什么；④用事实（或表扬客户的肯定）等来证实你的叙述；⑤告诉读者如果他不行动将失去什么；⑥在最后再次叙述购买的好处；⑦建议立即行动。④

---

① 夏晓鸣等：《广告文案写作》，294页，武汉，武汉大学出版社，2006。

② 董小玉等：《现代实用写作》，378页，重庆，西南师范大学出版社，2003。

③ 何碧：《广告文案》，70页，北京，高等教育出版社，2006。

④ 王泉春：《实用广告写作》，360页，西安，西北大学出版社，1996。

3．台湾广告学者樊志育的十大主张

以下是樊志育提出的广告撰写十大主张：

①一目了然；②强调销售重点；③简明；④用对象常用的词语；⑤有趣；⑥易懂；⑦说得娓娓动听；⑧行动之提文；⑨文案要取信于读者；⑩用文案来接近消费者。[①]

（五）广告附文的写作

附文，又叫随文，是对广告信息作进一步的补充，促使受众方便采取咨询、购买等行为的语言或文字。一般包括：企业名称、企业地址、联系方式、购买方式等信息。随文属于广告文案中的“被动写作”部分，撰写人员发挥的余地很小。因此，一部分文案撰写者不太重视随文的写作。相比之下，广告大师们则不放过每一个争取消费者的机会。例如文案大师乔治·葛里宾为箭牌衬衫所写的文案——“我的朋友乔·霍布斯，他现在是一匹马了”，其随文如下：

如果没有箭牌的标签，

那它就不是箭牌的衬衫。

箭牌衬衫机械处理防缩，

如有收缩不合，免费奉送一件。[②]

该附文一方面提醒消费者注意箭牌的商标，另一方面又向消费者做出明确的承诺，从而消除了消费者心中的顾虑，对箭牌衬衫广告信息起到了很好的补充说明作用。由此可见，随文绝不是可有可无的文字。

1．广告附文的形式

①常规陈列。常规陈列式广告附文不加任何修饰，将信息按照一定顺序排列在文案的最下端。例如小天鹅洗衣机报纸广告的随文为：

小天鹅集团

地址：中国无锡＊＊＊路＊＊＊号

邮政编码：＊＊＊

本地服务热线：(020) ＊＊＊＊＊＊

总部监督电话：(0510) ＊＊＊＊＊＊

该文案将企业名称、地址、邮政编码、电话按顺序排列，没有其余说明描写的文字，其特点是语言冷静客观，但缺乏足够的热情，无法唤起潜

① 樊志育：《最新实用广告》，83－86页，北京，中国友谊出版公司，1995。

② 柴少恒：《广告文案写作与赏析》，42页，北京，经济管理出版社，2006。

在消费者的购买欲望。

②委婉附言。委婉式的广告附文将附文写成委婉的、具有亲切感和人情味的简短附言。例如，大卫·奥格威为“舒思味”饮料广告所写的附文为：“如果你喜爱这篇文字而没有喝过‘舒思味’，请以明信片通知，我们即作适当安排。函寄：纽约市·东六十街三十号·舒味思收。”① 这种形式的附文毫不生硬，又有促进产生购买行动的力量，而且可以让附文和正文风格保持一致。

③以标签形式突出。如果希望读者特别关注附文中的购买方法、咨询电话等信息，可以将附文以标签的形式列出。有的广告文案是传达促销活动或公关活动的信息内容，结尾以表格的形式，供受众填写并寄回。

2. 广告附文写作注意事项

①有选择地陈述信息。广告附文包含很多内容，但无需把所有内容一一列出。由于附文一般比较简短，尽量不占用太多篇幅，以免喧宾夺主。应该在检查广告标题、正文、口号传达了哪些信息的基础上，将没有涵盖的关键信息在附文中加以补充。

②保持与正文一致的风格。附文是正文的补充，正文已经写过的内容，附文就不要重复。在写作附文时，应考虑到文案的整体风格，以使文案呈现出前后一致的整体风格。

③确保信息的准确无误。附文中常常包括企业的名称、地址、电话等具体信息，因此要求写作者要认真做好校对工作，不得出现差错。

三、广告口号的写作

（一）广告口号的作用

广告口号，也叫广告标语，一般要求简明扼要、口号性强。其主要功能在于加强受众对企业及商品的一贯印象。广告口号浓缩广告的主要信息，能用最简短的文字把商品或企业的独特性表现出来，加深受众对广告主体信息的印象。广告口号有以下作用：

1. 有助于品牌识别

广告口号在传播的过程中，这些句子就成了企业、品牌、商品、服务和受众之间的一座桥梁，在与消费者的沟通过程中起到非常重要的作用。例如，飞利浦公司的广告口号——“让我们做得更好”，短短的一句话表

① 王焕芳等：《应用文写作》，72页，西安，西北工业大学出版社，2007。

现了该公司精益求精的文化内涵和服务理念，从而向消费者传达了这样一个信息：我们是一个不断追求完美的公司，我们的产品会越做越好，购买我们的产品您尽可放心，飞利浦公司的这一广告口号为其品牌的塑造发挥了重大作用。

2. 传达和加强企业理念

广告口号通常在企业广告活动中长期反复使用。企业的经营理念通过广告口号反复地灌输给受众，在受众心中留下深刻的记忆。例如，台湾大众银行的广告口号——“不平凡的平凡大众”，展示了企业关注普通大众，承担社会责任的情怀和诚意。伴随着广告的频繁播出，在受众心目中，大众银行与“平凡大众”建立了紧密的联系。

3. 强调产品主信息，强化记忆

广告口号通过强调企业的经营理念以及产品或服务等信息，深化企业品牌印象，提高该品牌产品或服务的知名度和美誉度。例如，《水浒传》里景阳冈下小酒铺的广告口号——“三碗不过冈”，尽管没提一个酒字，但酒的质量不言而喻。麦斯威尔咖啡的广告口号——“滴滴香浓，意犹未尽”，既勾勒出品味咖啡时的意境，又将麦氏咖啡的香醇与消费者内心的感受相结合，广告口号朗朗上口，方便受众记忆，堪称经典。

4. 制造流行语，促进销售

广告口号是现代大众文化的重要组成部分。富有个性和新意的广告口号，往往能够迅速地融入消费者的日常生活，随着它的使用和传播，往往成为一个时期的流行语，而形成的口碑效应也间接促进了产品的销售。例如，铁时达表的广告口号——“不在乎天长地久，只在乎曾经拥有”，契合了青年消费者的爱情观，获得了消费者的强烈认同，在年轻人中间迅速流传开来，被大量引用。“猫在钢琴上晕倒了”本是法国诗人波特莱尔在随笔《巴黎的忧郁》中写的怪句子，在司迪麦口香糖广告的“传话”游戏中被引用，竟被引入日常用语，人们通常遇到怎么也弄不懂的事，往往会说一句“猫在钢琴上晕倒了”。

（二）广告口号的特性

1. 信息单一，内涵丰富

为了便于记忆与传播，广告口号一般只传达明确的观念性信息，而不做相关的解释或说明。广告口号要求以最少的文字表达最丰富的广告信息。广告口号中的观念，通常是对广告商品及广告主企业的高度概括，其内涵涉及广告主企业的各个方面，为广告主企业所独有。如诺基亚的广告口号“科技以人为本”，传达了诺基亚坚持“以人为本，让科技为人服务”的观念，信息单一，容易理解，便于记忆，内涵丰富。

2. 简洁易懂，意味深长

广告口号要想在人们心中留下持久的印象，必须做到句式简洁、高度精炼。广告口号的魅力正在于简单浅显、朗朗上口。例如，戴比尔斯钻石的广告口号——“钻石恒久远，一颗永流传”，不仅有效表达了钻石的恒久价值，而且该广告口号将爱情的永恒与钻石的恒久相联系，促进了钻石的销售。

3. 相对固定，反复传播

广告口号与广告标题不同，应是相对固定的，在不同时期的广告活动和不同媒介、不同内容的广告作品中被长期反复使用。一条成功的广告口号，往往可以连续使用数年甚至数十年，长期向受众传达同一种观念、同一个形象、同一项利益点的诉求，留给人们一个独特、持久、深刻的印象。

（三）广告口号的写作要求

1. 简洁明了，口语风格

广告口号力求言简意赅、易懂易记。口号的用词一般不超过10个字，字数过长既令人费解，又难以记忆和传播。例如，格力空调的广告口号——“好空调，格力造”，切诺基越野车的广告口号——“跨越千山万水”，都具有简练、易记的特点。

另外，广告口号力求口语化。写作时，不能使用过于书面化的语言，不能用生僻的字句词汇，不能毫无区分地运用方言、乡音，而是要用消费者日常生活中常用的语言。例如，丰田汽车的广告口号——“车到山前必有路，有路必有丰田车”，借用谚语，采用顶针的修辞手法，自然地点明品牌，表现丰田车无处不到的实力。

2. 特色鲜明，易于记忆

广告口号必须特色鲜明，即便是受众没有记住广告的全部内容，依然可以通过特质鲜明、标新立异的广告口号而记住一个品牌。一方面，广告口号要与其他企业、品牌的广告口号有所区别，另一方面，广告口号必须符合品牌自身的特点，使自己从众多类似的广告口号中“跳”出来。例如，孔府宴酒的广告口号——“喝孔府宴酒，做天下文章”，利用了“李白斗酒诗百篇”的传说，同时“天下”二字又暗含“修身齐家治国平天下”的人生追求。

在创作广告口号时，可以很自然地嵌入公司、品牌、劳务等名称，既宣传了产品特点，扩大了企业、产品的知名度，也能起到与其他同类广告口号区隔的作用。例如：友谊商店的广告口号——“购物到友谊，周到又相宜”，中国联通的广告口号——“享轻松，找联通”，将企业名称和商品特点嵌入其中，传达了企业的服务宗旨，彰显了独特魅力。

3. 亲和力强，富有情感

广告口号要产生一定的效果，就要实现与消费者在情感上的沟通。广告口号要准确把握受众的生活习惯、心理特征和情感需求，发挥情感渗透作用，形成某种内在的亲和力，引起受众的关注和青睐。例如，苏格兰芝华士威士忌的广告口号——“真味真情趣，尽在芝华士”，突出了产品的个性，迎合受众的情感吁求。又如美加净护手霜的广告口号——“放我的真心在你的手心”，让人读后倍感亲切温馨，不知不觉中把产品当作朋友。

撰写广告口号要善于把握受众的情感心理，语言要充满情感，这样才能同消费者进行交流，产生良性互动。例如，女性保健品品牌美媛春的广告口号——“女人健康就是美”，表现出企业对女性消费者的关切，为产品推广扫清了障碍。又如伊桑化妆品的广告口号——“让母亲重温年轻的梦”，太阳神口服液的广告口号——“当太阳升起的时候，我们的爱天长地久”，维维豆奶的广告口号——“维维豆奶，欢乐开怀”，均很好地把握了受众的情感心理。

4. 文辞流畅，合辙押韵

广告口号讲求语音、语调、音韵等的搭配，流畅轻松，朗朗上口。在语言表达上，广告口号讲究形象生动，文辞流畅，并保持语法、结构的正确性。好的广告口号，能让你回味良久。例如，太白酒的广告口号——“一滴太白酒，十里草木香”，小酒神酒的广告口号——“善饮者为仙，善酿者为神”，以广告口号的可读性抓住了受众的眼球。需要指出的是，广告口号不是文字游戏，更不是华丽词藻的简单堆积，不能单纯追求诗一般的意境而忽视了广告主题。

广告口号不能是只能看、不能读的哑巴语言，因此在创作上也要合乎音韵。在现实广告中，我们发现很多广告口号都是讲求押韵的，例如，农夫山泉广告口号——“农夫山泉，有点甜”，雪碧饮料广告口号——“晶晶亮，透心凉”，飘柔洗发水广告口号——“头屑去无踪，秀发更出众”等。但这里的合乎音韵，不是一味严格的押韵，更主要的是要体现出语言的音韵之美、流畅之美。

5. 相时而动，与时俱进

广告口号既要注重品牌形象的一贯性，又要考虑市场变化和营销策略的需要。一条成功的广告口号，往往可以连续使用数年甚至数十年。例如，20世纪80年代中期，雀巢咖啡刚进入中国市场时，一句“味道好极了!”的广告口号让人们很容易将雀巢与浓浓的咖啡联系在一起。

随着市场变化和企业营销战略目标的调整，以及产品的更新换代，广告诉求重点便发生转移，广告口号也应相应地有所创新，注意承前启后，处理好连贯与转换的关系。2003年，麦当劳在50周年店庆时，在全球范围推出新的广告口号——“I’ m lovin’ it 我就喜欢”，以取代之前的广告口号——“尝尝欢笑，常常麦当劳”。这句口号准确地抓住了年轻人不愿被束缚、渴望张扬个性的心理。麦当劳凭借此次推广活动，逐步扭转在餐饮竞争中的不利局面。

那么，在广告口号写作过程中，如何确定某一广告口号是否合理？一般说来，合理的广告口号需要从以下几个方面进行判断：

①是否上口易记，传播过程中有无语言障碍？②是否体现了广告主体的企业宗旨、企业理念？这些理念前瞻吗？是否是其品牌意象的“特有语汇”？是否体现了明确的定位？③是否表现了企业对消费者的某种关怀？④是否具有某种情感渗透的因素？⑤是否体现了商品或服务的特征，这个特征又是否能给消费者带来实际方便、能使他们产生浓厚的兴趣？⑥在各种媒介上进行模拟表现，是否能适应这些不同的媒介表现？⑦能否产生某种消费号召力？[①]

（四）广告口号的类型

广告口号的类型一般可分为企业广告口号和产品广告口号。企业广告口号是指树立企业形象、形成品牌意识的广告口号。产品广告口号是指为推介产品或服务的广告口号。实际上，这只是一个大的分类。可以根据内容类型的不同和表现结构的不同，对广告口号进行细分。

1. 内容类型

①形象建树型。形象建树型广告口号的突出特点是在口号中表现企业形象、品牌形象、产品或服务形象。其目的在于通过树立值得信赖的形象，从而为长期的销售活动做有效的铺垫。例如，海尔集团的广告口号——“真诚到永远”，爱多VCD的广告口号——“我们一直在努力”，

---

① 杨群祥：《广告策划》，156页，广州，广东高等教育出版社，2005。

小天鹅洗衣机的广告口号——“全心全意小天鹅”等。

②观念表现型。观念表现型广告口号通过表达广告主体的某种观念，创造某种消费时尚。例如，雕牌洗衣粉的广告口号——“不买贵的，只买对的”，澳柯玛的广告口号——“没有最好，只有更好”，诺基亚的广告口号——“科技以人为本”等。

③优势展示型。优势展示型广告口号通过展示产品在功能、特点上的优势，使受众在广告口号中了解产品对自己的利益点。该类型广告口号尤其适用于产品或服务的推销，具有较强的煽动性。例如，巴黎地铁的广告口号——“只需付三十法郎，就有两百万旅客能看到你的广告”，M&M巧克力的广告口号——“只溶在口，不溶在手”，中国移动的广告口号——“娱乐信息、新闻动向，即时捕获”等。

④号召行动型。号召行动型广告口号是在口号中向受众发出某种号召，号召其进行某种消费行动。这种号召，一般都是采用直接的方式运用祈使句式来表达的。例如大宝系列化妆品的广告口号——“大宝，明天见；大宝，天天见”，汇源果汁的广告口号——“喝汇源果汁，走健康之路”，河南环保厅保护臭氧层的广告口号——“保护臭氧层、河南在行动”等。

⑤情感唤起型。情感唤起型广告口号借助爱心、亲情等情感因素，形成受众与广告的共鸣，并以此求得目标消费者的情感消费。例如，孔府家酒的广告口号——“孔府家酒，叫人想家”，南方黑芝麻糊的广告口号——“一缕浓香，一股温暖”，娃哈哈的广告口号——“我的眼里只有你”等。

2. 结构类型

①单句形式。一般来说，流行广告口号均采用简短的单句形式。例如，乐百氏的广告口号——“今天你喝了没有”，英特尔的广告口号——“给电脑一颗奔腾的芯”，公益广告口号——“知识改变命运”等。

②对句形式。对句形式的广告口号是由两个相互映衬的短单句构成，具有较强的音韵效果。对句形式的广告口号分为非对仗型和对仗型两种形式。其中，对仗型的对句形式有句式结构、平仄押韵等方面的要求。例如，德芙巧克力的广告口号——“牛奶香浓，丝般感受”，人头马酒的广告口号——“人头马一开，好事自然来”，凯歌全自动洗衣机的广告口号——“她工作，您休息”等。非对仗型广告则没有句式结构、平仄押韵等方面的要求。例如：海尔电器的广告口号——“海尔，中国造”，永久

自行车的广告口号——“与爱人同行，永久最好”，集美沙发的广告口号——“集美沙发，牛!”等。

③前缀式句型。前缀式句型的广告口号一般在一个短句前缀有企业、品牌标志。这种句式，前缀部分表现了信息诉求的广告主体，后一句则是对广告主体的评价或特征展现。例如，飘柔洗发露的广告口号——“飘柔，就是这么自信”，李宁的广告口号——“李宁，一切皆有可能”，燕京啤酒的广告口号——“燕京啤酒，清爽怡人”等。

④后缀式句型。与前缀式句型相反，后缀式句型是在后缀部分表现信息诉求的广告主体，在前一句中表现对广告主体的评价和特征展现。例如，格力空调的广告口号——“好空调，格力造”，828蔬菜汁的广告口号——“今年夏天喝什么？828蔬菜汁”，皮尔·卡丹的广告口号——“服装国际名牌，皮尔·卡丹”等。

以上四类句型中，单句形式简短易记；对句形式，尤其是对仗型句式，具有较强的音韵效果；而前缀形式和后缀形式，可以在广告口号中令品牌的名称得到传递，使得广告口号的流传过程始终有品牌相伴相随。这些句型各有千秋，可以灵活地运用。

3. 表现类型

与广告标题和广告正文相比，广告口号的表现形式较为简单，一般可分为普通形式、联想形式和幽默形式。

①普通形式。普通形式的广告口号是指运用陈述性的手法进行口号的写作。该形式的广告口号具有简单明了，易懂易记等特点。例如，百服宁的广告口号——“专治关节炎疼痛和炎症”，皇城老妈火锅的广告口号——“演绎传统滋味，诚献火锅佳品”等。

②联想形式。联想形式的广告口号是指运用联想、想象等形式表现企业理念、商品特征等广告信息。一般可以运用联想价值，增加广告主体的附加价值。例如：威萨信用卡的广告口号——“威萨：这就是你想到的地方”，公益广告口号——“心有多大，舞台就有多大”等。

③幽默形式。幽默形式的广告口号是指运用幽默的语言表现形式进行广告口号的写作。其特点是使人在咀嚼、品味含蓄、风趣的广告口号中，完成对商品的认识、记忆和选择。例如，先进牌汽车的广告口号——“先进牌汽车是法国总统的坐骑，有‘法国第一夫人’的戏称，如果你买先进牌汽车，即可携法国第一夫人同行”；某电风扇的广告口号——“我的名气是吹出来的”；某脚气药的广告口号——“使双脚不再生‘气’”等。

除了上述表现类型，在广告口号与广告标题出现互转现象时，广告口号的写作要尽量在以上的前提下突出创意性和变化性，以便吸引受众。因此，广告口号也可以采用广告标题的多种表现类型。

第三节　广告文案的语言

德国著名哲学家恩斯特·卡西尔曾经指出："人是语言的动物。"语言是人类特有的符号系统，是人与人直接表达相互反应的中介。同时，语言也是人认识客观世界的工具，是文化信息的载体。著名广告大师李奥·贝纳指出，"文字是我们这一行业的利器，文字在意念的表达中注入热情和灵魂"①，充分体现了语言在广告中的重要性。广告文案语言是用于传递广告信息的文字符号。广告文案语言的运用离不开语言的修辞。广告的语言修辞概括地讲，就是对广告用语在表达方面的反复锤炼。

一、广告文案语言的形式

广告文案语言主要有陈述语、口语和诗语三种形式。

（一）陈述语

陈述语是指广告中用陈述的语句真实、客观地介绍广告信息的语言形式。该语言形式真实简洁、逻辑严密，具有客观性、准确性、条理性等特点。

1. 客观性

用陈述语作广告，一般只客观地介绍产品、企业、劳务信息，直截了当，不加修饰和渲染，给人一种真实、客观的感觉。如 IKEA 家居广告文案：

> 我们使用了新材料，以更低的价格提供同样优质的产品，我们优化了产品的制造流程，制定了更合理的从供应商到商场的运输过程。所有的一切都是直接将节省的成本返还给您，让您以更低的价格享受更舒适的睡眠。

该广告文案以叙述为主，解释为什么比同类产品价格更低，直截了当，没有华丽的词藻，就像一个普通人在和你说话。这则广告让人们感受到，IKEA 销售的不是产品，而是解决方案，消费者买的不是功能、特点，而是自己的利益。换句话说，消费者购买的不是床，而是更舒适的睡眠。

---

①　丁伯铨：《广告文案写作教程》，20 页，上海，复旦大学出版社，2002。

2. 准确性

用陈述语作广告除了客观叙述之外，还常常用下定义、列数字、作证等方式体现广告用语的准确性。如壳牌能源广告：

这座世界级规模的中海壳牌石化联合工厂，使用了壳牌独有的苯乙烯/环氧丙烷联产工艺。较传统生产工艺，每年省下至少550万吨水，也就是足足一座小型水库的量！赵云涛是这套装置的工程师，他喜欢用数字说话："每生产1吨环氧丙烷，传统工艺至少要消耗22吨水，而我们的专利工艺呢？只要1吨水就够了。"①

该广告文案用准确的数字和专业人员的表述相结合，展现理性风采，让消费者觉得信息准确可靠。

3. 条理性

陈述语一般用在信息量较大、篇幅稍长的广告文案中，常分类阐释，构成严密的逻辑文理，注重信息传播的条理性和层次性。如力士润肤露广告：

全新力士润肤露有三种不同滋润配方和香味，充分呵护不同性质的肌肤。白色力士润肤浴露含有天然杏仁油及丰富滋养成分，清香怡人，令肌肤柔美润泽，适合中性和油性肌肤；粉色力士润肤浴露含有热带植物油及丰富滋润成分，清香幽雅，适合娇嫩性的肌肤；黄色力士润肤露含有天然香草精华及丰富滋养成分，清新芳香，令肌肤清爽自然，适合油性的皮肤。

该广告文案，简单明了，分类陈述不同颜色润肤露的不同特点，在每一类中，又从产品的滋养成分、香型、功效以及适用皮肤种类等方面一一准确阐述，使消费者对该产品产生全面的认识。该广告文案信息量大，繁而有序。

（二）口语

口语是指人们谈话时使用的语言。这种语体亲切简洁、通俗易懂，可以营造一种轻松的、生活化的氛围，适合一般受众的接受心态和接受情景，仿佛是人们在轻松的、生活化的氛围中倾听家长里短式的絮语。口语具有通俗性、平易性、生活化等特点。

1. 通俗性

广告语言中，使用口语具有通俗性，可以有效地拉近和对方的距离，使其传播范围更广泛。用口语传达广告信息，让人接受起来没有任何困

① 朱瑞波：《广告文案与创意》，35页，北京，中国纺织出版社，2008。

难。如劲酒的广告语："劲酒虽好，可不要贪杯哦"，口语化的表达就像爱人亲切的嘱咐，提醒您在喝酒的同时要多注意身体健康，朴实而又亲切。

2. 平易性

消费者接受广告信息一般都有某种被动性，越是平易近人的广告语，越容易留下深刻的印象。例如李奥·贝纳曾用口语为凯洛格玉蜀黍片写过这样一则广告文案：

这可以吗？妈妈哪儿去了？她在别的地方，她很放心地不必管他。小孩子很快活。他舀出了牛奶，再把那些金黄的玉蜀黍片用调羹盛进去。看起来他认为那些东西很好——它们发出沙沙的声音。他吃起来嘴里很舒服——既脆又薄。它们风味绝佳——一种甜甜蜜蜜的味道，这使他举起羹勺。凯洛格玉蜀黍片对小孩和大人都有引起食欲的力量，它已经有50年以上的历史。①

该广告文案读起来很像是在讲述我们身边发生的故事，一个孩子趁妈妈不在时偷吃自己喜欢的好东西。语言平易自然，淡化了广告的商业意味，容易说服消费者。

3. 生活化

口语比书面语更能自由地表达思想感情，有些生活化的广告信息用口语表达往往会收到更好的诉求效果。例如蓝天六必治牙膏的广告文案：

清晨，一位朴实憨厚的中年男子搭条毛巾迎面向镜头走来，一边走一边乐呵呵地向观众介绍道："我的牙，全托蓝天六必治的福了，一点儿毛病没有。牙好，嘿，胃口就好，身体倍儿棒，吃嘛嘛香。您瞅准了，蓝天六必治！"

蓝天六必治牙膏通过这则京味儿十足的广告文案，成为20世纪90年代中国牙膏市场上的后起之秀，甚至成为了几代人脑海中抹不去的记忆。

（三）诗词

诗词讲求意境、音韵、节奏等，富于节奏感和音韵美，具有较强的感染力。在广告中运用得当，可以有效增加文案的形象性、艺术性和音乐性。

1. 形象性

用诗一般的语言作广告，可以将枯燥的事实置于诗意的情境之中，将

---

① 余良杰：《新编实用写作教程》，134－135页，南京，南京师范大学出版社，2006。

抽象的事理用具体形象的语言表述，所要传达的思想变得立体、形象起来。例如新加坡航空公司的广告文案：

她将一缕温馨的柔情带给全世界，和蔼的空中服务员身着一袭纱笼裙，当她和您相逢，一绽迷人笑容，一缕温馨的柔情。晴空万里，朵朵白云，你们相逢在舒适的707或737波音机群上，她将以最殷勤的方式招待您。我们的女郎，是新加坡航空公司的灵魂。

该广告文案的定位是顾客至上，为顾客提供最优质的服务。人非草木，孰能无情。贯穿这则广告的是一个“情”字，它以优美的语言，使顾客置身于一个温馨幸福的世界，从而也大大增强广告的诱导作用。

2. 艺术性

用诗语作广告多采用文学艺术的表现手段，借用文学艺术技巧做宣传，使语言的艺术性增强。例如日本小说家川端康成的《我的伊豆》：

伊豆是诗的故乡，世上的人这么说。

伊豆是日本历史的缩影，一个历史学家这么说。

伊豆是南国的楷模，我要再加上一句。

伊豆是所有的山色海景的画廊，还可以这么说。

整个伊豆半岛是一座大花园，一所大游乐场。

就是说，伊豆半岛到处都具有大自然的惠赠，都富有美丽的变化……①

该广告文案用情景相融、情文并茂的语言，描绘了伊豆钟灵毓秀的自然风光，宣传推介了伊豆这一日本的旅游胜地，彰显出广告语言的艺术魅力。

3. 音乐性

广告语言的音乐性，是指它类似于动听的音乐，有着较强的美感和吸引力。在诗意的语言中，通常具有押韵、分行、格律、对仗等特征，音韵和谐，音节铿锵，抑扬顿挫，很有节奏感和音乐美。例如某洗发乳广告：

梳着秀发等你回来。你说，乌溜溜的头发，你最爱。我也期盼，每一次相聚，都使你觉得秀发美丽依然，情深如昔……高贵蛋黄洗发乳最能实现你的心愿。

该广告文案中的“来”与“爱”押韵，而且进行了换韵，如“然”与“愿”，读起来自然和谐，有一种音乐的美感。同时，这种音乐美感还具有

---

① 陈荣赋：《人一生要读的60篇散文》，203页，北京，华文出版社，2009。

强调意义和突出情感的功用。

二、广告文案语言的要求

语言和文字是文明和进步程度的重要标志之一。广告创意的表达，广告信息的传递，最终都必须用语言文字来表述。广告面向受众，立足传播。因此，广告文案的语言应注意一定的规范，遵循广告语言的写作要求。

（一）用字准确

如今，广告活动已然成为一种文化现象。然而，广告文案中的文字错误，至今还未引起足够的重视。在各种广告媒体上，不时地出现诸如使用错别字、不规范字、已经弃用旧体字等现象，甚至出现别字连篇、文理不通的广告。

例如，某建设工地广告——“大隐隐于世，公馆生活典范”。该广告文案本意是想通过引经据典，表达一种超然世外的居住理念，但按照字面意思，“大隐隐于世”表达的内容是“最高明的隐逸是生活在尘世之中”，与广告文案本意完全不符。某报曾刊有一则广告——“5 月 14 日毋亲节，您为伟大的毋亲奉献什么”。在广告文案中，错将“母亲”写成了“毋亲”。而在现实语境中，“毋”表示禁止或劝阻，显然与广告文案本意完全不符。

（二）用词达意

由于一些文案的作者不能准确理解一个词的含义，在文案中常常出现用语不当，表意不贴切的情况，叫人看了很不舒服。例如，有一则推销涂料的广告文案，“使用我厂生产的涂料装修您的居室，保您蓬荜生辉!”据《辞海》的解释，蓬荜生辉“谓使寒舍增加光彩，多用于客人光临或馈赠书画陈设时用为谦谢之辞”。如此一来，该广告文案的意思就是说，使用本厂生产的涂料，可以为你那原本贫寒的家增加光彩。实际上在突出广告产品的同时，不经意中造成对广告受众的伤害，极不妥当。

汉语中的词汇一经固定下来，就不能随便更改，也不能任意编造新词。而在广告语言中，杜撰新词现象时有发生。例如，某制药厂的胃苏药品广告——“要想胃舒，请用胃苏”。“胃舒”应该是胃部舒适的缩写，但“胃舒”显然不是独立使用的语言单位，属于任意编造的新词。

（三）省略得当

在汉语中为了表达简洁，而把一长串的短语精简压缩，例如，“北京大学”可简称为“北大”。但是这种简缩应以不影响人们对词语的理解为前提。在广告文案中如果出现随意简缩的情况，就会导致语意传递含糊与费解。例如，“传统酿造玫、加、高，天津出产最地道。”“玫、加、高”三字是玫瑰露酒、五加白酒和高粱酒的简缩，但对大多数广告受众来说只会觉得莫名其妙难以理解。

（四）避免病句

广告文案要符合语言固有的结构方式和搭配习惯，如果违背了语法规律，就会导致病句的产生。广告文案语言中，常见的病句有以下几种：

1. 词类误用

从语法上看，词可分为名词、动词、形容词、副词等实词，以及介词、连词、助词、语气词等虚词。每一种词都有固定的语法特征，不能相互混淆。例如“威力威力，够威够力!”的后半句“够威够力”显然不符合语法规则，令受众费解。

2. 表意不明

广告语言必须能正确表达广告信息。在语义上，广告语言绝对不可以模棱两可，否则会产生歧义。例如，有一则美容品店的广告——“丽丽要你好看”，该广告可以理解为“丽丽要给你点颜色看看”，也可以理解为“丽丽希望你漂亮”。通常人们会理解成前一种意思。如此一来，该广告非但没有起到宣传推介美容店的作用，反而有了负面的作用。还有一则童装店促销广告——“六一期间购童装 6 到 8 折，买一送一”，可以理解为“6 到 8 折且买一送一”，也可以理解为“6 到 8 折或买一送一”，容易引起消费者的误解。

3. 搭配不当

汉语的每个句子成分的搭配都有特定的规律，不能随意组合、任意搭配。例如，“我公司生产的×××矿泉水，经全国矿泉水行业最权威机构‘中国饮料工业协会天然矿泉水委员会’长期了解和考核，定为‘全国第一批瓶装饮用天然矿泉水产品信得过单位’”。这段文字中存在多个错误：(1) 主语是“矿泉水”，谓语是“定为”，宾语却为“……信得过单位”，存在主宾搭配不当问题；(2)“经……长期了解和考核”搭配不当，应为“经过……长期考查”。

4. 句式杂糅

将两种表达方式糅合在一起使用，往往造成语句的结构混乱、语义不清。例如，“三月份参加在中东召开的国际远东名优、新产品展销会上，深受外商欢迎。”其中“参加……展销会”是一种表达方式，而“在……

展销会上”也是一种表达方式，不能混合起来表达，属于句式杂糅。

5. 语序混乱

即词语排列的次序不对。例如，“×××电磁炉，……是煎煮炸炖蒸下厨的好帮手。”这里语序有误，应调整为：“是您下厨煎煮炸炖蒸的好帮手。”

三、广告文案语言的修辞

（一）比喻

比喻，即打比方，是一种常用的修辞手法，根据两个不同事物具有的某些相似之处，用其中一事物来描写或说明另一事物。广告语言中运用比喻，可以化深奥为浅显，化抽象为具体，大大增加文案语言的形象性和生动性。

比喻有三大要素。本体（所说明或描述的对象）、喻体（用作比喻的事物）、喻词（用来连接本体、喻体表示比喻关系的词语）。根据三大要素的有无，比喻可分为明喻、暗喻、借喻三种。

明喻是指用喻词将本体、喻体连接起来的句式。例如美宝莲水晶璀璨唇膏的广告——“新的炫目唇妆，钻石般晶莹闪耀”，用明喻的方式将唇膏的使用效果比喻为“钻石般晶莹闪耀”，突出了产品多彩、闪光的特点。

暗喻是指在本体和喻体之间不出现喻词的比喻句式。使用暗喻修辞手法的句子，一般将喻词换成“是、成为、就是”等系词。例如贝尔电话的广告——“电话就是你的高速公路”，利用系词“就是”，将贝尔电话快捷、方便的性能形象地用高速公路比拟。再如浪莎袜业广告——“我们是你的第二层肌肤”，利用系词“是”，将丝袜的保护作用与皮肤的保护作用相比拟。

借喻是指直接用喻体代替本体的比喻方式，本体和喻词都不出现。借喻具有形式简洁、用喻隐秘、喻体醒目等特点。例如裕华电暖气广告——“冬天里的一把火”，又如某排石用药广告——“荡去你人生的绊脚石”等。

（二）比拟

比拟就是把一个事物当作另一个事物来描述、说明。比拟可分为将物比成人和将人比成物两种类型。将物比成人，并赋予其人格化，称之为拟人；将人比作物，并使之物性化，即为拟物。广告中使用较多的是物拟人，这类比喻将物人格化，使之具有人的思想感情、语言动作。例如瑞士天梭手表的一则题为《手表的“自我介绍”》的广告：

标题：自我介绍

姓名：Tissot twotimer

外貌：年轻、漂亮、时髦

年龄：刚刚问世

身型：窈窕轻盈

性别：双性

性格：双性性格，既传统又具创新精神

国籍：瑞士

特殊功能：精于计时，七项全能

语言：精通世界语言

嗜好：水陆运动，四方游历①

（三）引用和仿拟

引用是指将成语、俗语等语言材料直接用来表达或佐证自己的观点，引用的材料需为大众所熟知，以便于目标消费者理解和接受；仿拟是指对既有的语言表达形式进行模仿、改造。根据表达的需要，仿拟可以变换既有的语言表达形式，以造成表达上的新鲜感。通过引用或仿拟可以迅速缩短与受众之间的距离，使人倍感亲切或者倍感新奇，同时也有利于广告的迅速流传。在广告文案中，会经常引用或者仿拟格言、诗词、流行歌曲等。

引用、仿拟常见的手法主要有以下几种：

1. 对古典诗词的引用和仿拟

例如，三九胃泰广告——“悠悠寸草心，报得三春晖——三九胃泰的承诺”，这是对古诗的引用，以此来表达企业报答社会的赤子之情。日本某电冰箱广告——“此时无霜胜有霜”，这是对白居易《琵琶行》中“此时无声胜有声”诗句的仿拟，但一字之改，却赋予了新义，说明这种冰箱比有霜的冰箱更好。

2. 对文章的引用和仿拟

例如，某保险门广告——“一夫当关，万夫莫开”，引用谚语，非常形象地说明了保险门过硬的质量。又如铁达时手表广告——“真正的美是不随波逐流，是忠于自己”，引用林语堂先生的名句来塑造产品的形象。

---

① 何新祥：《广告语言修辞策略》，330页，长沙，中南大学出版社，2003。

又如某家电广告语——“先天下之‘优’而‘优’”，出自宋代范仲淹的名篇《岳阳楼记》，作者将其中的两个“忧”字改为“优”，以表明某品牌的家用电器是一流产品。

3. 对成语的引用或仿拟

直接引用成语的广告的例子有：某信用卡广告——“一诺千金”，某打字机广告——“不打不相识”，某牙刷广告——“一毛不拔”等。

有的广告文案改变成语，或在成语前后加一句短语，赋予成语新的含义，给人无限遐想。例如，台湾地区某洗衣机广告——“闲妻良母”，在广大消费者中产生了口碑效益。而红梅味精的广告语——“红梅味精，领‘鲜’一步”，既强调了味精的鲜美，又指出了产品的品牌，让消费者印象深刻。

4. 对流行语的引用或仿拟

例如，某护窗雷达广告——“天下无匪”，不禁让人联想到电影《天下无贼》。这则广告契合了人们期盼天下无贼的美好愿望，让人感到无比亲切。某快餐连锁企业让“给力”这一网络流行语在汉堡套餐广告中反复出现，为中青年消费群体所广泛认可，成为商家促销广告的给力助手。

需特别注意的是，引用或仿拟都要为广告目的服务，选择的语句要与产品或品牌的特性有一定契合度，避免生搬硬套。

（四）夸张

夸张是指为了突出强调某一事物，运用言过其实的修辞手法进行描述，主要有夸大型广告、缩小型广告和超前型广告等三种形式。

夸大型广告是指把商品的特性或诉求的东西有意识地往大、高、远、长等处描述的形式。例如，CCTV广告——“心有多大，舞台就有多大”，法国某香水广告——“我们的新产品极易吸引异性，因此随瓶奉送自卫教材一份”等。

缩小型广告是指把商品的特性或诉求的东西有意识地往小、少、短等处描述的形式。例如，“非洲到南极仅一步之遥”（格力空调广告），“一分钟买到所需，一小时看到世界”（北京赛特购物中心广告）。

超前型广告是指在广告叙述的两件及两件以上事情中，故意将先出现的事情描述成后出现的或者是同时出现的。该类型的广告需要受众具备良好的理解力，在广告语言中一般较少运用。例如安徽口子酒广告——“隔壁千家醉，开坛十里香”，按照正常逻辑，应是先开酒坛而后醉人，而这里将“醉”放到前面来说，用以突出酒是何等的香。

运用夸张的手法，要以真实为原则和前提，注意把握夸张的度，切忌浮夸、乱夸、说假话，否则就成了吹牛，无人信则毫无意义。

（五）排比

排比是指运用两个以上句式结构一致、字数大致相等、语气一致的短语或分句，将两个以上的事物或概念进行排列的修辞手法，具有句式整齐、气势宏大的特点。在广告文案中，运用排比可以增强句子的节奏感，读起来朗朗上口，同时也有助于增强语势，加强语气，使内容更具有说服力。

（六）对偶

对偶是指将两个结构相同或相近、字数相等、意义相同或相反的短语或句子对称地排列的修辞方式，具有整齐匀称、好记易诵等特点。在广告文案中，对偶多运用于标题和广告口号中，有正对型广告、反对型广告、串对型广告这三种类型。

正对型广告是指上下两联运用对称的事物，相互补充、相得益彰。例如某招聘广告——“广招天下之贤士，通揽中华之英才”。反对型广告指上下两联运用相反或相对的事物，以形成强烈对比。例如银屋电器广告——“银屋为您留住春天的温馨，银屋为您挡住夏日的酷暑”。串对型广告是指上下两联在内容上不是并列的，而是顺承下来，前后两句是因果或假设关系。例如袖珍便携式验钞机广告“魔高一尺，道高一丈”。

运用对偶的修辞手法撰写广告文案，有如下三个方面的优势：第一，在形式上，使广告文案整齐对称，句式流畅，连贯一致。第二，在内容上，使广告文案表达确切完整，广告内容更为丰富，便于受众理解广告主题。第三，在音节上，使广告文案音韵和谐，形成抑扬顿挫的音乐美，便于受众记忆广告主题。

（七）双关

双关是指在特定的语境中，故意将语句的某一事物或意义同时关涉两种事物，以达到言在此而意在彼效果的修辞手法，具有含蓄、委婉、形象等特点。在广告文案中，一般可以分为语音双关型广告和语义双关型广告两种类型。语音双关型广告是指利用语音相同或相近的联系，使一个词具有两种意义。例如葡萄糖酸锌口服液广告——“聪明的妈妈会用锌（心）”。语义双关型广告指利用词语多义性的特点，使之在特定的语言环境下，既可指此，也可指彼，达到一石二鸟的效果。例如静心口服液广告——“女人更年要静心”，既传达出静心产品的个性信息，又切中更年期女性的心理需求。

在运用双关修辞手法撰写广告文案时，必须兼顾广告受众的认知水平、欣赏水平和感悟能力，不能太过牵强，也不能因为过于含蓄而让人百思不得其解，更不能低级庸俗或产生歧义，否则就会引起受众的不解和反感。

（八）反复

反复是指为突出某一重点，反复使用同一词语或句子的修辞方法，能够有效地抒发情感，增加叙述的生动性和条理性，具有造就气势、表现感情等特点。同时，关键词语的不断出现，可以对受众形成多次刺激，强化其对广告语的注意。在广告文案中，一般可分为连续反复型广告和间隔反复型广告两种类型。连续反复型广告是指某些句子或词语连续出现，中间没有间隔的反复形式。例如白猫洗洁精广告——“白猫洗洁精，灵！灵！灵！”连用三个“灵”字，突出产品的性能特点。间隔反复型广告是指某些句子或词语不连续出现，中间有其他语句或段落间隔的反复形式。例如Clup Med度假村广告：

松绑的心情/松绑的表情/松绑的食欲

松绑的运动细胞/松绑的睡眠/松绑的梦/松绑的每分每秒……

人生难得松绑一回，现在就打电话到各大旅行社或Clup Med度假村洽询详情。①

上述广告文案中，反复强化“松绑”这一概念，突出在Clup Med，到处都是松绑的七情六欲这一广告主题。

（九）反讽

反讽，原意是指喜剧中一种“佯装无知者”的角色类型。在历史发展过程中，反讽的含义逐渐发生了一系列变化，获得了讽刺、嘲弄等新的含意。在广告文案中，运用反讽的修辞技巧，可以有效吸引消费者对文案和广告商品的注意，从而达到广告效果。例如日本尼桑汽车系列广告标题：

“这么大，小一点更好！”——莫汉哈森，洗车工人

“这么多安全设备干嘛？”——林源顺，源顺车厂

以上两则广告标题，表面上是对尼桑汽车的批评，但它的内在含义却是对尼桑汽车卓越性能的陈述。通过广告标题的表层含义与其实际含义的冲突和矛盾，达到广告需要的效果，成功运用了反讽修辞手法。

---

① 郑燕萍：《广告语言的多维透视》，78页，北京，中国广播电视出版社，2007。

反讽手法的运用，是有意制造语义之间的矛盾，强化它们的张力，使其与那些陈腐老套、平铺直叙的文案拉开距离，显得出类拔萃，与众不同。

（十）回环

回环是指用上句的结尾部分作为下句的开头部分，又用上句开头部分作下句结尾部分的修辞手法。一般可分为严式回环广告和宽式回环广告两种类型。严式回环广告要求在形式上严格遵循回环往复的特点，例如平安保险公司的广告口号——“中国平安，平安中国”，通过调换中国、平安两词语的前后次序来表达，中间未添加其他成分，表明了平安公司在中国保险事业中的显要作用。广告中更加常见的是宽式回环，即形式不太严格，前后句首尾颠倒中可以增添一些其他成分。例如《中国日报》广告口号——“让世界了解中国，让中国了解世界”，回环中加了“让”字，强调了中国与世界的关系。

在广告文案中运用回环的修辞手法，对广告信息进行有变化的重复，可以大大增强广告语言的回环之美，同时使广告语言产生更丰富的意义。例如茅台啤酒广告语——“茅台啤酒，啤酒中的茅台”，在视觉、语感两方面都给人以循环往复的艺术美感。

（十一）顶针

顶针是指用上句结尾的词语作下句的开头，或用前文的末尾作下文的开头，使相邻分句蝉联的修辞手法。具有环环相扣、条理清晰等特点。例如四川济生制药厂胆舒胶囊广告——“大石化小，小石化了”；杭州可乐饮料总厂中国可乐广告——“百闻不如一见，一见不如一尝”；张家界旅游广告——“自然之美，美得自然”等。

在广告文案中，顶真修辞手法的运用在使语句结构严密、气势通畅的同时，达到条理清晰、层次分明，给人以流畅明快、格调清新之感。它是出于创造一种快节奏的需要而运用的，有利于突出商品特点，强化消费者记忆，表现事物之间的均衡联系，形成和谐整齐美。

（十二）对比

对比是指故意将两个相反、相对的事物或同一事物相反、相对的两个方面放在一起，用比较的方法加以说明，这种修辞手法称之为对比。在广告文案中运用对比手法，可以使广告品牌、产品或服务的两个不同侧面相互映衬，从而给受众留下深刻的印象。例如太平洋保险广告——“平时注入一滴水，难时拥有太平洋”，将“平时”与“难时”，“一滴水”和“太平洋”相对比，告诉人们只要现在微小的投入，将来危难之际就能得到巨大的回报，顷刻间俘获了无数受众的心。

需要注意的是，《中华人民共和国广告法》明确规定：“广告不得贬低其他生产经营者和商品服务。”对比修辞手法的运用稍有不慎，就有贬低别人、抬高自己的嫌疑。因此，在使用“两体对比”时，应尽量采用“虚比”，而最好不要采用实比。

第五章　广告效果评估

现代社会，广告的功能和价值已得到企业和公众的认可，广告已成为树立企业形象、传播产品信息、促进商品销售的重要手段。在完成广告制作并正式播出后，一则广告能否切实提升广告商品或服务的知名度和影响力，提高消费者的购买欲望，达到预期的广告目的，成为广告主必须关心的问题。可以说，广告效果是整个广告活动的出发点和落脚点，是判断广告活动成败的关键因素。为了维护广告主的利益，规范广告市场行为，我们必须要关注广告效果的评估。

第一节　广告效果概述

一、广告效果的内涵

一般地，企业为扩大产品或服务的传播、营销，都会投入大量的资金用于广告活动。但是，由于缺乏有效的广告效果评估，绝大多数企业对于广告的投入比较盲目，有些企业甚至因为盲目的广告行为而陷于破产。20世纪90年代，美国百货商店之父约翰·沃纳梅克就意识到广告效果评估问题，指出："我知道有一半的广告费被浪费掉了，但却不知道浪费在哪儿。"广告效果评估的研究日益引起广告界，尤其是广告主的兴趣。广告效果是指广告主通过广告活动达到的关于品牌、营销等效果，即广告制作并播出后对受众产生的直接影响和间接影响的总和。

广告传播活动是经济活动，也是更广泛意义上的社会活动，因而其广告效果也是广泛的、多元的。从广告的影响范围和涵盖内容来划分，广告效果的内涵可以分为传播效果、经济效果、心理效果和社会效果。①

---

① 王沛：《广告心理效果与评价》，3－4页，北京，科学出版社，2008。

首先，广告效果的内涵表现为传播效果，即受众在接收广告信息时实现广告意图或目标的程度。广告传播效果可以反映消费者的反应变量。广告主题是否准确，广告创意是否新颖，广告语言是否形象，广告媒体是否选用得当等各项指标，是测定广告效果的一个重要内容，构成了广告效果评估的主体。

其次，广告效果的内涵表现为经济效果，即企业通过广告活动所获得的经济利益。从企业的角度看，广告的目的和价值在于获取利润。广告是短期内提高商品销售额的有效途径，也是提高企业知名度和品牌度的有效手段。盈利是广告主广告行为的内在动力。广告的经济效果具体表现为通过广告行为引起销量、利润等企业经济指标变化，这是测定广告效果的最重要内容。但是，销量、利润等指标并不是广告经济效果评估的唯一指标，广告经济效果评估也不是广告效果评估的唯一指标，必须结合商品销售的诸因素，结合广告效果的其他评估指标，予以全面的考量。有些广告主不注重产品质量的提高，而把销售额的增加寄托在广告投放上，这是极端不可取的做法。这种做法只能是搬起石头砸自己的脚，在商品琳琅满目的今天，一条广告成就一个企业的时代早已过去。

再次，广告效果的内涵表现在心理效果上，即广告对受众的各种心理活动的影响程度。广告活动在传递产品或服务相关信息的同时，还传递了企业的相关信息。受众通过广告对产品或服务、企业形象有了认知，广告作用于受众的内心世界。广告的心理效果集中表现为受众对广告产品或服务的兴趣、购买行为，对企业形象的注意力、记忆度等方面。心理效果主要测定消费者对广告的态度变化和企业品牌形象在消费者心中的塑造，因此它是广告效果测定不可缺少的内容。

最后，广告效果的内涵表现在社会效果上，即广告活动对社会、文化等方面的影响程度。在广告社会效果评估上，无法用定量的方法进行测定，只有定性的分析。社会效果是广告的高层次追求，最终表现在经济效果和心理效果上。例如，国内外规定坚决禁止播放含有淫秽、迷信、恐怖、暴力，以及含有民族、种族、宗教、性别歧视或妨碍社会安定、违背社会良好风尚等内容的广告。

除此之外，广告效果的内涵还可以从下面这几种划分方式上进行把握。

（1）按照广告效果的显现时间划分，广告效果可分为即时效果、近期效果、远期效果。[①] 即时效果指广告发布后即时产生的效果，例如，消费者一看到某一商场广告后立即采取了咨询或购买行为。近期效果指广告发布后在短期内产生的效果，通常不超过一年。绝大多数商品广告的效果都体现在这种近期性上，它是广告主确认广告成功与否的重要判定标准。远期效果指广告发布后在相当长的时期内对消费者产生的影响。广告远期效果是企业广告和形象广告所追求的目标。一般商品广告表现出的这种特性尚未被广告主充分认识到。

需要指出的是，广告产生的效果有时是显在的、短期的，但更多的时候是潜在的、长期的。通常来说，广告的影响是逐步积累的。检测广告效果，不能仅从单一效果评判广告活动的成败得失，而应以全面的视角看待广告活动的作用。我们在测定广告效果时，尤其要注意避免一味地追求直接的经济效果，而忽视了广告对消费者的长远影响。

（2）按照广告活动的测定程序，广告效果可分为事前测定、事中测定和事后测定。[②] 广告事前测定的重点可以是收集潜在消费者对广告主题、用语、外观、图像等方面的认知，或确定消费者对整个广告的反映。广告事中测定是对广告推进的跟踪调查。广告刊播期间，调查消费者的评价，有助于充分认识广告活动对企业营销的作用，了解消费者的购买态度，可以为推进决策提供依据，以便随时增减广告量，更换广告媒体。广告事后测定是广告管理的要求，它是广告主对广告投资所作的回馈作业。对投入的大量广告费，究竟是否获得了适当的回报，这需要对广告效果予以测定，根据其投入和产出来评价其效益并为开展新的一轮广告活动提供详实、准确的参考资料。如果企业能正确测定广告的实际效果，就可以将广告的实际效果与企业所选择的广告目标进行对比，事后评估包括消费者对产品注意度的变化，销量或广告目标的评估，以便改善广告宣传，提高广告质量和效率。

（3）按照广告在消费者心目中所产生的影响，广告效果可分为广告的认识效果、广告的态度效果和广告的行动效果。该划分方式很有意义，但测定起来困难较大。认识、态度、行动都是心理上的，没有一个权威的衡量指标和科学的测定方法是很难说服广告主的。

（4）按照广告所使用的具体媒体，广告效果可分为印刷媒体广告效

① 饶德江等：《广告心理学》，279页，武汉，武汉大学出版社，2008。

② 赵洁：《广告经营术》，74页，厦门，厦门大学出版社，2000。

果、电子媒体广告效果、户外媒体广告效果、直接邮寄广告效果以及POP（售点）广告效果等。

此外，按照不同的分类标准，广告效果的内涵还有其他划分方法，且这些分类之间并不矛盾而是相互通用的。在广告效果评估过程中，需要加以综合考量。

二、广告效果的一般特性与评估基本原则

广告效果的一般特性是指与广告学类似的其他学科如传播学、信息学等效果所具有的共同属性。其中，广告效果的滞后性、复合性、积累性、效果两重性、竞争性、难测定性，是广告效果一般特性的重要表现。[①]

（一）滞后性

罗贝尔·格兰曾指出："广告只是表示了想卖的心理，并非卖出去的行动。"人们对广告的认识是逐步的，广告对人的心理认知的影响以及诱导人们采取购买行为，需要有一定的时间。也就是说，广告效果必须在广告发布一段时间后才能实现。滞后性是指广告发布与广告产生效果的移后性。推移的间隔受到各种各样的销售努力和企业竞争环境等多种因素和条件的制约，短的可用天、月来计算，长的可用年、甚至几十年、上百年来衡量。滞后性还表现为影响消费者未来的购买行为。如旧品牌没有用完，物质条件不具备，审美能力没达到等。滞后性使得广告效果表现得不明显，这就要求广告宣传应适当地超前，测定广告效果时要准确地掌握它的时间周期。

（二）复合性

发布广告信息主要是为了提升销售业绩和改善经营环境。然而销售额的增长和市场占有率的扩大，既受广告的影响，同时又受到价格、购买力、推销方式、公共关系、营业推广、同类产品竞争等多种要素制约。广告只是这些促动因素的一股小力量，其效果大小自然受控于其他各要素的变化。如果企业生产的商品质量低下，或企业的社会公众形象不佳，或商品的价格高得离谱，那么就算企业的广告做得再好，也是无济于事的。美国的一位营销专家曾归纳过，认为影响产品销售的因素有37种之多，可见广告效果绝不是单一的广告活动所能决定，而是多种营销策略的复合体现。若不进行专门的测定，很难从相互交融的因素中，明显地从量上辨别

① 余明阳、陈先红：《广告策划创意学》，516页，上海，复旦大学出版社，1999。

出哪些是广告在经营活动中发挥的作用。

（三）累积性

市场经济越成熟，消费者行为就会越理性，而广告对消费者的“诱惑力”也会逐渐弱化。广告信息通过广告媒体传播之后，多数情况下不能立竿见影地马上影响消费者，这就需要反复宣传不断强化，促使人们将接受到的广告信息转化为一种潜意识，当这种意识积累到一定程度后就会转化为某种需求或购买力。一般情况下，广告都不是一次性地发布，而是反复地发布，而每次广告发布都会在一定程度上加深消费者的印象，扩大消费者对广告产品的认知范围和认知强度。因此，我们说广告的效果是逐次累积而成的。累积性要求企业在制订广告战略时，既要考虑近期利益又要兼顾长远利益。

（四）双重性

广告效果的双重性是指广告效果可用企业经济效果（即直接增加销售额）和社会经济效果（即间接增加销售额）这两个尺度同时来衡量。当商品市场生命周期处于成长期和成熟期时，广告效果主要测定指标是销售量的增加幅度；当市场疲软或产品进入衰退期时，广告效果则应表现在维持销量或减缓商品销量下降的幅度上。当产品刚上市时，消费者对此商品毫无认识，不会有任何欲求，此时广告效果应体现在对一般消费者提供建议和增加产品知识等社会经济效果上。因此，广告效果只有在充分分析了市场状况及产品生命周期后，才能客观地、全面地提出测定标准。

（五）竞争性

广告是竞争的手段。在我国改革开放初期，不少广告确实起到了“立竿见影”的效果，一条广告成就一个企业也是普遍现象。现代企业的竞争常常反映在广告大战上，广告能借助媒体的威信来抬高自己的地位，成了企业推销产品、树立形象的首选手段。从消费者的角度来讲，他们一般都愿意购买已知名的商品，对从未在广告上出现的商品持怀疑态度。调查表明，消费者通常认为经常做广告的厂家有一定的市场信誉和经济实力。因此，扩大市场占有率，提高企业信誉，战胜竞争对手，广告是不可缺少的武器。

（六）二次传播性

广告一般都是通过大众媒体发布信息的，广告的受众面很广，但直接接受广告信息的消费者却很少，广告传播出现了“听者众和者寡”的局面。那些敢为先者和受广告累积性影响而购买商品的消费者，将他们购买体会再活灵活现地传播给他们周围的人，这个过程就是广告效果的二次传播。广告的第二次传播实际上是免费的人际传播，然而它的可近性、可亲性、可信度远远高于第一次的大众传播。先使用广告商品而成为该商品“意见领袖”的消费者，他们的传播能力是巨大的。据传播学家测算：每个人际传播者至少能影响100个人。[①] 广告效果的二次或多次传播提醒广告主们注意，做虚假广告发布虚假信息将得不偿失。

（七）难测定性

首先，广告效果的积累性和滞后性使广告效果处于隐含状态，很难清楚地算出广告发挥作用的起始时间，不能从质和量上准确测评；其次，广告效果的复合性又说明效果产生的广泛性和分散性，既表现为多种营销效果的交融，又分布在经济、社会、心理行动等多种层次的消费者中，使得准确、及时收集消费者对广告的反应变得困难重重；再次，有关广告效果的测定模式开发了不少，如梅苏林卡姆模式、阿格斯德尼模式等，但这些模式的利用程度都不高。对测定模式信赖程度淡化，回避广告效果测定，是目前我国广告界的通病。以上三点充分说明广告效果的难测定性。

此外，广告效果的特点还表现在耗损性、连续性、间接性等，在此不一一赘述。广告效果评估是广告活动不可或缺的内容之一。由于广告效果评估具有评估主体多样、评估时效要求高等特点，所以，绝大多数广告效果评估都有一定的复杂性，面对这种复杂的工作，遵守基本的活动原则，是保证工作质量的基础。基于以上广告效果的特征，我们认为，在组织和实施广告效果评估活动时，应当遵守以下几项基本原则：

（1）相关性原则

相关性原则是指广告评估的内容一定要与广告所欲达到的目的相关。评估广告效果一定要与广告的发行目的相一致。广告主发布广告的目的各不相同，有的是为了增加产品的销售额，树立企业的品牌形象；有的是为了提高企业的知名度，扩大影响；有的是为了与对手进行广告竞争，抢占舆论制高点，延缓产品的衰落期。在评估工作开始以前，必须先确定评估的内容是长期效果还是短期效果；如果是短期效果，是测定经济效果还是心理效果抑或社会效果等。因此，在进行广告效果评估时必须要考虑相关性原则。

① 马连湘、佟文娟：《广告企划文案写作》，219页，北京，清华大学出版社，2008。

(2) 客观性原则

客观性原则是指在评估工作中，既要充分认识到广告毕竟只是企业整个营销活动中的一个重要环节，不能过高地估测广告的作用。同时，也不能随意贬低广告对促进销售所起的重要作用。样本的选取一定要具有典型性、代表性，样本容量的确定也要做到合理科学，而且测试工作要多次进行、反复验证，在广告评估中，必须要做到客观真实。

(3) 综合性原则

综合性原则，是指在广告效果测定时，要综合分析影响商品销售的诸因素，防止片面性。广告效果具有复合性特征，广告效果的评估是个复杂的系统。在评估时既要考虑到广告自身的传播效果，又要考虑到广告的经济效果、心理效果和社会效果；既要考虑广告效果的即时性，又要考虑到广告效果的滞后性；既要考虑到广告设计与创意对消费者的吸引作用，又要考虑到竞争对手广告的抵消作用等，同时社会的政治经济形势、市场环境等都对企业的营销产生一定影响，因此要综合考量。

(4) 计划性原则

为了保证评估质量和工作的顺利开展，必须坚持计划性原则，避免评估工作打乱仗，导致评估工作失败。评估工作人员要制定周密的工作计划，确定评估工作的指导思想和目的、评估工作的内容和方法、范围和步骤、时间安排和有关要求以及应注意的事项等。

(5) 经常性原则

广告效果具有滞后性、复合性等特征，所以对广告效果的评估不能有临时性观点。某一时间和地点的广告效果，并不一定就是此时此地该广告的真实效果，它也许包含前期广告活动和其他营销活动的影响，所以应该坚持广告效果评估的经常性原则。何况，长期的广告效果测定，只有在经常性的短期广告效果评估的基础上才能进行。

三、广告效果评估的意义

从世界范围的广告发展来看，在20世纪50年代以前，人们对广告效果的测定与评价往往是凭经验、直觉进行主观判断。[①] 此后，随着市场竞争的加剧，广告主对广告的要求不断增加，广告效果的评估成为判断广告是否达到预期目标的依据，而广告传达范围的扩大，使广告要对不同民

① 陈爱国：《广告原理与实务》，175页，北京，冶金工业出版社，2008。

族、国家、地区的各类消费者进行不同形式的劝服，也要求通过广告效果的评测来相应调整广告策略。因此，广告效果评估是广告活动不可缺少的重要内容，是检验广告活动成败的重要手段，广告效果评估具有重要意义。具体而言，进行广告效果评估具有以下重要意义：

（一）完善广告宣传计划

广告是广告主赖以实现其整体营销计划的一个重要环节。要使广告克服盲目性，有计划、有目标、有意识地配合其他营销环节的活动，促进整体营销计划的实现，就必须对每一次广告的费用和效益进行全面地分析，从测定出的广告效果的好坏与大小，来验证广告目标的正确与否，判断广告费用支出是否合理，更加科学地制定每次广告活动的计划，并综合考虑每次广告活动的协调性和连贯性，用以不断扩大广告效果，最大限度地配合整体营销活动。同时，也有助于企业加强经济核算，相对节约广告费用，增强开展广告宣传的信心。

（二）提高广告作品质量

广告主进行效果评估以检测自己投入的广告费用是否值得、广告起多大作用，这促使广告经营者在广告制作上下功夫。同时，广告经营者为提升自己的广告设计制作水平，也进行着广告效果的评估与反馈。市场竞争的法则是优胜劣汰，在广告客户并无大幅度增加的情况下，广告的设计制作水平高低（当然也包括对广告客户的服务态度），就成了广告经营者能否在竞争激烈的广告市场占有一席之地，能否在广告事业中生存、发展的关键。广告经营者要想提高自身的设计制作水平，推出高质量的广告作品，必须密切注意与消费者的信息沟通，经常收集消费者对广告作品的反馈意见，了解消费者对广告创意是否满意，在广告发布的前后科学地测定广告效果，以便及时改进广告的创意、设计和制作，不断提高业务水平。

（三）提高媒体广告的传播能力

媒体评估自身的广告传播价值，意味着在与同类媒体竞争夺取广告资源时能够证明自己的传播能力更强。通过分析各时段的广告效果，根据各种广告的重要程度、特点，选择合适的广告时段，对整个广告传播活动进行优化，以达到最佳的广告效果，增加广告收入，从而提高媒体竞争力。

（四）促进广告市场的健康发展

广告作为商品信息传播的使者和促进商品销售的催化剂，在社会主义市场经济和社会发展中发挥着越来越大的作用。科学地测定广告效果，是提升我国广告业的整体水平，促进广告由提高商品知名度的低级目标，到提高商品信誉度、以最少的广告投入获取最大的经济效益和社会效益的高级目标的关键。因为只有广告主重视广告效果，才能不断合理地扩大广告投入，使广告在市场营销过程中发挥积极的作用；广告经营者重视广告效果，才有利于其不断提高业务水平，及时调整设计制作的视角，更加注重广告内容的创意与广告形式的拓新，积极开展相互之间的公平竞争与实力较量，促进广告市场的规范和广告主体素质的提高，从而促进整个广告业的持续健康发展。

第二节　广告效果评估基本程序

一、广告效果评估程序

广告效果测评一般分步骤进行，即调查准备→调查实施→分析总结。

（一）调查准备

调查准备是指确定所要研究的问题。它是从事广告效果测评的第一步，是实现广告效果的前提。调查准备做得好不好，直接影响广告效果的评定。①

1. 准备途径

确定要测定的广告效果的研究问题可从三个方面入手。一是调查者通过自己的观察、体验，去发现需要研究的题目，作为效果测评的目的。二是查阅文献，把握方向，了解现状。三是通过脑力激荡，和那些有经验的人讨论，吸取他们对于问题的看法，再提出自己所要研究的问题。

2. 拟订测评计划

经过上述分析研究后，如果决定要进行正式调查测评，就须拟订调查方案和测评工作计划。所谓调查方案就是对某项调查本身的设计，它包括调查的目的和要求、调查的具体对象、调查表格的制订、调查范围的确立以及调查资料的收集等。所谓测评工作计划是对某项调查测评的组织领导、费用预算、人员配备、工作进度等所做的预算谋划。一般来说，只有大型的效果评估才分别制订方案和计划。通常一些内容不很复杂，范围较小的广告效果测评，只制订一个测评计划，再附上测评内容提纲即可。

---

① 余明阳、陈先红：《广告策划创意学》，520页，上海，复旦大学出版社，1999。

（二）实施测评计划

实施测评计划通常分两步，首先是对广告效果测评予以假设。假设的类型有描述性假设，如阅读率及观众、听众调查等；另一类是相关性假设，例如假设洋酒比国产酒对消费者的购买行为影响力大。假设的优点在于提供了研究方向，确定了评估标准。其次是根据假设搜集资料。资料的来源可分为原始资料和现成的二手资料。原始资料指调查人员通过实地调查得来的第一手材料。取得这部分资料需要投入大量的时间和金钱。通常采用的方法有询问法、观察法和实验法。现成资料指本组织的内部资料和外部资料。在实际调查中应尽量组织调查人员搜集二手资料。

下面，我们用例子来说明实施测评计划的全过程。假如我们要研究的问题是“化妆品电视广告影响消费者产生购买行为的动机是什么?”第一步，假设“化妆品电视广告能使消费者产生情绪上的共鸣，是产生购买动机的主要原因”，并对“化妆品电视广告”、“情绪上的共鸣”、“购买动机”等加以定义。第二步，根据以上假设搜集有关资料。需要考虑的是，搜集资料所使用的方法是什么，是用实验法、观察法、访问法、问卷法还是回单法？搜集资料是用什么工具记录资料，是录音机、观察表还是问卷表?

（三）分析总结

搜集资料的工作结束后，接下来的任务便是伏案整理、分析结果，看它是否和原来的假设相符合。这个阶段的工作可分为以下几个小步骤：

1. 整理资料

调查人员从四面八方搜集来堆积如山的原始资料都堆在桌面上。这些资料价值不等，真实性有待确定，需要系统整理。整理属技术性工作，包括分类、鉴定、编号、列表等。分类是按照调查提纲要求，以问题归类，如果用电脑处理数据要增加一个卡片打孔过程，把数据信息变成一个代码打入卡片；鉴定包括对资料量的鉴定，如资料是否收集齐全，是否有重复或遗漏，是否有可比性等，也包括对资料质的鉴定，如资料的真实性是否有差错，数据和情况是否有矛盾；编号是指按页数编写顺序号，固定每份资料的排列位置；计算列表是把相关资料数据列成表格形式，以便对比使用。

2. 分析资料

运用整理出来的资料与数据，找出它们内在联系，揭示资料所显示的意义并从中得出合乎逻辑的实际结论，这就是分析资料。在分析过程中可以运用各种统计方法，并制成统计表。广告效果测评中应用最广的统计方法是百分率分配的计算、频数分析的演算及相关系数的推算等。

3. 撰写测评报告

测评报告是广告效果分析、检验、评估过程的书面陈述形式。它是测评广告效果最后阶段最主要的任务，是提高广告管理水平不可缺少的一个环节。测评报告没有固定格式，通常由导语（开头、前言）、报告正文（主体）、结尾及附件构成。导语包括该次测评的目的、所研究的问题及其范围、测评的方法及步骤、测评的组织及人员状况；报告正文包括测评的时间、地点、内容及分析结果，各种指标的数量关系，所获资料与原来假设比较；结尾部分包括经验总结与问题分析，向领导或有关部门提出自己的建议；附件包括样本分配、推算程序、图表等。

二、广告效果评估的影响因素

由于各种各样的销售策略的实施，以及复杂的企业环境，影响广告效果评估的因素有很多，最主要的有以下几个方面：

（一）信息资料

进行广告效果测定需要全面地、系统地掌握有关历史和现实的统计数据与情况，这是开展广告效果测定的基础，是提高测定精度的前提。例如，企业要进行销售测定，必须了解顾客的需求和态度，了解包括消费者收入水平、市场同类产品的价格、对手企业的产品竞争力、社会文化、科学技术等在内的宏观环境变化情况。不掌握有关信息，全凭主观判断，就谈不上科学的效果测定。资料残缺或不准确也制约着效果测定的准确性。资料不准确危害性更大，即便是采用了现代数学方法和微机处理，也不过得到些无用的、错误的结果。

因此，为了使测定工作顺利进行并达到预期目的，首先要做好的就是资料的搜集和积累。具体包括两个方面：一是诉求对象的相关资料，如主题调查、文案测验等。二是媒体受众阶层的相关资料，如媒体的发行量、篇幅、时段、文案内容等。

（二）测定期限

广告效果测定期限的长短，对测定精度有一定的影响。一般来说，测定的期限越短，外部环境和条件发生变化的可能性就小，测定结果就趋于准确；反之，测定时间越长，在测定期的外部环境和条件已发生了根本变化或重大改变，这些变化在建立测定模式时无法估计到，从而产生较大误差。这不是说不能搞长期测定，只是提醒人们，此时应注意不断修正测定效果。

（三）判断能力

判断贯穿于广告效果的全过程，不论是信息的搜集、整理、鉴定，还是测定方法的选择与检验，每一步都是靠人来实现的。因此，测定广告效果的人，他本身的知识、经验、观察思考和判断能力的高低，对测定效果的准确性具有决定的影响力。广告效果测定人员的素质要求通常包括三个方面：测定人员的态度、专业素质、基本素质。

（四）方法选择

在广告效果的测定全过程，无论是市场信息资料的搜集还是测定模式的选择与计算，均有一个方法问题。方法选择得当，测定结果的准确性就高；方法选择不当，测定结果的可信度就差，甚至事倍功半或劳而无功。例如，实际调查方法和测定方法多种多样，每种方法都有一定的适用范围和优缺点，选择时就应根据资料的性质、准确程度、时间、难易程度及费用而定，不能盲目选择。如在资料搜集阶段，资料来源可能五花八门，这就需要从优选择，选择准确可靠而又经济实惠的资料来源。

第三节　广告效果的评估方法

一、广告效果的评估模式

广告效果的测评通常使用以下三种模式：第一，文字——逻辑模式。它是在一定的假设条件下，用文字类比和论证分析的方法，推断出广告活动的运作过程。第二，几何图形模式。它是用几何图形，特别是几何坐标图，表现广告活动主要变量之间的关系。这种模式在广告学理论推演中占有重要地位。第三，数学模式。这种模式的特点是根据某些调查结果，把相关变量之间的依存关系用方程式表达出来。

在使用广告测评模式中，需要注意下面几个原则：第一，合理原则。不管使用哪种模式在理论上都要具有合理性，即能大体上反映和描述与广告目标有关的现象，利用模式计算得到的测评结果应与逻辑推断的事物发展趋势相一致。第二，适用原则。在符合广告效果测评目标及测评效果较佳的情况下，尽可能使用简单的数学形式来表达影响广告效果相关因素的变化规律。模式越简单，计算就越容易，实用性也就越好。第三，准确性。准确性是指广告效果测评的误差问题。具体说来，误差小的准确性高，误差大的准确性低。测评误差的大小是对广告测评模式进行评价的重要指标。当同一测评目标有两个以上可使用的模式时，需对它们进行比较，选择误差小的，可信度较高的作为最终测评所用的模式。

（一）常用的评估模式有以下三种：

1. 白德尔（Clyde Beddle）三要素模式。[①] 该模式也称因果理论模式，由广告前要素、广告本身要素和广告后要素等三要素构成的。

（1）广告前要素是指广告主题要素。即产品（Product）本质问题的3种魅力（Appeal）。具体指产品本质魅力（Item Appeal）、商品价格魅力（Value Appeal）、品牌魅力（Name Appeal）。最后表述为P3A。

（2）广告本身的要素是指广告作品所表现出的魅力及作品与媒体的配合。好的广告必须引起消费者的关注，必须解答消费者的疑问，必须为消费者提供良好的服务，激起某种咨询或购买行动。这就要求广告作品要有趣味（Interest），要有冲击力（Impact），同时要具有说服力（Persuasive Power）。作品与媒体的配合主要是指广告内容与媒体的吻合程度即传播质量问题（Communication Quality）。由此可见广告本身要素是由趣味性、冲击力、说服力和传播质量等要素构成的。

（3）广告后要素是指广告以外对广告的影响。具体是指广告作品推出的时机（Time Factor），广告结束后公司的打算（Follow Through）以及广告推出后外界的刺激或抑制（Stimulants or Depressants），如舆论、消息、天气、竞争对手等对广告的补强刺激或抑制作用。

白德尔模式有两个特点。首先，各要素全部使用乘号相连。这就意味着如果一个要素是零（没有考虑到），那么整个广告等于什么效果也没有取得。如果一个要素是负值，广告效果也是负的。其次，这个模式不能运算。这是因为各相关因素无法量化处理。白德尔模式有其无法弥补的缺点，但在广告效果的观念上留给后人的启示是空前的。它提醒广告人，广告效果的取得是极其微妙的，只有能促进产品销售的广告才是好的广告；广告效果的提高不能只靠广告部门努力，其他相关部门也要通力合作。只有各要素均衡发展，才能使广告效果达到最佳状态。

2. AIDAS模式。[②] 该模式也称有效广告模式，是西方推销学中一个重要的模式，由欧洲著名推销专家海因兹·姆·戈德曼（Heinz. M.

① 白云华等：《广告策划》，205页，北京，清华大学出版社，2009。

② 冯华亚：《推销技巧与实战》，86页，北京，清华大学出版社，2008。

Goldman）在其著作《推销技巧——怎样赢得顾客》中提出的。该模式认为广告的功能在于引起消费者的心理变化，这个变化有用四个阶段表述的，也有按五个阶段划分的。具体如下：

四个阶段通常是：引起注意（Attention）→发生兴趣（Interest）→产生欲望（Desire）→引起行动（Action），即表达为（AIDA）。

五个阶段通常是：引起注意（Attention）→发生兴趣（Interest）→产生欲望（Desire）→产生记忆（Memory）→引起行动（Action），即表达为 AIDMA。

现代营销理论要求企业不但要把产品推销出去，而且还要让消费者满意（Satisfaction）。消费者不满意不但不能增加产品的销售额，而且会对广告效果产生抑制作用。在 AIDA 法则后再加上个 S（满意）变为 AIDAS 模式，使其更接近广告效果的本质。消费者的满意度产生出的能量是不容低估的。

如果预期率能准确地推算出来，那么，这个模式就有很高的利用价值。最后要提醒注意的是，这个模式并不能套用在所有消费者身上，有的人购买商品时可能越过某个阶段直接到达行动阶段。

3. DAGMAR 模式。[①] 该模式也称为传播扩散模式。美国广告学家罗素·赫·科利（Russell. H. Colley）在其 1961 年出版的《为衡量广告效果而确定广告目标》一书中提出“为度量结果而确定广告目标”的方法。罗素·赫·科利认为，广告经由知名、理解、确信、行动这四个阶段来完成最终的销售目标，大多数受众都会经历这几个阶段，最后借助促销等手段完成。

该模式认为：可以用广告目标来管理广告。广告效果也可以通过假定的广告目标来确定。具体过程是企业先拟定一个在某个特定时间段内所要达到的广告目标，然后将该目标与广告调查结果加以对比。广告担任总行销中的传播任务，所以，广告目标是指在一个特定时期内向消费者传播扩散广告信息的程度。扩散的程度是根据消费者的行为划分的，这在广告学上称为“反应顺序”，因研究者不同而有较大差别。

（1）DAGMAR 的反应顺序

DAGMAR 模式是把消费者的购买行为划分为知名→理解→确信→行

① 企业国际化管理研究课题组：《中小企业企划国际化管理模式》，294 页，北京，光明日报出版社，2005。

动四个阶段。广告的效果是累积的，一般情况下能逐渐增加选择该品牌的消费者。通常消费者首先通过广告熟悉商品或服务名称；其次，通过广告了解商品或服务的特色、功能等相关信息；再次，通过广告确立选择某一品牌的信念；最后，在广告的指引下，产生咨询、购买商品或服务的行动。

（2）DAGMAR模式的实施过程

第一步，将传播扩散（Communication Spread）设为广告目标。

第二步，在广告活动之前进行基准时点调查，确定知名、理解、确信、行动的百分比。

第三步，在广告活动期间定期反复实施同样调查，并同基准时点调查结果相比，以判断广告目标达成的程度。

根据传播扩散设定的广告目标是最重要且最难把握的。为此，广告专家曾提出过52种可能的目标设定。不过，如果按照广告目标的形式划分就简单得多了。通常广告目标的形式可归纳为三种：一是告知，以树立企业或产品形象为主，多用于某种产品的开拓阶段。二是说服，三是提醒。

DAGMAR模式的优点在于，它在制订广告目标时，就能测定出传播的效果。因为对广告制作有指导作用，对广告预算和广告策略可进行系统化管理。该模式在广告效果评估中运用较多，尤其当新产品出售时，因广告所占的比重相当高，DAGMAR模式之运用随处可见。值得注意的是，DAGMAR所测定出的传播效果是指促使消费者购买某一品牌的产品，并在使用后更加了解和喜欢，变成该品牌忠实的消费者，这是广告发布、销售活动、销售促进等企业活动全方位开展后产生的效果。所以说测定知名、理解、确信、行动各个阶段，将其归功于广告效果是错误的。另一方面，将消费者的反应顺序确定为知名、理解、确信、行动等阶段也不无疑问，因为有的人是在完全不了解品牌或对品牌一知半解时由别人建议而购买的。这里的反应顺序仅指多数人到达购买的反应顺序。

二、广告发布方与接收方

我们通常从广告发布方与广告接收方两个方面展开广告效果的评估工作。第一个方面，根据广告发布方的广告目的与总体营销战略的相关度，研究广告发布方通过广告活动获得的实际营销效果；第二个方面，通过对广告接收方进行各类测试，研究广告活动对于广告接收方的真实作用，进而获得广告接收方对广告效果的感知效果。

（一）发布方广告效果评估

对于广告发布方而言，不同的产品生命周期、营销战略，不同企业不同的发展阶段，企业的广告目的不同，对于广告的效果评估指标也不相同。例如，对于同一款汽车产品的广告目标，在其初始阶段，主要是为了扩大产品的知名度，进而为正式投放市场做准备；在其成熟阶段，主要是为了扩大产品的销量，进而为企业赢得更多的利润。事实上，大多数企业在进行广告活动时，并不是仅限于单一类型广告，而是多种类型广告的优化组合。但是在某一广告目标指导下进行广告活动，必须有所侧重，将广告经费投放于广告目标相关度最高的广告中。如此，在评价广告效果时，必须首先明确广告发布方的广告目标。

但是，广告发布方的广告目标对于独立第三方而言是较难确认的，同时，评估广告效果必须同时对比多家竞争对手的广告效果，在此情况下，就必须采集广告发布方的相关信息。我们认为，可以从以下方面进行广告信息的采集：

1. 确定采集范围

不同的企业，在不同的发展阶段，在不同的广告媒体上，会发布不同的广告信息。确定企业的广告目标，必须对企业投放的广告进行全面地采集。但是，对于互联网广告而言，其采集范围太广，不可能面面俱到。所以，必须针对不同的行业，建立不同的采集范围，尽量避免因采集问题而带来的偏差。①

2. 明确分类标准

对于采集的广告，必须进行具体的分类。而分类标准的把握也将成为评判广告监测能力的重要标准，比如从产品的角度看，对品牌、型号等进行分类可以帮助我们区分各企业广告所对应的产品是什么；而从广告本身的角度看，同样需要将其划分为多个不同的种别，比如产品广告、形象广告、促销广告和服务广告等，因此这些都将决定对广告目标的了解的可靠性；从对广告主的角度看，该分类标准同样非常必要，我们必须鉴别究竟是谁在投放该产品的广告，进而分析该企业的广告治理状况。②

---

① 杨坚争等：《网络广告学》，208页，北京，电子工业出版社，2007。

② 王诗文：《影视广告策划与创作》，190页，北京，中国广播电视出版社，2009。

3．划分分类层次

在对采集的广告进行统计分析的过程中，必须根据不同角度，设定广告的分类层次，例如战略广告、宣传广告、营销广告等，以便在统计过程中对统计样本进行多角度的组合。

4．采集数据保存

在广告信息采集过程中，并不是所有的广告都能纳入分类体系，必须对所有采集到的广告进行保存，尽可能全面地了解企业广告的真实状况。

5．流程监测与质量控制

通过严格的流程监测与质量控制，保证所采集信息的可靠性。同时，还需要结合企业的发展战略、营销战略，企业经营产品的特征、发展阶段等相关信息，推测企业的广告目标。然后，根据各企业广告投放状况、各产品广告投放比例、各类别广告投放比例等，与企业广告目标进行评估，从而得出广告发布方的效果评估。

（二）接收方广告效果评估①

广告接收方的效果评估，具有很高的难度。一方面，对于消费者而言，一般不会承认自己购买某项产品或服务是由于广告的影响。另一方面，广告对于消费者的影响是潜移默化的。所以，广告接收方的效果评估不能局限于广告产品或服务者的效果评估，还需要调查其他广告接收者（如潜在用户等）的心理，研究广告接收者对广告品牌的认知、对广告的记忆等。同时，进一步了解广告接收方的心理活动，衡量广告活动对广告接收方产生的实际影响，进而评价广告效果。

在此过程中，需要关注：

1．接收群体调查。由于不同的广告接收群体对相同的广告具有不同的反应，在进行接收方广告效果评估时，必须对广告接收方的群体进行分类，以了解不同群体对广告的不同态度。

2．实际行动调查。针对不同的广告引发接收者不同的实际行动，例如咨询、购买等行为，反映广告活动对接收方的直观影响。

3．心理活动调查。针对不同的广告引发接收者不同的心理行动，例如品牌认知、产品认知等，反映广告活动对接收方的潜在影响。

此外，还应结合消费者的个人兴趣、个人习惯等因素，综合考量广告活动的接收方效果。

---

① 杨坚争、李大鹏、周杨：《网络广告学》，210页，北京，电子工业出版社，2007。

三、广告效果评估的指标选择

不同的广告拥有不同的广告效果，不同的广告效果拥有不同的表现形式，要进行全面有效的统计。我们认为，广告效果评估的关键在于统计指标的设计和确定。在选定统计指标之后，再以指标体系的多个层面与角度进行广告效果的多维测度。

有学者将广告效果的指标选择划分为传播效果指标、经济效果指标、心理效果指标等三大类。传播效果指标包括消费者认可度指标、企业商品品牌认可度指标、媒体适用度指标。由于传播效果指标具有可操作的特点，且对其结果的分析，可以作为改进广告活动及媒介策略的依据，该指标具有极高的应用价值。经济效果指标包括广告费用指标，如销售费用率、利润费用率及单位费用销售率、利润率等。广告效果指标，它反映广告费用变化快慢速度与销售额或利润额变化快慢速度的相对比率关系，包括市场占有率指标、相关系数指标等。心理效果指标包括心理学指标，如感知程度、记忆程度等客观性指标。广告社会效果指标包括法律规范指标、道德伦理指标、文化艺术指标等。[①]

以上广告效果评估的指标选择具有一定的科学性，我们在借鉴前人研究成果的基础上，将广告效果评估的指标确定为以下三大类：

（一）用于描述广告投放情况的指标[②]。

1. 广告总量指标。通常包括广告的长度与频次，用于描述企业广告投放广告的总体力度。

2. 趋势性指标。通常包括广告投放的增长率，用于描述企业投放力度的变化情况。

3. 广告结构指标。通常包括各类广告的结构比例，如宣传广告、促销广告、服务广告、形象广告等所占的百分比结构等，用于描述企业的营销战略。

4. 广告时段指标。通常包括黄金时段和非黄金时段两大类，用于描述企业广告投放所面向群体的接触特征。

5. 广告区域指标，用于描述企业投放广告的传播范围。

（二）用于描述广告接收情况的指标。

---

① 曾凤、周恩静：《试论广告效果与测定》，《广西商业经济》，1998（3）。

② 胡智锋：《电视节目策划学》，181页，上海，复旦大学出版社，2006。

1. 愉悦性指标。用于描述接收者对广告活动的初步心理反应。

2. 可记忆性指标。用于描述接收者对广告活动的记忆效果。

3. 传播性指标。用于描述广告被接收者传播的可能性。

4. 说服性指标。用于描述接收者被广告说服并接受的可能性。

5. 告知性指标。用于描述广告活动传递信息的能力。

（三）用于描述广告投放媒体的指标。

1. 媒体覆盖指标。用于描述广告投放媒体的覆盖范围。

2. 媒体收视指标。用于描述媒体在一定范围内的接收能力。

3. 媒体公信力。用于描述媒体长期以来形成的信誉度。

四、广告效果的评估方法

基于广告效果的内涵包括传播效果、经济效果、心理效果和社会效果等四个方面，广告效果的评估方法可以从上述四个方面展开。

（一）广告传播效果评估方法

DAGMAR 理论认为，通过广告，消费者会从“不知名（产品或品牌)”依次到达“知名、理解、确信、行动”各阶段。后来有学者将这个过程划分为六个阶段：知名→了解→喜欢→偏好→信服→购买。

通过对某产品或品牌在广告播出前后的调查，分析广告活动对产品认知、品牌识别、广告说服等各项指标的影响，比较广告活动对品牌知名度的提升效果，对产品市场份额提升的作用等。当然，不同阶段、不同广告目标，对广告传播效果的评估指标应进行合理的权重分配。例如，当为新产品做上市广告时，其重点是认知宣传，相应地产品认知、品牌识别的比重就大；当为成熟产品做推销广告时，其重点是宣传推销，相应地广告说服、促进产品销量的比重就大。

广告传播效果指数＝∑〔（广告后某阶段考核指标数值—广告前某阶段考核指标数值）×权重〕

广告传播效益指数＝广告传播效果指数/广告活动费用[①]

广告活动费用包括广告设计费用、广告制作费用、广告传播费用等的总和。通过比较各时期的广告传播效应指数，比较同一时期竞争对手的广告传播效益指数，可以有效考量广告投放的科学性。

（二）广告经济效果评估方法

① 赵华明等：《广告学原理与实务》，142 页，北京，中国财政经济出版社，2007。

1. 注意率测评法

注意率测评包括对广告接触者的范围、接触者的数量、广告接触频次等的测评。一般来说，广告接触者的范围越大，广告接触者的数量就越多，广告媒体的覆盖区域也就越广，其媒体价值也就越大。但是，媒体价值越大并不代表广告经济效果越好。广告接触频次是指在特定时间内固定受众接收同一广告的平均次数。

广告接触频次＝特定时间内送达受众的广告总数/特定时间内广告到达目标消费者的总数。

一般来说，广告接触频次越高，广告经济效果就越好。

2. 广告费用比率法

广告费用比率＝广告活动经费总额/广告后销售总额。

广告费用比率用于描述广告费支出与销售额之间的比例关系。一般来说，在广告费用比率一定的情况下，广告活动经费越低，广告经济效果越好。

3. 市场占有率法

市场占有率＝广告产品销售额/同类产品销售额。[①]

市场占有率用于描述某广告产品在一定时期内的产品销售额占同类产品销售额的比例。一般来说，市场占有率越高，说明广告经济效果越好。

4. 盈亏平衡点法

广告活动必定会构成一定的费用支出。一般来说，当企业广告活动费用小于因广告活动而增加的收入时，该广告是成功的。当企业广告活动费用大于因广告活动而增加的收入时，该广告活动是失败的。

（三）广告心理效果评估方法

广告活动对受众作用的过程，一般必须通过注意⟶兴趣⟶欲望⟶确信⟶行动等五个阶段。成功的广告活动，必然会引起受众的注意，使其对广告产品或服务产生一定的兴趣。通过广告的反复接触，不断加深受众的印象，形成受众的购买欲望。继而，通过相关渠道的了解、咨询，形成对广告产品或服务的确信，最终产生购买广告产品或服务的行为。事实上，以上五个阶段是受众接收广告活动的心理变化过程。在广告心理效果评估过程中，必须对广告对受众在广告产品或服务购买心理形成的影响过程进行测定，探究广告活动对消费者产生的心理影响，将

① 吕魏：《广告学》，358页，北京，北京师范大学出版社，2006。

其他影响消费者购买产品或服务的因素归为一类，排除了诸多方面的干扰。[1]

（四）广告社会效果评估方法

广告活动必然会产生一定的社会影响。美国历史学家大卫·波特曾指出："现在广告的社会影响力可以与具有悠久传统的教会及学校相匹敌。广告主宰着宣传工具，它在公众标准形成中起着巨大的作用。"[2]广告社会效果评估，必须依据一定的法律规范、伦理道德水准、文化艺术标准，综合考量广告的社会效果。当前广告社会效果的评估一般只能根据公众的反响进行定性评估。

（五）广告自身评估方法

广告自身评估是指对广告活动本身进行测定与评估，以确保广告活动完成品牌识别、产品推介等广告目标。一般来说，广告自身评估的基本要素包括：1. 产品特点的清晰度。2. 广告语的明晰度。3. 广告吸引力的强度。4. 诉求重点的准确度。5. 画面的美观度。6. 情节的合理度。7. 广告整体的可信度。8. 广告的印象度。通过对各基本要素的评分，按照一定的比例，求出其平均分或加权平均分，对广告基本要素进行整体评估。[3]

---

① 曾振华等：《广告学原理》，304 页，广州，暨南大学出版社，2006。

② 覃彦玲：《广告学》，194 页，成都，西南财经大学出版社，2009。

③ 邵小坦：《广告效果"星级评估模型"》，《科技创新导报》，2008（3）。

第六章　网络广告

当今社会，随着互联网在全球的蓬勃发展，作为网络营销最重要的促销手段——网络广告也越来越受到人们的高度关注。互联网的飞速发展，推动着人类社会进入了网络经济时代，企业利用 Internet 有效地开展网络营销活动，寻找新的商机，已成为一种必然的选择。网络广告日益成为企业普遍看好的新型广告媒体。网络广告具有费用低廉、信息传播面广、互动性强、容量大等特点，对传统媒体造成了巨大冲击，成为网络经济发展中的新亮点。① 与传统的四大传播媒体广告——报纸、杂志、电视、广播广告相比，网络广告的优势更加明显，目前网络广告的市场正在以惊人的速度增长，网络广告发挥的作用越来越重要。广告界普遍认为，网络广告将成为继传统四大媒体广告之后的第五大媒体广告，众多国际级的广告公司均成立了专门的"网络媒体分部"，以开拓网络广告的巨大市场。随着数字技术的发展，网络广告已经成为广告整体格局中不可或缺的有机组成部分，其重要地位和作用日益凸显。

第一节　网络广告概述

一、网络广告的概念

由于国内外对网络广告的概念存在不同的见解，国内外研究者和业界对网络广告的理解也不尽相同，但比较一致的观点认为，网络广告就是利用网站上的广告横幅、文本链接、多媒体等方式，在互联网发布并通过网络传递到互联网用户的一种信息宣传方式。② 对于互联网用户来说，网络

① 廉莲、王夫冬：《浅谈对网络广告的几点思考》，《经济师》，2009 (10)。

② 张存明、徐国伟：《广告策划与管理》，322 页，成都，西南交通大学出版社，2009。

广告的运作所担任的角色可能是产品的经营者，也可能是服务的提供者，或者是网络中提供服务的中介商等。但是网络广告的本质都是向特定的互联网用户进行信息传播，从而达到促销或影响产品知名度及提供其他服务的目的。综上可知，网络广告就是指以数字代码为载体，采用先进的电子多媒体技术设计制作，通过因特网广泛传播，具有良好交互功能的广告形式。

据艾瑞咨询公司统计，2011 年中国网络广告市场规模达到 370 亿元人民币。[①] 搜索引擎广告、富媒体广告以及其他新广告形式将成为推动网络广告市场发展的主要动力。现今中国的网络广告市场的产业形态渐趋成熟，从日益专业化的网络媒体，到数量不断增多的网络广告代理公司，到技术不断升级的网络广告管理系统技术提供商，再到提供网民访问量监测和竞争品牌分析的专业调研公司的介入，整个网络广告的产业链发展更加完整，产业也更加成熟。[②] 网络广告的这种发展态势，会使越来越多的人介入这个行业，并将逐步完善我国网络广告行业的发展。互联网络技术的快速发展，许多网络广告的内容和形式也发生了变化，网络广告已不仅限于广告横幅、文本链接、电子邮件、多媒体等，凡是有明确的广告主、商业性利益目的以及付费传播的互联网信息，都可以称之为网络广告。

二、网络广告的特点

网络广告是一种利用新型的传播媒介进行的广告活动，它随着网络技术的发展而日渐兴盛。网络广告具有传统媒介广告所具有的优点，又具有传统媒介广告所无法比拟的独特优势，主要体现在以下几个方面：

（一）传播对象广，内容丰富生动

网络广告的对象是与互联网相连的所有计算机终端客户，通过国际互联网络，网络广告可以将广告信息 24 小时不间断地传播到世界的每一个角落。其广告覆盖范围使其他广告媒介自叹弗如。任何一则网络广告，具备上网条件的任何人，在任何地点都可以看到该广告，这是传统媒体广告无法做到的。网络广告采用把文字、声音、图像、影像、颜色、音乐、游戏等集于一体的丰富表现手段，并且涵盖报纸、电视、广播的各种优点，所以能够更加吸引受众。网络广告制作成本低、时效长，越来越多的企业选择网络广告作为其产品的推广方式。网络广告可通过各种各样的素材结

---

① 新华网：http：//news. xinhuanet. com/fortune/2011－08/30/c _ 121931725. htm。

② 刘爱云：《中国网络广告的现状和发展趋势》，《电子商务》，2006（6）。

合，及时提供给用户所需信息。庞大的互联网网络广告能够容纳难以计量的内容和信息，它的广告信息面之广是报纸、电视、广播无法比拟的。报纸广告受到版面篇幅的限制，电视广告受到频道播出时间和播出费用的限制，网络广告不受广告时间、篇幅的影响，还可随时更替变换内容，简单易行，成本较低。

（二）灵活的互动性，多对多的传播模式

所谓网络广告的互动性是指企业或个人将广告信息内容准备好，放置于站点上，网络用户都可以通过上网及时查看并获取商品信息。当用户对产品产生疑问时，可通过网络平台及时反映产品信息，这些信息在传播和反馈过程中形成了网络广告与用户之间的互动性。传统的广告模式中间环节过多，既增加了产品成本，又延滞了商品信息的传播速度，难以满足当今千变万化的市场需求。而利用网络广告可将产品在生产的同时，将信息同步传递到用户眼前，相当于在同一时间里对无数受众用户做了广告宣传。平面媒体广告基本是一对一的传播过程，电视传媒则是一对多的方式，而网络广告则是多对多的传播模式，这是因为在互联网上有众多的信息提供者和信息接受者，他们既在互联网上发布广告信息，也从网上获取自己所需产品和服务的广告信息。[①] 网络信息之间的相互交流也使得网络广告传递到其他受众用户。

（三）统计的精确性，便于及时调整策略

运用传统媒体发布广告的营销效果比较难以测试、评估，无法准确测算有多少人接收到所发布的广告信息，更不可能统计出有多少人受广告的影响而做出购买决策，网络广告则可以通过受众发回的 E-mail 直接了解到受众的反应，还可以通过设置服务器端的 Log 访问记录软件随时获得本网址的访问人数、访问过程、浏览的主要信息等记录，以随时监测广告投放的有效程度，从而及时调整营销策略。网络广告的发布次数和效果均可以用技术手段来精确统计。[②] 无法衡量的东西就无法管理，网络广告通过及时和精确的统计机制，使广告主能够直接对广告的发布进行在线监控，而传统的广告形式只能通过并不精确的收视率、发行量等来统计受众数量。传统媒体广告的发布者无法得到诸如有多少人接触过该广告的准确信息，因此一般只能大致推算广告的效果。网络广告的发布者则可通过权威的

① 祝玉华：《网络广告》，8 页，郑州，郑州大学出版社，2008。

② 马艳：《我国网络广告市场现状及发展趋势》，《今传媒杂志》，2009（3）。

广告统计系统提供庞大的用户跟踪信息库，从中找到各种有用的反馈信息，也可以利用服务器端的访问记录软件，如cookie程序等，追踪访问者点击浏览过哪些广告或是曾经深入了解了哪类信息，访问者的行踪都被储存在cookie中，广告商通过这类软件可以随时获得访问者的详细记录，即点击的次数、浏览的次数以及访问者的身份、查阅的时间分布和地域分布等。与传统媒体的做法相比，上述方式可随时监测广告投放的有效程度，更精确且更有实际意义。[①] 一方面，精确的统计有助于企业了解广告发布的效果，明确哪些广告有效，哪些无效，并找出原因，及时对广告投入的效益做出评估，以便调整市场和广告策略。另一方面，广告商可根据统计数据评估广告的效果、审定广告投放策略，及时采取改进广告的内容、版式，进一步提高广告的效益，避免资金的重复浪费。

（四）网络广告成本低廉，具有较强竞争性

传统广告的投入成本非常高，它们空间有限且价格昂贵，不论购买空间多大，均按宣传的成本和时间计费，空间越大，广告篇幅越大，收费就越高。而网络广告其平均费用仅为传统媒体的3%，并可以进行全球性传播，因此在价格上具有极强的竞争力。国外有关专家预测，未来3—5年内，网络广告将一跃成为广告媒体的“头号种子选手”，将成为广告主的首选媒体形式。

三、网络广告的创意形式

（一）网幅广告

网幅广告（Banner或Button）是以GIF、JPG、Flash等格式建立的图像文件，这些图像文件在网页中大多用来表现广告的内容，同时还可使用Java、JavaScript等语言使其产生交互性，或使用插件工具增强其表现力。网幅广告分为静态、动态和交互式三种类型。静态网幅广告在网页上显示一幅固定的图片，制作非常简单，并且被所有的网站所接受，但总体感觉有些呆板，点击率自然比动态的和交互式的网幅广告要低；动态网幅广告则拥有运动元素，或移动或闪烁，把一连串图像连贯起来形成动画；交互式网幅广告形式多种多样，比如插播式、回答问题、下拉菜单、填写表格等，这类广告需要更加直接的交互，比单纯的点击包含更多的内容。[②]

① 王晓玉：《论我国网络广告的现状前景及发展对策》，《民营科技》，2009（2）。
② 李威：《论交互式网络广告中交互性与用户体验的关系》，《装饰》，2008（5）。

（二）自动弹出式广告

自动弹出式广告也称为插入广告、弹跳广告。当访问者进入某一网页时，就有可能自动弹出一个窗口，内含广告图片和标语，甚至伴有动画和声音，用跳动的图标和字体召唤浏览者去点击，用户可以根据自己的喜好选择浏览或关闭。①

（三）电子邮件广告

电子邮件是网民最经常使用的因特网工具。相关数据显示，只有不到30％的网民每天浏览信息，但却有70％以上的网民每天使用电子邮件。电子邮件广告具有针对性强、费用低廉的特点，且广告内容不受限制。电子邮件广告一般采用文本格式或html格式。通常采用的是文本格式，就是把一段广告性的文字放置在新闻邮件或Email中间，也可以设置一个URL，链接到广告主公司主页或提供产品服务的特定页面。电子邮件广告针对性强，传播面广，信息量大，其形式类似于直邮广告。它可以针对到具体某一个人或某一商家并且对其发送特定的广告和信息。其效果往往比其他网上的广告方式好得多，是其他网络广告所不能及的方式。②

（四）链接式广告

链接式广告往往所占空间较少，在网页上的位置也比较自由，它的主要功能是提供通向厂商指定网页（站点）的链接服务，也称为商业服务链接广告。链接广告的形式多样，一般幅面很小，可以是一个小图片、小动画，也可以是一个提示性的标题或文本中的常用字或常用词。链接式广告对浏览者的干扰最少，但却非常有效。整个网络广告界都在寻找新的宽带广告形式，而有时候，宽带最小、广告形式最简单的链接式广告效果却最好。文本链接广告位的安排非常灵活，可以出现在页面的任何位置，可以竖排也可以横排，每一行就是一个广告，点击每一行都可以进入相应的广告页面。③ 这种广告的好处就是能根据浏览者的喜好提供相应的广告信息。

（五）网站栏目广告

一些综合性网站和门户类网站都设有很多专栏，提供诸如新闻、娱乐、论坛等多方面的内容。在网上结合某一特定专栏发布的广告通常称为

---

① 阮丽华：《网络广告及其影响研究》，68页，北京，中国社会科学出版社，2008。

② 戴建中：《网络营销与创业》，101页，北京，清华大学出版社，2008。

③ 胡国胜、廖敏慧：《网络营销与安全》，226－227页，北京，清华大学出版社，2007。

网站栏目广告，这类广告很大一部分是赞助式广告。一般有内容赞助、节目赞助和节日赞助三种形式，广告主可根据自己感兴趣的专栏内容或节目专题进行赞助。

（六）富媒体广告

富媒体广告（Rich Media）是指使用浏览器插件或其他脚本语言、Java语言等编写的具有复杂视觉效果和交互功能的网络广告，这一广告形式使用是否有效，取决于站点的服务器端设置和访问者的浏览器是否能查看。[①] 一般来说，富媒体广告能表现更多、更精彩的广告内容。富媒体广告也可以是一个小型的游戏提供给访客或用户，提高用户的关注度，它包括全屏收缩、底部浮出、视频弹出、视频前贴片等。富媒体广告形式新颖，受网民关注度高，点击率和转换率也相对比常规广告更高。富媒体广告从2008年开始大幅拓展市场，现已成为各个网站必备的广告形式。

（七）在线互动游戏广告

在线互动游戏广告是一种新型的网络广告形式，它被预先设计在网上的互动游戏中。在一段页面游戏开始、中间、结束的时候，广告都可随时出现，并且可以根据广告主的产品要求定做一个属于自己产品的互动游戏广告。随着家庭电脑上网的普及，在线电脑游戏作为一种新型的娱乐休闲方式越来越受到用户的欢迎。免费好玩的电脑游戏对于许多青少年有很大的吸引力，所以开发网上游戏广告有很大的市场前景。[②] 可口可乐联姻《魔兽世界》，百事可乐携手《梦幻国度》，都是典型例子。广告学者Juliann Sivulka曾说过："新的网络资源为营销者创造了机会，使他们能整合利用传统资源和数码资源创造品牌形象。"可口可乐用它和"魔兽世界"的合作在网吧做宣传，有"魔兽世界"的地方就可以看到可口可乐。

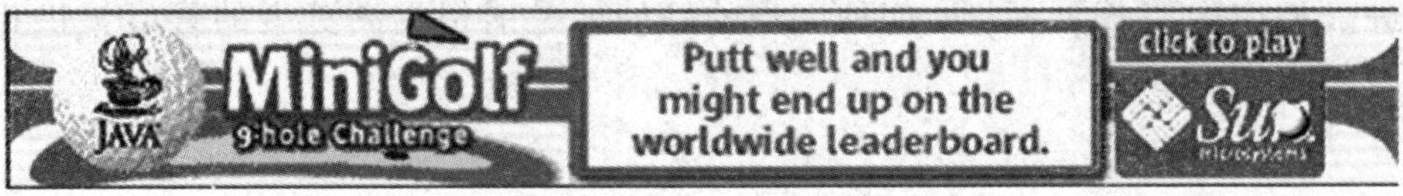

图6－1 MiniGolf 9-hole challenge 在线互动游戏广告

上图为freestyle interactive，是SUN公司制作的一个在线互动游戏截

① 段鹏等：《电子商务通论》，244页，北京，北京广播学院出版社，2003。

② 陈卿、张珂珂：《游戏改变广告 创意改变世界——访创世奇迹互动营销副总裁洪岩》，《中国记者》，2008（7）。

图。freestyle 设计了一个 9 洞的迷你高尔夫游戏，游戏的设定目标就是以最少的杆数把球打进洞，使它成为“. com”的那个“.”。9 个洞的地貌各不相同，有草地，有沙滩，有火山等，而且配合不同的地貌画面会出现不同的效果，球的滚动路线、反弹力完全符合力学模型，非常逼真。而且球控制起来也极其简单，鼠标点击就能完成，但这并不减弱它的趣味性，要完成它还是要花一番工夫，而且它还有积分表，这样你就可以和朋友一决高下，每一个玩过它的人都会为它的神奇效果而啧啧称奇。在制作上，该广告使用了 java 技术，数据放在服务器端，采用实时的传输方法，每打一洞就传一幅新画面，这样可以减少数据一次性传输所需的等待时间，更容易抓住玩家。

（八）手机广告

手机广告是将因特网平台与移动通信平台有机结合，充分利用因特网信息资源丰富的优势，在计算机终端与移动通信终端、移动通信终端与移动通信终端之间有效地实施网络营销。企业可通过手机网络平台进行网络营销，开展发布无线广告和商品促销信息等营销活动。顾客可利用手机网络平台，上网浏览图像、动画、商品信息和购买商品等。[①] 一般可通过短信（SMS）、飞信（Fetion）、WAP 上网、PDA 上网等技术手段进行广告营销。[②] 随着三网融合的进一步推进，智能手机的价格开始下降，而随着智能手机系统的逐步完善，移动互联网广告也开始启程，特别是基于 apple 和 android 平台的客户端的应用，已开始成为新的网络广告主战场。

（九）聊天软件广告

顾名思义，聊天软件广告是指利用聊天工具和网络媒介来传播广告内容的方式，现在互联网是人们聚集量最大且人气最旺盛的场所，利用聊天工具做广告，制作成本低，速度快，更新灵活，可根据客户的需求很快完成制作，而传统广告制作成本高，投放周期固定且广告发布后很难更改，改动往往要付出较大的经济代价。而在聊天工具上做广告能够按照客户需要及时变更广告内容，也可以根据时下流行的话题进行非定向问卷调查，并将问卷结果免费提供给广告主，广告主可以根据问卷调查结果实时对经营决策进行调整和完善。

---

① 参见酷 6 网：http：//v. ku6. com/show/－klD5s1ufUPhQcVj. html？loc＝youce_tuijian。

② 陈欢、冯蔚宁：《新编广告语言教程》，197 页，北京，北京航空航天大学出版社，2008。

（十）其他网络广告形式

其他网络广告形式包括视频内嵌式广告、路演广告、巨幅连播广告、翻页广告、插件提示、下载安装广告、点击播放等等。比如下载工具 flash get、网络蚂蚁等，他们在未进行注册时，都有一条 banner 在软件界面的顶端显示。软件与广告的结合，甚至被视为将来软件发行的一个重要渠道。[①] 软件作者通过加入网络广告来获得收入，而用户通过看广告省下了购买软件的费用。随着在线软件广告的发展，人们越来越意识到了它的优越性，在用户访问到网站响应的时间段内也有类似的广告宣传，如视频缓冲或播放前的广告等。

第二节　博客广告创意

一、博客广告

“博客”是英文单词 blog 的音译，被译为“部落格”。Blog 是 Weblog 的简称，而 Weblog 则是由 Web 和 Log 组合而成。Web 是指网络或网站，Log 原义是“航海日志”，后泛指各种类型的流水记录。Weblog 的意思就是在网络上发布的网络日记，通常称为“网络日志”或“网志日志”，简称为“网志”。博客的含义丰富，既可用作名词，分别指网志（blog）和撰写网志的人（blogger），也可用作动词，指制作博客网站和撰写网志行为（blogging）。因此，博客在不同的语境场合，可以分别表示不同的意思。一个典型的博客不仅结合文字、图像、音频、视频、其他博客或网站的链接及其他与主题相关的媒体等，而且能够让读者以互动的方式留下意见与博主交流。博客既是博主展示自我的一个平台，也是社会媒体网络的一个部分。当下，广告商场犹如战场，硝烟滚滚激战正酣，而传统的企业营销、公关部门与顾客的沟通方式早已被颠覆，不管您身处哪种行业，博客是网络时代成功营销的重要工具，已成为企业推销产品和服务、塑造品牌、树立产品形象的一种新型的网络广告形式。

2005 年 9 月 8 日，新浪网开始为亿万网民提供博客产品 Blog Beta 2.0 服务，由此中国博客门户网站拉开帷幕。到 2011 年，我国 73.5％的大型国有企业都陆续开通了企业博客，与此同时，92.7％的美国《财富》500

---

① 芮廷先：《电子商务理论与应用》，204 页，北京，清华大学出版社，2010。

强企业都开设了企业博客。如美国一家广告商给社交名媛金·卡戴珊的Twitter微博开出了广告天价，在微博上每发送一条宣传广告产品的信息，就支付一万美元的酬劳。[①] 可见，名人博客具有巨大广告效益和广告价值。

近年来随着高科技产业的蓬勃发展，博客营销理念又有了新的解读，业界提出了4V理论，即差异化（Variation）、功能化（Versatility）、附加价值（Value）和共鸣（Vibration）的营销组合理论。信息化和全球化的影响、企业竞争规则的变化、消费理念和消费习惯的嬗变，都成为新消费方式和消费思想的转化器，4V理论由此成为当下企业博客的新型营销体系。

为什么企业会青睐博客营销呢？这主要是因为其具备以下优势：一是低投入运作。目前国内外的博客绝大多数都是免费提供服务的，包括域名、空间等。企业开通博客仅需付出极少的人力成本。二是博客操作简单，无需专业的网络知识，按照提示和帮助进行操作即可，企业中每个人都可以做到。国内某知名的公司曾要求其员工每天上班后在公司网站发表一篇和企业或企业文化相关的文章，也可以转发他人的文章充实企业博客网站，同样也达到了博客营销的目的。三是能够增加企业信息流通和品牌的传递和推广。目前Google、Yahoo、Baidu、Sogou等搜索引擎都对博客内容有较好的收录和检索能力，利用博客可以有效地增加企业信息的传播机会，可以说博客是非常好的传播平台。四是通过博客提升企业的美誉度和专业形象。利用企业对外的公关程序，传播企业品牌和文化理念，充分展示企业的整体形象。五是增强企业知识积累，提升企业品牌形象。通过源源不断的内容的添加，积累专业文章和内容，提升企业知识累积和专业研究，从而在某种程度上促进研究型、专业型企业团队建设目标的实现。

让我们再来看一下宝洁公司是如何运用博客进行品牌推广的。宝洁公司是较早认识到博客价值的企业之一，公司不仅建立了几十个专题博客，而且通过博客广告与其他活动相配合，推出了润妍洗润发系列产品。公司运用Flash动画制作技术配合新颖的创意表现形式，创作了润妍产品的博客广告，除了在博客中展示外，还选择了在综合门户网站、区域性门户站点、知名女性网站进行投放。据内部统计数据显示，由网络广告的点击而进入润妍品牌网站并成为其注册用户的人数已达数万人。通过独具创意的博客广告投放，宝洁公司达到了预期的广告目标。一方面，提高了产品的知名度，增加了润妍品牌网站的访问量与注册用户数；另一方面，增加了

① 魏薇：《把脉个人博客广告》，《新闻爱好者》，2007（11）。

线下推广活动（润妍女性俱乐部、润妍女性电影专场）的参加人数，达到一种从线上向线下推广，成功创造了一个网络塑造品牌的典范。[①]

博客广告是博客商业化的结果，博客广告的本质是网络广告，它依托网络资源进行广告发布，随之这种新兴的营销模式应运而生。2006年8月，博客网博客金行开通，用户可以自由选择是否开通博客广告；2007年8月，阿里妈妈推出新浪、猫扑、和讯博客上的广告投放；2007年9月，新浪推出博客广告联盟，这是博客广告发展史上的里程碑事件。随着我国演艺市场和出版市场的急剧扩大，具有票房号召力的新锐演员和作家不断涌现。一些知名艺人和作家的博客点击率甚至超过了一个大型网站的浏览量，于是众多商家纷纷选择到名人博客上做广告。徐静蕾是我国年轻女演员兼导演，其博客点击率在中国内地长期排名第一，素有“影视圈才女”之称。[②] 2011年4月27日，徐静蕾正式开通腾讯微博，2011年6月30日其粉丝人数突破千万，成为史上最快拥有千万粉丝的腾讯微博。截至2012年4月5日，徐静蕾的个人新浪博客访问量已达到3.1亿次，在新浪博客总流量排行中位居前列。徐静蕾的博客影响力巨大，诸多珠宝商家、时尚服装和品牌旅游鞋商家等纷纷向她伸出橄榄枝，希望在她的博客中进行产品推销和企业形象推广。不少企业凭借徐静蕾超高的人气和她的博客广告获得了丰厚的市场回报。

二、博客广告的优势

随着网络迅速发展，博客广告的发展空间会越来越大，前景也越来越广阔。博客广告综合了网络广告的优势，加上自身独特的特点，为广告主提供了更好的表达产品和其他服务信息的方式，博客广告主要有以下三个方面的优势：

一是针对性和交互性强。博客广告对人群进行了细分定位，小众性强，能更好地满足消费者的需要，因而对目标人群的命中率更高，价值更大。例如，新浪博客已经细分为地产圈、娱乐圈、体育圈、行走圈、IT圈、财富圈等多个行业圈，并且每个圈子都有非常著名的人士在撰写博客。博客广告可以对目标受众进行定向发送，加上其特有的口碑效应，取得较好的广告传播效果。同时，博客广告的广告主、发布者和广告受众都

① 王靓：《电子商务概论》，152—153页，北京，中国轻工业出版社，2007。

② 参见徐静蕾个人新浪博客：http：//blog.sina.com.cn/xujinglei。

可以通过网络实现互动，受众可以有选择地获取有用的信息，广告主和发布者也可以随时得到用户的反馈信息。

二是时效性和传播性强。博客网页更新快，更新成本低，内容更换便捷，即时性强。广告一旦出现问题可随时更新修改。博客广告的传播媒介不仅包括以电脑为载体的计算机网络，还包括手机等在线网络。博客广告具有集音频、视频、图文于一体的优势，为受众带来全方位的感官体验，可以全面体验、了解产品和服务，也更容易引发阅读兴趣。

三是亲和性和说服性强。从传播价值来讲，博客广告可以分为推销广告、推销内容和推销用户体验三大类。商业味过浓可能导致博客主反感，有强大渠道的运营商可以采用推销广告和推销用户体验相结合的方式，增强广告的亲和力，通过情感体验的方式使受众乐意接受，从而达到促进产品和服务销售的终极目标。再者，网站可以通过网络访问流量统计系统及IP记录精确计算出一则广告被多少个用户点击过，以及用户查看广告的时间点、时间长短及地域分布等，及时做出广告策略的调适。[①]

三、博客广告存在问题及对策

事物的发展都有其两面性，博客广告也概莫能外。在博客广告如火如荼发展的同时，一些新的问题也接踵出现，主要有以下几个方面：

第一个问题是关于广告的发布资质。根据我国法律规定：从事广告经营的，应当具有必要的专业技术人员、制作设备，并依法办理公司或者广告经营登记方可从事广告活动。博客作者本身不具备发布广告的资格，博客网站也只有办理广告经营登记之后才能发布广告。这就要求博客作者、广告主、网站之间要达成协议，妥善处理协调解决，避免产生经济纠纷和社会矛盾。

第二个问题是关于博客广告的监管。博客在某种程度上属于一种私人活动场所，如何对这里的广告内容及其发布广告的产品或活动进行合法性审查，目前还没有明确的法律规定。为此，我们要大力倡导博客广告主和发布者加强自律，以此来促进博客广告的健康发展。

第三个问题是博客广告盈利模式尚未成型。博客广告的盈利模式不可能照搬传统媒体的运作模式，博客广告进一步发展需要破解的一个难题是如何增强广告商对博客广告的认知，增加他们的信任感，说服他们进行品

① 莫君伟：《创意力量》，189页，北京，社会科学文献出版社，2010。

牌广告的投放，并为广告主赢得较好的社会效益与经济效益。博客广告的收益分配问题，目前对于收益归谁和如何分配还存在很大的争议，无论是博客作者还是网站都付出了劳动与成本，都应该获得相应的回报，[①] 解决这一问题也非常必要。

当前如何提高博客广告的质量和水平呢？对博客主人来讲，要不断提升个人的思想道德素质和业务水平，遵守《中华人民共和国广告法》等法律法规，避免恶意竞争带来的负面影响。而对于企业博客来讲，博客广告并不是独立的，它只是企业营销的一个组成部分而已，应该与其他的广告方式相结合，综合利用各种营销方式来共同开展。比如，企业的博客广告应该与企业网站的内容、策略以及其他的资源相互结合，相互促进。目前，很多企业博客只是一些关于企业简介、产品信息、联系方式等一些常规内容，而博客广告的个性化、形式的多样化并没有很好体现。同时我们要建立博客广告绩效考评机制，并制定利润分配和业绩考核的标准。尽管博客广告在发展过程中存在着一系列问题，不可否认的是它拥有巨大的发展潜力和海量的市场空间。随着制约博客广告发展瓶颈的突破以及其盈利模式和产业价值链的成熟，博客广告的发展前景不可估量。

第三节　网络动漫广告

动漫广告是利用动漫形式进行艺术化创作的广告。网络的迅猛发展为动漫广告的发展搭建了重要平台。网络动漫广告崭露头角，逐渐成为活跃在社会经济生活的一种新的文化现象。携数码技术、多媒体技术、网络技术三者之力量，网络动漫广告将人们的视觉引向纵深之处。据《2009－2012 年中国动漫行业市场发展预测报告》显示，中国有近 5 亿人直接阅读漫画或收看动漫片，中国已经成为世界上最大的动漫产品消费国。这为动漫广告的发展提供了广阔的空间。[②] 网络动漫广告除了创造性地整合了传统视觉元素之外，又开发出适应其媒体特点和消费者需求的动漫元素和卡通形象，它的交互特征和易于传播的特点使其迅速成为最具增值潜力的广告业态。

---

① 马为公：《互联网的新时代》，12 页，北京，中国国际广播出版社，2007。

② 艾凯数据研究中心官网（http：//www.icandata.com）：《2009—2012 年中国动漫行业市场发展预测报告》2009 年 3 月 19 日。

一、网络动漫广告概述

（一）动漫广告

根据范格兰斯特文化产业的“硬软件”之分，动漫行业由各种动漫器材及其所生产的商品组成。所生产的商品主要是指 Animation（动漫）、Cartoon（动漫漫画）、Game（游戏），即所谓的“ACG”。[①] 动漫一词，是由动画和漫画两个词组合缩略而成的新词。动漫的英文词是 animation，其词根 anima 来源于拉丁语，意思是“灵魂”，其动词形式 animate 的意思是“使充满活力”。因此，动漫的意思不仅是活动的图画，更是赋予图画形象以生命和活力的艺术。漫画英文是 comic，在日本叫 manga，是人类古老的艺术形式之一。漫画常常以夸张、变形的手法来抒情达意，在反映客观世界的过程中带有很强的自由想象和个性释放。所谓动漫产业是指以创意为核心，以动画、漫画为表现形式，包括动漫图书、电影、电视、音像制品、舞台剧和基于现代信息传播技术手段和动漫新品种等动漫直接产品的开发、生产、出版、播出和销售，以及与动漫形象相关的服装、玩具、电子游戏等衍生产品的生产和经营的产业。[②] 那么，什么是动漫广告呢？简单地讲，动漫广告是指采用动漫这种艺术形式创作出来的广告，是现代动漫产业与广告产业相结合的产物。由于动漫这一艺术形式本身就具有夸张的特点，这就促使动漫广告能够突破传统影视广告在表现形式上的限制，使创作者充分发挥想象力和创造力。从商业价值上来说，动漫广告的制作成本更加低廉，与传统广告作品相比，动漫广告的体积更小，在互联网、手机和互动电视点播系统上传输更加方便快捷，传播效果更加明显。

在各种动漫广告形象中，最长寿、最成功的要数世界头号轮胎企业法国米其林集团的米其林人了。1898 年，米其林兄弟发明了第一条充气轮胎之后，就想以独特的品牌形象来提升产品的知名度，兄弟俩突发奇想，用直径不同的两堆轮胎分别加上手臂和腿脚，看上去就像一个人的造型。米其林人从诞生之日起便伴随着企业共同成长，一个多世纪以来，这位由 26 个白色轮胎组成的米其林人形象以其迷人的微笑、可爱的造型出现在全球各地的销售点，已成为家喻户晓的米其林轮胎的形象大使，从而使得这一轮胎的品牌形象深入人心。在中国，第一部动漫广告是 1922 年由万氏兄

① 陈大佑：《试论我国动画产业链始端的启动》，《山东视听》，2009（2）。

② 谭玲等：《动漫产业》，8－14 页，成都，四川大学出版社，2006 年。

弟创作的《舒振东华文打字机》。从那时起，动漫广告就成为一种新型的广告形态，深刻影响着我们的生活。当时没有互联网技术，但是这种独特的广告表现形式为日后网络动漫广告的发展奠定了基础。

（二）网络动漫广告

网络广告是建立在视觉传达设计基础上，运用多媒体技术营造活动图像并整合视频音频效果，使顾客体验产品和服务的一种广告传媒形式。广义上的网络广告是指凡符合广告的法定特征，即符合有偿性、依附性、目的性、商业性等特点的网上信息都可以界定为网络广告；狭义的网络广告是指利用国际互联网这种载体，通过图文或多媒体方式发布的盈利性商业广告，它是一种由广告主出发，自主或者委托他人设计、制作，在网络上发布的有偿信息传播。网络广告既可以为不同的受众实施定向的广告宣传，还可以利用声音、文字、图像、影像和动漫等多种媒体元素传递不同感官的信息，让顾客有更为丰富的感受。①

网络动漫广告是以网络作为传播媒介的动漫广告。随着社会经济的发展，互联网技术的进步，动漫广告逐渐成为网络广告的重要组成部分，特别是 Flash 技术的广泛应用，网络动漫广告得以进一步普及。加上宽频市场的日渐成熟，网络动漫广告的前景无可限量。网络动漫广告与电影动漫、电视动漫等专业动漫形式不同，网络动漫广告是一门集传播学、艺术设计学、心理学、应用软件科学多种学科的新兴动漫形式。网络动漫广告作为具有公益性质和商业传播功能的动漫形式，使用的广告媒体也与传统广告具有很大不同。准确地说，网络动漫广告是通过动漫的艺术特色及受众群体作为发展基础，依靠各种新型的数字媒体为传播媒介，逐渐形成的具有独特吸引力和生命力的信息传播形式，其表现出了网络时代艺术、技术及商业相结合的鲜明特色。在当今激烈竞争的广告市场格局下，网络动漫广告已逐渐成为公益事业广告和商业产品广告所采用的主要形式之一，随着社会公众对网络动漫广告的熟知和接受，网络动漫广告正朝着快速互动体验的方向发展。

二、网络动漫广告产生的背景

（一）社会经济背景

20 世纪 80 年代初，伴随着社会进步和信息技术的快速蓬勃发展，生

① 杨坚争、汪芳、李大鹏：《网络广告学》，17 页，北京，电子工业出版社，2002。

产力提升速度空前迅猛。与此同时我国的社会市场经济也逐步从“卖方市场”转向“买方市场”。消费者不再满足于被动的成为信息传递的接受者，渴望扮演更多的角色，他们的诉求成为了商家追逐的目标。从“以生产为核心”到“以消费者为核心”的理念的变化，现代的经济模式也同时转换成了“消费者体验经济”模式。网络市场被发掘并在短时间内以势如破竹之势壮大，由网络构建的虚拟世界所带来的经济拉动力足以使人们相信网络具有强大的力量。因此，在网络上发布各种信息，也因其快速、高效、成本低廉的特点迅速被广泛应用在各种领域。网络动漫广告也正是在这样的经济背景下逐渐形成并备受推崇。

（二）科学技术背景

近些年来，科学技术的发展使得众多产业迸发出前所未有的活力，其中众多技术都是以信息技术为主导。信息技术能够使人类的知识、数据、经验等在全球范围内的组织或个人之间进行便捷传输，它不仅包括各种工具的普通形式，例如客户数据库和因特网等，还包括数学分析和计算机方法在内的最复杂形式，如微电子、半导体、新材料、新能源、机器制造等行业以极快的速度提高各项生产能力，促使信息技术制造业、通信业、信息服务业及其他相关行业重新整合并优化资源配置及产业结构。① 虽然纸质的报纸、杂志仍旧还是按时出现在报亭，但整体的制作流程已经完全数字化；传统的广播逐渐从原有的无线电技术为基础的调频转向了现在通过数字网络进行发送的新兴数字广播；在许多地方已经使用上数字电视机顶盒，传统的电视信号逐渐转换成了高清数字信号。传统的电影艺术、动漫艺术的变革也势在必行。越来越多的人已经习惯在休息的时间坐在电脑前，登陆互联网查询信息，信息技术已经渗透进我们生活的每个角落。这种新的信息传播形式被多数业界人士所看好，这其中不仅包括专业的广告从业者、商业动漫师等，更多还是对网络这个新的媒体平台有着极大兴趣并且充满信心的企业主。经过三十多年的迅猛发展，网络动漫广告已进入了一个新的历史时期，广告设计师借助网络技术平台以及动漫这种独特的艺术形式制作出越来越多、越来越好的广告作品，网络动漫广告以其技术优势和特有的魅力征服了市场，拥有着广阔的发展前景。

（三）文化生活背景

网络动漫广告是文化发展到一定阶段的产物，它代表着文化的鲜明时

① 徐慧：《动漫广告迎来黄金时代》，《北京商报》2007 年 9 月 28 日。

代特征以及多元性。无论是广义上的文化还是狭义上的文化，都强调了人类社会实践对文化的创造作用，在当今社会数字化进程中必然也创造出许多与时代特征相吻合的新型文化。在科学技术为基础的数字化世界中，数字技术、网络技术和多媒体技术为代表的先进技术革命给世界带来了全新的文化冲击。很显然，这些文化与传统文化大相径庭，它们的特色主要体现在全球性、科技性、虚拟性和交互性。网络动漫广告产生于这样的文化背景之下，它是一种动漫功能运用形式，更是一种网络文化的充分体现。通过网络动漫广告的创作和传播，不仅是在推销某种产品或是某种概念，同时也是在传播文化。例如在 2010 年世界杯期间，银华基金在新浪网首页发布了一条与世界杯相关的动漫广告，使原本与竞技体育无关的金融业也搭上了足球文化的顺风车，这种巧妙的嫁接使得企业收获颇丰。然而，要使网络动漫广告更加吸引眼球，产生更大效益，就必须详细研究用户的文化心理，将用户进行合理分类，并分析不同的兴趣点所带来的信息反馈，只有这样才能最大化地将文化信息注入设计环节，并使得设计更加合理有效，这也是全新的数字文化的交互特征的重点体现。无论是信息文化、数字文化、网络文化都只是当代文化的一个缩影而已，伴随着科学技术继续发展还会出现越来越多的先进文化。这些新型文化将继续促使人们的社会生活、技术方式以及经济形态不断地进行变化甚至革新。①

三、网络动漫广告的优势

（一）载体多样性

为了更好地适应信息技术的发展，对各种网络形式进行细化，相应地区分各种网络载体下不同的动漫广告，一般有以下三种载体形式，即互联网动漫广告、移动电话动漫广告、交互电视动漫广告。

互联网动漫广告，一般是指以各种性质的互联网作为传播媒介的广告动漫形式。由于互联网相对于其他类传统媒体有着巨大的信息传播优势，可以不受时间、空间的限制自由传递信息，更加有利于消费者根据自身的需求进行甄选使用，所以此类广告形式在提升传播信息效益上有着天然的优势。

移动电话动漫广告，随着移动电话的普及以及移动通讯网络的迅猛发展，以 3G 网络技术为核心的崭新的移动电话网络给更多的人们带来全新

---

① 章莉：《中国动漫产业发展问题与对策》，《生产力研究》，2006（11）。

的生活方式，移动电话网络比互联网更具有突出的优势，如视频通话、GPS定位、即时查询功能等。也正是基于这样的优势，移动电话广告动漫的优势也被充分地发掘，它的传播更加迅速，操作更加便捷、信息更加全面。在可预见的未来，移动电话网络将会与互联网一样普及甚至超过互联网成为使用最广泛的网络媒介。

互动电视广告动漫，互动电视机顶盒已经走进千家万户，和模拟电视接收技术相比，互动电视有着非常明显的优势，例如采用高清电视画面，增加电视的交互功能。一方面，观众可以根据自己的喜好选择收看电视节目；另一方面，观众可以通过交互程序获得更多的资讯。互动电视主要依靠互动信号发射接收器也就是机顶盒以及遥控器进行交互式操作，观众可以通过交互信号收看各种形式的电视节目以及广告，在这样的条件下，互动动漫广告节目就会产生良好的宣传和推广效果。

2012 年 1 月，中国互联网络信息中心（CNNIC）发布了《第 29 次中国互联网络发展状况统计报告》。该报告显示，截至 2011 年 12 月底，中国网民规模突破 5 亿人，互联网普及率较 2010 年提升 4 个百分点。与此同时，手机网民则突破 3 亿人。这部分人群的交集，恰好为网络动漫广告的发展创造了得天独厚的人力资源条件。我们看一则运用网络技术提升品牌影响力的例子：法国依云（Evian）矿泉水在销售初期，其营业额一直十分低迷。为了在短时间内快速提升产品的社会知名度和影响力，公司利用网络的强大力量，在法、德、英等地推出了动漫版的广告视频短片。伴随着童声版的 Will Rock You 的背景音乐，一个长着爆炸头的男性水滴人开始穿越火堆、障碍，爬过雪山、火海，和女性水滴人相爱生了一大群小水滴孩子，最后汇入大海，形成了依云的商标。可爱的人物造型、有趣的故事情节，使该广告一经播出便备受追捧，半年内依云矿泉水的销售量较以前提升了 35%—40%。

（二）便利交互性

网络动漫广告与传统广告在宣传方式以及宣传效果上有许多不同之处，产生这些不同的主要原因就在于网络数字媒体平台和传统媒体平台传递信息的渠道大相径庭。传统媒体无论是通过报纸还是杂志，对于接受信息的消费者所产生的反馈无法直接进行确认，这样的传播方式无法在第一时间产生信息交流，是一种单向不可逆的过程。而通过数字媒体进行传播的网络动漫广告，广告的浏览者可以通过鼠标点击瞬间产生信息互动，更加有效地增加信息流通的速度，即时接受反馈，促使信息从单向传递转换成双向沟通，这就是网络动漫广告的交互性特征。交互性特征明确了传递信息的主要任务，强调了信息反馈在扩大传播影响力和传播效果中的独特功能。无论是企业主还是广告主都应该注意交互性特征的重要性，并通过学习和应用心理学知识，拓展开发越来越多逻辑性更强、关注度更高的交互环节，并将其合理嵌入网动漫络广告之中。

网络用户可以用鼠标来控制与动漫广告的互动时间，用户对于动漫广告所投入的情感是不断积累的，尤其是以具体动漫形象作为广告信息展示的动漫广告，消费者会因为在情绪和感情上不断累积对动漫形象的好感，从而对传达的信息也有着更深刻的印象。以 QQ 小企鹅为例。QQ 是腾讯的网络软件，QQ 的可爱形象随着腾讯软件的普及而深入网民心中，成为极具知名度和号召力的品牌。腾讯公司继而开发“QQ 企鹅”玩具系列，通过 QQ 礼品开发等服务实现 QQ 毛绒公仔、抱枕、树脂精品以及生活小商品等 QQ 周边产品的推广和应用，最大限度地实现了 QQ 的衍生价值，结合青少年性格特点提出了“Q 人类 Q 生活”的动漫时尚生活概念，把衍生产品消费群定位在 14—26 岁青少年，相继开发出精品玩具系列、手表系列、服饰系列、包袋系列等 10 大类 106 个系列，约 1000 种带 QQ 标志的产品。随着网上专卖店的不断扩张，电子、饮料、食品等产品也不断增多，进一步提升了 QQ 的社会影响力，让这个憨厚的企鹅形象从网上走到网下，从娱乐，到文化，到服装，甚至饮食，营造了创意无限的 Q 生活。

（三）用户优先性

从网络动漫广告诞生之日起，用户就是其信息传递的主体，所以如何客观分析用户心理和需求是网络动漫广告所关注的重点问题。从消费者的角度出发，由他们的想法作为动漫广告设计的出发点，是用户优先性的主要体现。例如知名的购物网站淘宝网、当当网等，通过科学合理地分析消费者的兴趣取向，将消费者的兴趣拓展和产品推荐有机结合在网络动漫广告的设计中，实现了消费者为主导和以消费者为中心的设计理念。由于信息技术促进人们各项生产、生活环节的加速，信息化、数字化就成了高速、高效的代名词，不管是任何人、任何行业永远都会以提高效率作为进步的标志和努力的方向。传统媒体多数不具有循环性，然而网络动漫广告则很好地解决了无法持续循环的问题，无论是任何形式的网络动漫广告，在其投放的时间内均可以无限次的进行循环播放和使用。在网络运行良好的情况下一般不会存在用户人数受限，使用受阻的情况。每一次被打开、每一次被播放、每一次被使用都不会影响其再次被快速识别而降低效率，反而会让信息的传递更加全面，更加广泛。①

品牌宣传、产品促销是传统广告的基本功能，网络动漫广告除了可以承担上述功能外，还可以借助动漫形象将品牌拟人化，这不但能够促进消费者对品牌的深层认知，还可以借助动漫形象实施客户关系的在线管理。如果企业能够开发出专属动漫形象，赋予该形象一定的性格，企业就可以通过这一动漫形象与消费者进行互动沟通，让消费者优先记住该品牌并激起消费者的购买欲望。

台湾“旺旺”品牌标志是“憨态的旺仔”形象。这一独特的动漫形象极大地强化了品牌和儿童的印记，当我们提到“旺旺”，憨态的旺仔形象便瞬间浮现在眼前，旺仔这一动漫形象成功代言了品牌，使“旺旺”这一消费品牌通过网络等现代技术实现了最优传播，可以说这是一个非常成功的产品推广案例。自2005年起，“旺旺”凭借品牌的力量大举进攻牛奶市场，推出了245ml易拉罐牛奶，包装上“旺仔”的卡通头像极具视觉冲击力，在短短一年内，“旺旺”牛奶在国内市场年销售额达4个多亿，创造了消费品销售市场的神话。

由于中国市场经济步伐的不断加快，动漫与广告的结合已成为一种喜闻乐见的文化传播形式，这种新形式的广告与传统的广告形式相比有着自己的独特优势，在商业推广活动中出现的频率越来越高、范围越来越广、影响也越来越大。总的来说，动漫代言形象在国内参与商业传播仍处于发展中。海尔集团以其产品标志“海尔兄弟”为主人公推出的106集大型动漫片《海尔兄弟》，使该形象深入人心。在海尔建立自己网站及通过互联网进行品牌推广时，拟人化的动漫形象作为重要的品牌标志，在展示企业形象、提升品牌影响力等方面收到了事半功倍的效果。

（四）公益传播性

动漫形象是一种动态的生命形式，它会根据创作和表现主题的需要，衍生出不同的造型，从而强化了动漫形象的生命形式特征。② 在网络动漫广告的创意中，创作者要充分利用动漫广告艺术夸张性的特点，使广告更具独创性。动漫广告的表现手法有很多，例如三维电脑立体、手绘二维平面、泥偶动漫等等。创作者在创作时要采用符合创作主题的表现手法，在

① 刘珊：《浅谈动漫周边产品设计》，《美术学报》，2007（1）。

② 李子蓉：《美、日、韩动漫产业发展经验及对我国的启示》，《世界地理研究》，2006（12）。

符合主题的条件下，还可以尝试运用更新的表现手法，或者综合运用各种表现手法，给观众更强烈的视觉体验。在动漫广告的创作中，不仅要利用好动漫广告的特点，还要不断地用新的思考方式对广告主题进行观察，观察时要透过表象看到本质，还要对主题概念进行深度挖掘，这样才会有新的发现，新的创造。动漫形象最大的生命意义就在于它所具有的艺术夸张性是实拍广告所无法比拟的。这就使动漫广告的创作者有了更大的空间去发挥和创造。动漫形象以动画表现为主，最适合表达人们对生命的感悟，是一种被寄托了人性情感的艺术形式，是对多种新素材新寓意的揭示。基于动漫广告的这一特质，在国内外的众多公益广告中，富含动漫元素和形象的广告便成为制作公益广告的最佳选择。

2007年在上海举办的第十二届世界夏季特殊奥运会的吉祥物为阳光三毛。三毛是中国家喻户晓的漫画形象，阳光三毛的形象借鉴了著名漫画大师张乐平先生笔下三毛的造型元素，圆圆的鼻子、大大的眼睛，特别是极具特征的三根随风飘动的头发。三毛具有正直善良、自强不息、聪明机智的性格特征，始终在努力改善自己的处境。经重新创作过的吉祥物阳光三毛以一种崭新的面貌出现，凄苦三毛脱胎换骨，阳光三毛脱颖而出，设计师赋予现在的三毛以明亮跳跃的色彩：嫩黄的运动背心，朱红的运动短裤，外加蓝色的运动鞋，极具动感和朝气，呈现在我们面前的是一个“阳光、快乐、与时俱进、和谐”的阳光三毛。由此可见，动漫形象是集中了多种动态美因素的生命形式，表现为所代言对象的情感动力，这与理念或主题相关。优秀的动漫形象所表现出来的生命的运动形式，即是融合在造型之中的形式，更是其动态的生命形式与观者情感协调一致的形式。阳光三毛诠释了特奥运动员在和谐的天空下沐浴阳光、共享欢乐的内涵，阳光三毛幽默、率真的形象也给特奥选手和参赛者带来了无穷欢乐。借助于网络这一平台，阳光三毛的形象很快就走进了千家万户。

2003年1月，时任中共中央政治局委员、中国社科院院长李铁映即撰文称：“中华民族有着五千年悠久的历史和灿烂的文化，其文化累积之丰厚、文化形态之多样和文化哲学之深刻，是世界上其他国家少有的。这是一笔怎么估价也不过分的宝贵的文化资源，是我们得天独厚的优势。对于中国新兴的文化产业来说，启动并整合、包装这些文化资源，就有可能形成具有中国特色的文化产业，并在全球市场的激烈竞争中占有可观的优势。”①

---

① 转引自叶朗：《2001—2002年中国文化产业蓝皮书·序言》，《创建有中国特色文化产业之路》，1页，长沙，湖南人民出版社，2003。

中华文化是全人类共同的文明财富，为全人类的发展做出了伟大贡献。中国传统文化正是在这种情况下形成的，她是世界文化大家庭中占据重要位置的一个成员。[①] 进入新的历史时期，中国经济的蓬勃发展和核心竞争力的显著提升，为我们发扬和继承中华优秀传统文化提供了重要契机。特别是改革开放以来，民族文化在我国的文化生产中就一直发挥着极为重要的作用。[②] 2011 年 10 月 1 日，在美国纽约时代广场上，大幅户外显示屏上水墨动漫形象的中国先哲孔子与熙来攘往的人群融为一体，中国与世界、传统与现代在这里遥相呼应熠熠生辉。古老的中华民族在全球化时代振翅高飞，伟大的中国文化在复兴之路上阔步向前。在孔子形象的塑造上，突出强调了中国传统文化的思想性和包容性，坚持民族风格的绘画技巧，形式不拘一格，形象飘逸灵动，真正体现了中国动漫作品的民族风貌特征，对传承和弘扬中国传统文化、展示现代中国文明发挥了很好的示范带动作用。

四、我国网络动漫广告存在问题和应对策略

（一）问题分析

1. 缺乏创意和特色

美国心理学家吉尔福特提出的智力三维结构模型中，信息内容有五种类型，分为视觉、听觉、符号、语义和行为，和传统的报纸、电视和广播媒体相比，唯有网络可以实现上述五种类型内容的综合，这为网络动漫广告提供了广阔的发挥空间，但由于网络带宽不足和动漫广告创意、制作水平不高，画面不够精致等等，我国网络动漫广告形式比较单调，缺乏精品。再者，我国的网络动漫广告具有较强的模仿痕迹，原创性的作品数量不多，盈利模式单一，且时有盗版现象发生，目前中国的动漫形象代言方面还存在诸多问题，比如动漫代言形象与品牌的核心价值脱节、设计的形象简单幼稚、产业链条不够完整以及在动漫代言形象推出后，管理、开发、推广上缺乏规划等。

2. 存在虚假与欺诈广告

在传统广告的管理中，从事广告业务有一定的市场准入条件，要通过广

---

① 徐浩然：《文化产业管理》，216 页，北京，社会科学文献出版社，2006。

② 丁培卫：《新时期中国民族动漫产业核心竞争力研究》，《社会科学辑刊》，2010（4）。

告管理机构的资格认证，获得营业执照，这使得对广告的监管有法可依。但在虚拟的网络环境中，几乎任何拥有网络使用权的企业、其他经济组织或个人都可以从事动漫广告业务，使得网络动漫广告的管理非常困难。[①] 而我国现行的《中华人民共和国广告法》、《中华人民共和国反不正当竞争法》等相关法律、法规是在网络广告诞生前制订出来的，缺乏针对网络广告的约束条款。网络动漫广告法律、规范的缺失给虚假、欺诈性广告提供了可乘之机，造成了动漫广告行业的混乱，严重损害了动漫广告的公信力。

3. 缺乏科学的效果评价机制

美国百货业巨头约翰·沃纳梅克曾经抱怨："我认为我广告费的一半是浪费的，但我并不知道是哪一半。"诚然，几乎每家大型企业都会投入大量资金用于广告活动，但由于缺乏有效的广告效果评估，大多数企业对广告的投入显得有些盲目和无所适从。随着动漫广告市场竞争的日趋激烈，各行各业日益重视动漫广告在塑造品牌过程中所发挥的作用，广告投入呈逐年上升之势。但令企业主困惑的是，如何对一则网络动漫广告进行效果评估，从而更好地了解消费者对广告活动的反应，调整企业的广告行销战略，更加科学、规范地进行经营和管理。目前尚无一套科学严密、合理可行的网络动漫广告效果评估体系，这需要在今后的实践中不断探索和总结。

二、应对策略

1. 制定法律、法规进行规范

为规范网络动漫广告的发展，保护消费者、经营者的合法权益，使网络动漫广告逐步走上规范化、法制化道路，当务之急就是要组织专家、学者、业界人士进行研究讨论，并对《中华人民共和国广告法》进行修改，制定相应的网络广告管理办法。首先对申请开展广告业务的互联网企业进行严格的资格审查，符合条件的核发《互联网广告经营许可证》，同时还要建立一个由政府行政管理、行业自律、社会监督三方支撑的科学管理体系，将网络动漫广告管理工作落到实处。

2. 定向传播和精准营销

网络动漫广告作为一种有别于传统广告的新型传播形式，在广告的策划和投放上必须做到定向传播和精准营销，了解受众的特点，瞄准受众的需求，寻找市场细分后的目标客户群，有针对性地传递信息，做到覆盖范围与目标消费者分布相吻合。精准营销的主要形式除了传统的搜索引擎广

---

① 王世园：《论国产动漫角色广告代言的法律制度构建》，《法制与社会》，2009（15）。

告和分类广告外，还要注意发挥网络流媒体、手机终端和互动电视点播等平台的作用，唯有如此，动漫广告新颖的形式和独特的传播优势才会逐渐得到市场的好评。

3. 完善相关产业政策

实行国产动漫产品分级制度，鼓励针对成年人市场的动漫广告产品创作，拓宽网络动漫广告产业的市场空间。加强文化知识产权的保护，严厉打击盗版行为对动漫开发商、投资商权利的侵害。[①] 加强动漫衍生产品的开发与推广，形成动漫作品与衍生产品相互促进的良性循环局面。注重动漫产业原创型人才的培养，努力培养创意研发人才、加工制作人才和经营开发人才。

五、我国网络动漫广告产业的发展前景

动漫产业的发展离不开文化创新，而这种创新则来源于中国的传统文化。动漫产业是国际社会公认的“知识经济核心产业”和“无烟环保产业”，具有较强的文化辐射和产业孵化能力，在未来国际间的“低碳经济”竞争中占有绝对优势。随着中外文化交流的日益频繁，西方文化产品大规模进入中国市场，这些文化产品表面上是产品，其实含有深刻的文化内容。与此同时，中国传统文化资源也正在大量流失（如美国好莱坞以中国民间故事为主题制作的动画片《花木兰》，获得巨大成功）。不断增加的西方文化产品输入，正在改变着国人的价值观与伦理观。[②] 党的十七届六中全会提出要全面深化文化体制改革，大力发展文化产业，动漫产业作为文化产业的主要组成部分，成为我国政府着力扶植的最具发展潜力的新兴绿色产业。承载着文化符号的动漫产业，自身蕴涵着巨大的文化力量，同时也深刻体现着一个国家的文化软实力[③]。那么，一个国家的文化软实力包括哪些方面呢？我认为主要由三个方面构成，即文化的积累、文化的创新

---

① 杨永超：《理性审视动漫广告的应用——给予创意产业的影响分析》，《科技和产业》，2009（9）。

② 王育济：《培养“文化产业管理”合格人才》，《山东大学报》，2004（3）。

③ 哈佛大学肯尼迪政府学院院长约瑟夫·奈（Joseph Nye）1990年首次提出软实力（Soft Power）这一概念。他认为，“在国际政治中，一个国家可以通过这样的方式来获得他想要的结果：其他的国家追随它，欣赏它的价值，模仿它的榜样，热衷于它的繁荣和开放程度。在这个意义上讲，在国际政治中设置吸引其他国家的议程，其重要性并不亚于通过军事或经济力量来迫使别个改变。这种让别人想你之所想的力量，我称之为软实力。这种力量吸引人，而不压迫人。”

和文化的传播，而包括文化产业在内的文化的传播是最重要的方面，因为文化要真正成为具有竞争性的软实力，还必须通过文化产业这个载体。从这个意义上看，文化产业的发展就具有了战略的高度和重要性，发展文化产业就不仅仅有经济的动因，而且有政治和文化的动因。① 为此，我们必须确立基于传统文化资源的动漫广告产业的发展战略，通过对文化资源的开发、创新和发展来真正实现其核心价值，将传统文化资源的保护和开发作为促进网络动漫产业的根基进行统筹规划。在二者的结合过程中，既要充分把握民族文化的精髓，又要有其现代精神的释放和张扬。在本土文化的悠久传统与世界文化的多元格局之间，存在着求同存异、协同创新的广阔空间。在全球化背景下，我们要立足中国传统优势文化资源，积极培育具有较强竞争力的市场主体，通过优化动漫产业结构，延伸动漫产业链条，提升动漫作品的文化品位，打造一批具有中国气派的动漫产业品牌。

随着新媒体的不断涌现和更新，动漫与广告的结合也更加密切。因此，需借助新媒体的力量，加强两者间的互动和体验，以便进一步满足不同消费群体的需求。具体策略如：将动漫、游戏、广告等巧妙融合，加入更多的互动与自由选择权，借助网络、手机等新的传播媒介来传递动漫广告，增加受众的体验与选择；采用 2D、3D 等动漫广告表现手法给予受众更多的消费体验。富有趣味性的互动和极具体验感的动漫广告能用一种更生动、更时尚的传播方式代替生硬的文字广告，从而更加吸引人的眼球。当然，如能在动漫广告中加入诸多的中国元素，借助其新形式的传播来提升民族品牌及提升本国的动漫形象，还可以进一步扩大我国动漫产业及广告产品在国际市场上的竞争力。因此，增强动漫广告的互动性和体验感也是网络动漫广告发展的趋势所在。

动漫广告产业是文化和科技相结合的创意产业，随着网络技术的突飞猛进，网络动漫广告出现了 FLASH 动漫、三维动漫、全息动漫等崭新的动漫形式，动漫广告产业的市场空间不断扩大。② 现代信息技术加快了动漫广告制作水平的提高，从而让网络动漫广告的内容更加丰富、效果更加明显、形象更加生动、情节更加有趣。网络动漫可以由多种技术进行制作，包括 GIF 动漫、动态 HTML、Java、Shockwave 等。为此，要积极搭建

---

① 郑群：《加强文化产业的基础理论研究》，《东岳论丛》，2006（3）。

② 陈红泉、何建平：《海外动浸产业投融资体制的经验借鉴》，《经济研究参考》，2008（18）。

网络创新平台，提高原创能力，培育动漫创作、动漫传播、动漫衍生品研发等中心环节，拓展网络、手机等新型传播渠道。要重点打造以行业信息技术服务、集成电路设计、数字娱乐、游戏游艺等为优势产业的特色内容。

我国网络动漫广告要实现更快更好发展，必须充分利用现有的资源，以原创动漫形象提升动漫广告的品牌价值，实现衍生产品的深度开发，培养出具有中国特色的动漫广告产业链模式。首先，通过建立影视动漫公共技术服务平台，促进影视动漫衍生品和软硬件设备的研发，支持网络游戏原创企业加强核心技术开发，开发网络游戏周边产业，形成完整的网络动漫产业体系。其次，推动建立网络动漫广告产业联盟，整合产业资源，支持动漫广告制作软件和网络动漫游戏产品的联合开发与整合营销，促进动漫广告产业与网络产业联动发展。加强计算机软件与动漫广告作品在产业改造升级方面的合作，重点发展基于数字化的动漫广告设计、外形外观以及平面设计等数字设计服务。推动数字设计产业从单一产品设计提升为品牌整体形象设计，形成可提供整体设计解决方案的服务能力。第三，以文化创意产业基地为载体，集聚文化创意企业，加强软件、多媒体、网络技术在动漫广告产业领域的应用，努力打造具有中国特色的动漫广告产业品牌，提升我国动漫广告品牌在国际市场的核心竞争力。

我国是世界人口第一大国，网络动漫广告以人为本，以用户为目标的性质将会在13多亿人群中体现出更高更远的价值，科学先进的理念通过交互方式传达到每一个人的手中，这是一件任重而道远的事情。因此作为网络动漫广告的设计人员，在设计中不应盲目追求广告效果的最大化，要切实认识到消费者的目光永远是留给最有创意、最有趣味的动漫作品，所以消费者的感受是设计师最终的出发点。网络动漫广告将会越来越多地出现在数字媒体平台中，并扮演更加重要的角色。网络动漫广告将逐渐代替传统广告成为使用最广泛的广告形式，由此带来便捷优质的生活方式将会大大降低社会资源消耗，更加有利于建立节约型“低碳”社会。

第四节　网络广告的发展

一、网络广告基本情况

网络广告发轫于美国，最初尝试互联网广告的是一家名为prodigy的网络公司（后被AT&T并购），prodigy最初试图向互联网信息的订阅者发布广告，但 prodigy 的这一尝试最后以失败告终。最早的网络广告应用始于 1994 年，专门从事移民法的一对美国律师夫妇在互联网的新闻组上解答移民相关的问题后，收到了很多人的咨询信件。这对夫妇做出了一个大胆的决定：将美国绿卡问题的相关广告载登到 7000 多个新闻组上。由于当时的互联网使用还局限在大学、机关、军队等非营利性组织，所以他们的这种行为招来了很多人的抗议信件，结果他们所使用的邮箱系统瘫痪多次。后来一家名为 Hotwired（www.hotwired.com）的公司提出一种全新的广告模式，就是将广告图片缩小嵌入到页面中，也就是前文介绍的网幅广告，这种网络广告形式既避免了新闻组用户对广告的反感，又充分挖掘了网民的注意力。1994 年 10 月 27 日，Hotwired 网站的上线开启了网络广告的新纪元，AT&T 也由此成为第一位网络广告客户。自此之后，网络广告以星火燎原之势迅速发展。据美国市场研究公司 Marketer 公布的数据显示，2010 年美国网络广告规模达 427 亿美元，占媒体总广告收入的 10%，网络广告已跨入了主流广告媒体行列。

中国网络广告的历史可以追溯到 1997 年 3 月，China byte 赢得了第一笔广告收入，IBM 为产品的推广支付了 3000 美元，这是中国互联网历史上的一个里程碑；1999 年，北京三元牛奶在网易上发布网络广告，开创了我国传统企业做网络广告的先河。[①] 根据艾瑞咨询发布的《2009－2010 年中国网络广告行业发展报告》的数据显示：2009 年中国网络广告市场先抑后扬，全年市场规模达 207.3 亿元，同比增长 21.9%，2010 年中国网络广告市场规模将加速增长，已突破 300 亿元大关。

中国互联网络信息中心（CNNIC）报告显示，2010 年上半年，我国网民在互联网应用方面表现出商务化程度迅速提高、娱乐化倾向继续保持、沟通和信息工具价值加深的特点。其中，商务类应用表现尤其突出。截至 2010 年 6 月底，网络购物、网上支付和网上银行的使用率分别为 33.8%、30.5%和 29.1%，用户规模分别达到 1.42 亿、1.28 亿和 1.22 亿，半年用户规模增幅分别为 31.4%、36.2%和 29.9%，增速在各类网络应用中排名前三。[②] 网络广告借助着互联网的无时间、地点、空间限制上的优点，可以全面地应对全球网络中的用户，而且网络中的信息可以不限

① 王靓：《电子商务概论》，147 页，北京，中国轻工业出版社，2007。

② http://www.cnic.cn/zcfw/cnnic/dcxxfw/zxdt_kpu02/201007/t20100729_2915085.html.

时、限量的互动传播。消费者和厂商都可得到有效信息。广告商也可随时更改如价格或商品供求变化信息等。相对于传统的电视、报纸、广播广告而言，网络广告在感官和操作上都具有传统广告无法达到的效果。截至2009年11月我国网民的数量已经达到3.6亿，这是网络广告传播效果的有力保障。我国1980—1990年间出生的一代人开始成为社会的主体，价值观和消费能力都不同于以往，这让网络广告在广告环境中更加突显出自身的价值，也让一些传统行业的广告主认识到网络广告的效益。

据预测，未来五年内，中国网民数量每年的复合增长率将达18.5%，按照这一增长速度，到2012年中国网民总数将达5.9亿。

网民数量的大幅度增长，意味着网站流量的增加，同时从事网络广告的人数增加，这给网络广告业带来了光明的前景。再加上网络广告拥有最具潜力和活力的消费群体，使得网络广告的市场不断扩展。互联网以其双向互动传播模式的优势，为网络广告的发展提供了广阔的舞台也铺垫了未来网络广告的发展道路。我国互联网市场不断发展和扩张，网络广告的商机也不断被厂商挖掘。当前，互联网广告市场已经成为了很多网站的主要收入来源之一。同时，网站之间的竞争愈演愈烈，很多网站都在不断调整自己的广告，对原有的广告及时进行改版和更新，增加广告的发布形式和更多的服务项目，以迎合市场需求。同时，我国的广告主的广告投放行为也渐趋成熟，很多有经验的广告主在投放网络广告时，已经不再是仅仅查看网站排名及流量，而更多的是看重网站的专业性、权威性和投放后的效果。[①] 另外，在广告形式上，很多广告主不再一味追求广告的大小，而是更多地考虑浏览者在视觉和心理上的感受。

二、网络广告发展中存在的主要问题

（一）传统观念影响依然存在

与网络广告的蓬勃发展形成鲜明对比的是，网络广告在实际运作中还存在着许多问题。从消费者的角度来看，首先消费者对广告有天生的抵触心理，心存顾虑。其次网络广告属于新生的事物，还没有被世人普遍认同。从广告主的角度来看，我国广告主已经习惯了传统媒体的广告，对网络广告的认识不足，认为网络广告的效果难以保证，有不信任感。虽然近年来网络技术发展得很快，但我国大多数网民使用的网络设施仍存在许多

① http://www.98tb.com/.

问题，如稳定性较差，带宽比较窄，信息保真性能差，传播速度慢等等。据调查，网民很少会耐心地去等待网络广告的下载。另外，许多网民的网络软、硬件设施未达标，这大大影响了网络广告的效果。

（二）网络广告创意水平亟待提升

如今，许多广告主对网络广告的关注仍停留在点击率的高低而很少考虑到广告的创新。殊不知网络广告存在着许多“恶意”点击。由于广告商是按照网络广告的点击次数和网站的流量的大小来支付广告费用，在这种情况下的点击率不再是网络广告为营销而铺垫，而成了网站收入的短暂来源。因此当广告商发现产品销售业绩不好时，必将影响网络广告费用的投入。缺乏创新和想象力的网络广告难以体现网络的优势。据统计，上网者在一个网络广告版面上停留的时间一般不会超过5秒，要在这短短的5秒之内吸引目标消费者，广告创意人员绞尽脑汁。有些网络广告设计人员甚至设计出了恶作剧式广告、诱惑式广告。虽然这些广告点击率都极高，但大多数访问者点击后的反应是难以容忍自己上当受骗，对媒体和广告主产生了极大的抵触情绪。此外还有而浮游式广告、弹出式广告、强迫式广告等经常存在我国某些企业的网站上。可见，网络广告设计人才和广告创意的缺乏已经是我国网络广告发展的瓶颈。

（三）虚假与欺诈的网络广告存在

传统广告由于数量庞大，范围广泛，内容丰富，形式多样，相关部门对广告的监管就很困难，虚假与欺诈现象时有出现，消费者对之无可奈何。网络广告出现的同时也伴随着虚假与欺诈现象。有调查表明，用户对网络广告的评价中，认为网络广告最大的劣势就是可信度太低。消费者普遍不太信任网络广告，这也是目前网络广告业深入发展的首要障碍。网络广告中虚假与欺诈现象之所以如此普遍，最重要的原因是法律与制度设计上的缺陷所造成的。传统广告的管理制度中，从事广告业务有一个市场准入条件，即必须通过资格认证并获得营业执照，否则无权经营广告业务。在这样一种法律规范和管理制度下，便于控制广告行业的广告经营者和广告发布者的行为，对广告的监管和控制至少有章可循。但在网络这一虚拟环境下，几乎任何拥有网络使用权的法人、其他经济组织或个人都可以从事广告业务，这使得网络广告的管理非常困难。再者，广告评估与监测机制不健全。网络广告评估是衡量广告效果的基本手段，也是广告主投放广告的主要依据。目前，我国对网络广告效果进行测评主要是基于网站自身提供的数据，缺乏第三方的认证和监控，而且测评标准不统一，无法保证统计数字的准确性和公平性，造成网络广告市场的无序竞争，价值难以得到市场认可。

根据1993年修订的《中华人民共和国反不正当竞争法》第2条第2款规定：不正当竞争是指经营者违反本法规定，损害其他经营者的合法权益，扰乱社会经济秩序的行为。此条规定的法律精神同样适用于网络广告中的不正当竞争，具体到网络环境下又有不同的形式：利用加框的超链接技术，采用Frame加框技术分割网页视窗，将他人网站呈现在自己网站上，当浏览者点击超链接时，他人网站上的内容会出现在此网站某一区域，而此网站页面上的广告则始终呈现在浏览者面前，而且地址栏中网址仍是原网站的，让浏览者误以为链接的内容是网站自身的一部分。① 这种做法直接降低了被链接网站的广告浏览量，等于避开了该网站的广告直接进入相关内容，构成了广告侵权，是网络广告经营中的不正当竞争。但我国现行的广告法只对传统商业性不正当竞争进行约束，对于网络广告中的不正当竞争尚没有明确的规定。抄袭或模仿他人网站的内容，有些不知名的网站有意模仿或抄袭知名网站的内容或页面布局，以使浏览者混淆，误认为此网站为某知名网站，这是一种明显的搭便车行为，除了可能侵犯网站版权之外，也是一种通过混淆视听达到提高点击率目的的不正当竞争行为。

（四）相关广告法律法规尚需完善

一是主体定位问题。在传统广告中，各主体的界限比较明确，《中华人民共和国广告法》对广告的调整是建立在三分广告主体并赋予各自责任义务的基础上。但网络广告打破了这样一套规则，在网络广告中，主体的界限与定位是非常模糊的，有的是合二为一，有的甚至是合三为一。ISP多是集广告经营者与广告发布者两种角色于一身，宣传企业自身产品或服务的网站则将广告主、广告经营者和广告发布者三种角色集于一身，甚至任何拥有网络使用权的人都可以在网上发布广告。在主体定位不明确的情况下，《中华人民共和国广告法》中关于各方权利义务关系的规范就难以适用于网络广告中。因此以法律手段来规范网络广告首先面临的问题就是重新界定广告主体的问题。

二是网络广告垃圾问题。根据《中华人民共和国广告法》第6条，县级以上工商行政管理部门是广告监督管理机关，但目前网络建设的报备、

① 涂伟、白雪：《网络广告学》，145页，武汉，武汉大学出版社，2010。

审批只与电信部门有关，工商行政管理机关没有监管的权限，这是机构和权限设置上的不足。目前，电子邮件沦为垃圾邮件的代名词。电子邮件因其速度快，覆盖面广，成本低，不失为一种有效的广告方式，后来因法制不健全、管理混乱，商家也一味追求经济利益而滥发垃圾邮件，电子邮件广告这种广告形式似乎走入死胡同。滥发垃圾邮件给用户和商家都带来了很大的损失，它不仅占用了带宽，浪费了网络资源，而且邮件服务商每年要投入大量资金来治理邮件垃圾。对用户而言，其邮箱可能因大量垃圾邮件而致使重要邮件无法接收到。上网时，大多数人都可能遇到过这种情况，就是在浏览的过程中突然出现全屏或半屏的，可退出或不可退出的广告，这就是插播广告，有的必须反复点击之后才可退出，有的根本无法退出，只能强行关机，重新启动。这些广告在一定程度上对用户造成了广告骚扰，妨碍了用户对网络的使用，急需立法加以规范。还有的强制性广告，在某些 ISP 主页打开之前总被要求阅读一些广告，不点击广告不能进入网站主页。这种强迫用户阅读的广告与用户自愿阅读相背离，也违反了《中华人民共和国广告法》的基本精神，理应加以制止。[①]

三是网络广告的管辖问题。网络的超国界、无地域性给法律的适用带来了很大的难题，无论从立案管辖还是从法律的执行上而言均是如此。传统广告由于受国界的限制，一般均由所在国相关的法律法规管辖，而网络广告无地域性，任何一网络广告都可在全球看到，而且很多网络广告本身就是面向全球市场，那么首先遇到的问题就是各国法律的冲突。此地的法律与彼处的法律对网络广告的态度可能不尽相同，甚至完全相反，在一国合法的网络广告可能在另一国则是非法的。那么在不同国家因网络广告纠纷提起的诉讼可能判决结果完全相反。执行问题上，即便一国法院判决国外一方败诉，但往往执行难甚至无法执行。正是这种法律管辖与适用的国际性冲突使得一些商家有意规避法律，使得网络广告很难通过一国的法律来解决，往往需要通过国家间的协作来共同解决，甚至需要由国际性机构制定统一的具有约束力的规则。

三、提升网络广告水平的应对策略

（一）加强社会监督管理

积极动员广大的网民和消费者对网络广告实行监督，建立举报制度、

① 司志刚等：《电子商务系统建设与应用》，246 页，北京，机械工业出版社，2009。

监督制度、网上购物制度等，以规范网络广告市场秩序，促进网络经济的发展。作为网络受众和消费者，不能仅仅寄希望于政府部门有所作为，也应该提高对网络广告的辨识能力，加强防范意识。主要有以下两种：一是消费者组织的监督管理。消费者组织监督是指消费者组织从保护消费者利益出发，对广告进行日常监督，向有关部门投诉违法广告；同时，针对广告活动中存在的问题，向有关管理部门提出建议。消费者组织是依法成立的对商品和服务进行社会监督的保护消费者合法权益的社会团体，是公众进行广告监督的主阵地。二是新闻舆论的监督管理。随着大众传播事业的发展，新闻舆论的社会作用越来越重要，它在揭露虚假广告、促进广告健康发展方面，具有极其重要的作用。尤其是当它与消费者协会联合起来以后，对广告的监督作用就更加强大。新闻舆论对广告的监督方式，主要有两种：一是开展新闻揭丑活动。把虚假广告和其他各种违法广告通过大众传媒公之于众，揭露违法广告的意图，指出其触犯的广告法规，让人们看清违法广告的真面目。这样违法广告就会失去市场，广告主、广告经营者、广告发布者得不偿失，自然不敢贸然策划、制作、发布违法广告。这对于净化广告市场是极其有益的。二是宣传优秀广告活动和广告作品。这对于提高广告活动的宣传艺术水平有巨大的推动作用。提倡行业自律，制定行业规则。网络广告主和经营者在网络广告经营活动的过程中，应树立自律的观念。自律要求他不能仅仅考虑自身的利益，而且还要照顾消费者的利益，尊重消费者的人格和消费者依法享有的各项权利，并真实地履行自己的义务。①

（二）加强行政管理

行政管理就是工商行政管理部门等相关的广告管理部门行使他们的职权，直接对管理的对象下达指标和规定等，通过强制性的行政手段来管理网络广告。行政管理应与其他管理手段相结合，减少不必要的行政方法。再者，工商行政管理部门在日常监管中要不断探索，及时总结，构建长效的网络广告监管机制。首先建立统一的网络广告监测中心；对网络广告实行市场准入登记管理；实行网络广告备案登记制度。工商管理部门应积极引导辖区内的网站办理广告经营许可证，实行网络广告备案制度，保证网络广告的真实性。其次，建立广告经营审查制度。发布广告的商品或者服

① 刘喜敏、刘玉玲：《电子商务法律法规》，260页，大连，大连理工大学出版社，2006。

务必须先审查，审查合格后，才可以取得审查机关的统一的审查标志，这一标志贴于该广告的明显位置，网站和网络服务商应当对此标志有形式审查的义务。同时，加强隐性广告的管理。

（三）健全相关法律法规

立法是解决问题的有效途径。网络广告发展迅速，同时出现了许多新的问题，但现行的法律法规跟不上网络广告的发展脚步，应该借鉴国外成功的立法经验，尽快出台相关的法律法规，对网络广告实施有效管理，以规范网络广告中的违法违规的操作行为。将网络广告纳入法律的控制范围之内，使网络广告逐步规范化、法制化，这是我国网络广告发展的必由之路。1995 年颁布的《中华人民共和国广告法》显然已不能适应网络广告的发展现状，政府部门的监管要做到有法可依，有章可循，必须加快制定规范网络广告行为的实施细则，完善已有的《中华人民共和国广告法》、《中华人民共和国反不正当竞争法》、《中华人民共和国消费者权益保护法》，在规章的制定与完善的过程中，充分考虑到网络的虚拟性、超地域性等特点，注意立法的技术性和可操作性，使网络广告行为有法可依，对网络广告的经营者、发布者，广告的内容、发布的形式进行规范和有效监管，只有这样才能有效打击违法的网络广告，为网络广告的发展营造一个良好的发展空间和环境。另外，网络上出现违法广告的根本原因在于经济利益的驱动。目前我国法律规定对网络广告的违法者的经济处罚力度太小，应该加大对违法者的经济处罚力度。

（四）网络广告行业的自律

仅靠政府相关部门的行政监理还不够，网站在发布网络广告时更要自律，加强对广告内容的核实，从源头上堵住网络违法广告。首先，力求行业企业自身遵守广告方面的法律法规，坚决抵制虚假和欺骗性网络广告，保护用户个人隐私，不滥发垃圾邮件并采取包括技术手段在内的各种措施来制止垃圾邮件。其次，网络广告从业人员必须加强自身的建设。要从自我教育入手，抓好学法、普法和职业道德教育，使广告从业者懂得广告行业与国民经济、社会发展、消费者切身利益的关系，从而体会职业的神圣。第三，广告行业应制定行规、行约，并严格执行，对违反行规、行约的单位坚决进行处罚；开展行业评价、资质认定工作，加强日常监督；积极开展广告发布前的咨询和审查工作，制止虚假广告和其他违法广告的发布。

（五）借鉴国外成功经验

应借鉴国外成功的管理经验，引进国外先进的网络广告市场管理经验和专业人才，将外国先进的管理技术应用到我国的网络广告管理上，通过中外相关技术人员的交流，吸收先进的经验，传播给中国各区域的网络管理工作者，促进我国网络广告环境的整体优质化。随着用户需求的变化以及网络技术的发展，广告形式也日新月异，例如富媒体广告、竞价排名广告、窄告等广告形式已经成为新一代广告的主流代表，同时新一代广告的效果也明显优于传统广告。广告的付费方式也在随之演变。早期以CPM（每千人印象费）为主，采取固定费率，但无法评估广告的有效性，很快被CPC（每次点击收费）取代，但广告效果仍然遭到客户质疑，于是PFP（按效果付费）广告逐渐受到广告主的欢迎和支持。[1] 另外，广告的流量统计监测也从服务商提供统计报表转向由专业的第三方广告流量统计商来提供统计报表。从目前的发展趋势来看，未来网络广告将更加看重广告效果的评测，广告形式也倾向于朝着富媒体广告、窄告等效果好、针对性强的方向发展。网络广告由于其实时性、针对性、交互性、持久性、品牌效应、成本低廉等多种因素，也将越来越受到广告主的欢迎，在未来整个广告市场中，必将占据更大的比例。

（六）加大高新技术的研发投入

对网络广告实施有效的管理不仅需要法律保障，还要运用较高的计算机与网络技术，必须从技术上限制他们的违法行为。对此，美国采用第三方服务器，服务器软件除了可以检测到浏览率外，还可以检测到违反国家规定的广告，如烟草、色情、暴力广告等，一个服务器一天可以处理三千多个网站。当今网络广告作为数字化营销的主体，规范其市场秩序，还需要多方位的长期努力。要净化网络广告的环境，需要政府、个人、企业三方的配合及努力。值得关注的是，伴随着计算机技术的突飞猛进，以云计算为基础的广告——云广告也渐渐浮出水面，例如阿里巴巴云计算Web搜索和广告技术数据中心，已开始在互联网搜索技术、互联网数据挖掘和计算广告方面，展开技术研发。云广告的一些初级形式，已在广告联盟模式中显现。通过云计算，将不同网站的广告组织在一起，就构成了广告联盟或广告云。云广告具有零成本和精准的优点，非常适合中小企业营销。利用云计算技术，发布一个广告，可以出现在众多的网站上，可以成为商

① 黄澄清：《中国互联网发展报告》，254页，北京，电子工业出版社，2008。

家低成本扩张、快速锁定目标市场的利器。[①] 未来，信息技术革命将重塑广告业面貌，技术将改变广告的观看、感觉、管理和受影响等各种过程，中国必须进一步加大高新技术的研发投入。

① 吕文龙、姜奇平：《全球网络广告三大趋势》，《互联网周刊》，2010（15）。

第七章　广告产业与广告市场

第一节　广告产业

一、广告产业的形成与发展

（一）古代广告产业的萌芽

走在大街小巷，各种广告随处可见，如今我们看到的是现代广告，广告是从来就有的吗？答案是否定的。现代广告是从古代广告逐渐发展而来的，让我们穿越历史隧道回到古代看看古人是如何进行广告活动的吧！

广告历史源远流长，最早的广告活动可溯及原始社会时期。从国外广告起源的历史看，初始的广告形式早在公元前3000—2000年就在两河流域诞生了。苏美尔人发明的楔形文字留下来的实物记载有商人雇佣叫卖人做口头叫卖，即口头广告。考古学家在挖掘埃及古城亚伯斯遗址时发现3000多年前的羊皮纸文字广告，目前保存于英国大不列颠博物馆，其内容是："奴隶谢姆从织布店主人哈布处逃走，坦诚善良的市民们，请协助按布告所说将其带回。他身高……面红目褐。有告知其下落者，奉送金环一只；将其带回店者，愿奉送金环一副。"[①] 古希腊罗马时期，由于商业和海外贸易的兴盛，古希腊罗马的广告活动更加丰富多彩。在城市的街头，有人吆喝着沿街推销商品，也有人提供关于宗教、政治和其他公众活动的信息。这种口头似的信息传达包含了广告的成分，也可算作是口头广告。大约2000年前，古罗马的庞贝城还出现了大量的户外广告，这些广告有些为城邦公民竞选之用，主要刻画在城市大街的墙壁上，如"请投马斯洛斯一票，他是人民的朋友"就是其中一则广告词。庞贝古城是一座商业经济

① 刘家林：《新编中外广告通史》，362页，广州，暨南大学出版社，2000。

非常发达的城市，商品琳琅满目，经济广告随处可见。另外有些墙壁广告还以图文并茂的方式向人们提供寻物启事或斗兽表演的信息等。伴随着口头广告、文字广告和实物广告的出现，商标字号作为新的广告样式也初露头角，在已经发现的很多金器、陶器或灯具上都留有图文标记。这些标记本来是作为政府征税或者商人与工匠之间交易的证据，与此同时它也起到区别产品商标的作用，并成为后来品牌广告的雏形。中世纪的欧洲广告活动也很频繁，如当时欧洲各国曾出现以传报新闻为业的传报员，他们也承揽广告业务，替人们宣传商品。早在1141年法国的贝里州就曾出现过得到国王路易七世特许的口头叫卖组织，通过在酒店等场所吹笛子，招徕顾客，从而对光顾的客人进行推销宣传，成为合法的带有垄断性的广告组织。

中国古代的广告发展历程同西方古代广告发展脉络颇有类似之处，都曾经过了口头广告、文字广告、实物广告和标记广告等多种样式。中国古代社会的广告包括叫卖、吟唱、音响、陈列、标记、招牌、幌子、对联、诗歌、彩楼等诸多广告表现形式，其中吟唱、音响、招牌、幌子广告发展较为成熟。

《诗经》的《周颂·有瞽》一章里已有“箫管备举”的诗句，据汉代郑玄注说：“箫，编小竹管，如今卖饧者吹也。”唐代孔颖达疏解说：“其时卖饧之人，吹箫以自表也。”可知西周时，卖糖食的小贩以吹箫管之声招揽生意。这是一则音响广告的典型例子。战国法家代表作《韩非子·难一》中有一则关于“自相矛盾”的故事，这一则妇孺皆知的寓言故事，生动反映了当时小商品生产者利用口头叫卖推销自己产品的场景。除却上述口头广告形式，悬挂式广告成为常态形式，随处可见。北宋名画《清明上河图》中，描绘了北宋都城东京繁华的街市景象，其间悬挂式广告随处可见。在四大名著之一的《水浒传》中描写了60多家酒店，以酒旗、招旗、酒望等形式的悬挂广告大行其道，其中最为著名的广告就是景阳岗的“三碗不过岗”。在悬挂式广告中还有一种较为常见的形式——招幌，宋代之前，多出现在酒楼和茶馆里，到了宋代，因其易于制作、便于传播，使用范围也越来越广，当铺、药铺、客栈等都以此作为标志，同现在商铺广告牌有异曲同工之处。

明清时期经济环境和文化环境发生显著变化，商品经济有了长足发展，西学东渐，东西方文化交流渐成一种潮流，不少文人开始有选择地放弃传统思想，接触新事物，凭借自身文字特长开始涉及广告行业，撰写对联、招牌广告等。至清代，对联广告尤为流行，如有一位清朝秀才为一家理发店题写的对联“相逢尽是弹冠客，此去应无搔首人”，理发店因此对联而生意红火。一时之间，对联广告延伸至各个行业，成为商业广告中一种普遍的宣传形式，同时，融入木刻年画等文化趣味和知识底蕴的风格，使其包含浓烈的民族特性。招牌广告和商业对联广告也成为最能表达我国古代商业广告民族性格的文字广告。

图 7-1　创立于清咸丰时期的内联升鞋铺的幌子。该店幌子用木板制成，上面写字号，下面画一靴连着一鞋。

印刷广告的出现成为我国古代广告具有里程碑意义的转折点。可以确凿无疑地说，我国使用印刷广告在世界上尚属首次。东汉蔡伦发明了造纸术，为我国文字和图画的结合提供了更广泛的载体，隋代雕版印刷术的出现，尤其是北宋活字印刷术的发明，使得广告得以迅速扩大受众群体。北宋时期山东济南刘家功夫针铺的广告印刷铜版是我国现存最早的印刷广告实物。

西方将印刷技术运用于广告是在我国造纸术和印刷术传入欧洲以后。15 世纪下半叶，英国出现了最早的印刷广告单，是出版人威廉·坎克斯顿印制的推销宗教书籍的广告，内容是：“需要购买用这个字体印刷成美丽无误的灵魂符咒的二、三个礼拜规则的僧侣或其他人，请到韦斯特·闵斯特施舍分配所挂有红竖线招牌的店铺里去，价格便宜，请勿揭掉。”这标志着西方印刷广告的开端。

印刷广告的出现开启了西方近现代广告发展的引擎，而此时我国正处于明清时期，广告业渐渐落后于西方。最早进入和建立现代广告体制的历史不得不由西方人书写。

（二）现代广告产业的形成

古代的广告业只停留在广告活动的范畴内，尚未形成一种独立的产业。从载体形式上看，古代广告或是口头声音、声响或是墙壁、幌子、泥板、纸张，这些载体形式还算不上广告的媒介；从传播范围上看，受众范围狭窄；从古代广告产业链来说，生产者和广告商合二为一。

广告产业这一概念的出现，既是广告活动的实践发展的结果，也是广告理论研究必须提出的范畴。广告何以成为产业呢？什么才是广告产业呢？对这些问题，学者和广告人已有研究。对产业较流行的定义是“生产同类产品（或服务）及可替代产品（或服务）的企业群在同一市场上互相关系的集合。”[①] 丁汉青认为“广告产业就是生产或提供调研、策划、创意、制作、媒体购买、发布等一系列与广告活动相关的产品或服务，并在同一市场上发生关系的组织的集合。主要有广告代理公司、广告传媒和广告下游公司组成。”[②]

现代广告的出现发生在美国内战后不久。随着西方近代科学技术的进步、大众传媒的发展以及信息革命在全球范围的爆发，最终加速和促进广告的产业化进程，使广告成为独立的现代信息服务业。

经济的发展和传播技术的提高奠定了广告产业进一步发展的稳固基础。公元14—15世纪后，西欧商品经济获得空前的发展，推动了资本主义萌芽的成长。商业竞争呼唤着广告的到来，公元18—19世纪英、法、美相继发生工业革命，工业经济逐步取代农业经济，资本主义经济空前大发展，工业革命带动了一系列的社会变革，也加速了近代广告业的产业化。在传播技术方面，印刷技术的改进，尤其是古登堡铅活字印刷的发明，不仅提高广告印刷的速度和质量，而且增加广告样式，摆脱了以往口头、幌子等较为单一的宣传方式，印刷广告有了产生的可能。

现代广告产业的形成需具备以下关键要素：

1. 大众媒介的出现和传播技术的进步

现代大众媒介包括报纸、期刊杂志、图书、广播影视、音像、网络等，广告只有附着于它们才会“广而告之”，因此它们的相继出现和成熟以及与广告的结合使得广告产业发生了革命性的变化。

以报刊广告为例，欧洲最早的报纸出现于公元13—14世纪，它是一种新闻纸，上面刊载了某种商品的信息，实际上也是为这种商品做了广告。由此观之，欧洲报纸在产生之初就与广告有了不解之缘，为报纸广告的产生打下了良好的根基。

世界上第一则报纸广告出现于1650年，刊登在英国《新闻周刊》上的一条寻马悬赏启事。报刊出现后，随着经济发展和人们对信息的需求，越来越多的人关注报纸，报刊开始大众化。大众化的标志性事件是19世

---

① 国家体改委：《中国国际竞争力发展报告1997》，131页，北京，中国人民大学出版社，1998。

② 丁汉青：《广告经济学》，221页，北京，经济管理出版社，2009。

纪30年代由美国人本杰明·戴所发起的“便士报”运动。此次运动最先由《纽约太阳报》带头，即一便士买一份报纸。直接促成了以普通大众为受众群体的通俗类报纸的大量涌现，这一报刊大众化的趋势迸发了报纸潜在发展的活力和空间。大众报刊便捷、低成本、传播范围广的特点使它成为刊登广告的理想载体，报纸广告业渐渐产生。美国人沃尔尼·B·帕尔默（Volney B. Palmer）是世界广告史上第一位挣得广告佣金的人，1840年，他在费城为各家报纸兜售版面，向报纸出版商收取50%以下的佣金，并于第二年，开设一家广告代理公司，在业务性质上还属简单的媒介代理范畴。

公元1850—1911年间，在世界上颇具影响力的几家报纸先后创立。为了跟上经济发展形势和满足人们的信息需求，报纸和杂志成为积极的响应者，快速走向大众化道路，如1851年美国的《纽约时报》、1872年日本的《每日新闻》、1896年英国的《每日邮报》等都迅速变为主要的广告媒介。这些报纸与广告开始紧密结合在一起，互利共赢，报纸的主要收入来源于广告，广告通过报纸实现其传播功能。《纽约时报》的广告篇幅曾一度不下于整个篇幅的60%。

杂志广告继报纸广告后应运而生。1645年1月15日，*The Weekly Account* 杂志第一次开辟了广告专栏刊登广告，在该杂志中首次使用“Advertisement”一词来表达广告之意。

1853年摄影技术一出现旋即就被作为一种新的载体运用于广告制作，纽约的《每日论坛报》在为一家帽子店做广告时第一次采用了照片。19世纪末，人类发明了无线电技术，广播电台产生，20世纪20年代后广播走向大众化，广告也悄悄渗入广播。这一时期电视技术也产生了，预示着电视广告的到来。

2. 广告公司的出现

广告要成为产业，需要专业的广告生产、策划和营销机构。随着社会的发展和广告活动的需要，广告公司应运而生。广告公司产生以前，广告还不是一个独立的行业，例如17世纪以前的报刊广告是由广告主直接与报社联系，由报社工作人员设计制作而成的。广告古已有之，也有广告主做财政支持，但没有广告经营中介如广告公司，这就很难判断广告活动是否成为产业。从某种意义上讲，广告经营中介的产生是广告产业化的重要标记。

广告代理商是广告公司的前身，全球第一家广告代理店是在1610年英国国王詹姆斯一世的特许下由两个骑士开设的；1612年，法国出现了由J·雷纳德创立的“高格德尔”广告代理店。而真正现代意义上的广告代理业则诞生于美国，广告公司的出现使广告代理走向了新的阶段。这便是伏尔尼·帕尔默于1841年在美国费城开办的第一家广告公司，虽然它的主要工作只是向报社购买版面，其余广告制作还是由报社承担，但它的做法使报社效率得以提高，受到了报社的重视和欢迎。1869年美国人弗兰西斯·艾耶（Francis Ayer）创办了艾尔父子广告公司，起初的业务范围仍以媒体代理为主。大约1890年他的公司经营的重点从为客户买版面发展到替客户与报社讨价还价，帮助客户制定广告策略与计划，进行文案策划。自此，一家现代广告运营模式的广告公司开拓者出世了。20世纪以后，广告公司呈现蓬勃发展的态势，大批专业性质的广告公司纷纷涌现。此时的广告公司逐渐由依附于媒介且只能单一做代理业务的公司，逐渐转变为拥有独立的运作系统、功能完备的现代广告公司。

3. 广告理论的形成和广告管理的出现

任何行业的发展都需要理论的指导，而理论又是从实践中总结和升华而来的。广告理论的出现是经过无数广告实践的积淀，是广告产业发展的重要组成。西方开始进行广告理论研究始于19世纪末。在这之前，1866年劳霍德（Laiwood）和哈特（Hatton）合作写成《路牌广告的历史》一书，对路牌广告的发展进行了梳理；1874年，H. 辛普森（H. Sampson）写成《广告的历史》一书。而真正意义上研究理论指导和理论发现方面的著作，则是由瓦尔特·狄尔·斯科特分别于1900年和1903年所著的《广告心理学》和《广告原理》，这些著作为广告学的形成和广告产业的发展奠定了理论基础。

20世纪广告产业的蓬勃发展推动了广告理论研究的发展，广告理论的发展大体上经历了三个时期：产品推销时期（20世纪前40年）、创意时期（20世纪五六十年代）、现代时期（20世纪70年代后）。[①] 各个时期有不同的理论流派：产品推销时期——以阿尔伯特·拉斯科尔为代表的理性推销理论、以西奥多·麦克马纳斯和雷蒙·罗比凯为代表的感性推销理论和以罗瑟·瑞夫斯为代表的USP理论；创意时期——以大卫·奥格威为代表的科学派创意理论、以威廉·伯恩巴克为代表的艺术派创意理论和以李奥·贝纳为代表的芝加哥派创意理论；现代时期——里斯和特劳特的定位

① 孙顺华：《中外广告史》，125页，济南，山东大学出版社，2005。

理论、品牌理论、CIS理论、整合营销传播理论。

任何一种行业的健康有序发展都离不开有效的管理机制，广告产业亦不例外，同样需要相适应的制衡机制和自律体系。1907年，英国出现第一部比较完备的《广告法》。1911年最早的专门法案《普令泰因克广告法草案》诞生。1914年美国成立“销数核计局”（ABC），同年又改为“商业改进局”（BBB），主要负责监管商业运营（包括广告的经营）。行业协会是广告产业自我约束组织。1910年美国全美广告经理人协会成立，它就是今天全美广告人协会（ANA）的前身。

广告新技术和大众传媒的发展、广告公司的出现以及广告理论的形成和广告管理的出现，将现代广告产业从广告活动的混沌状态中拉出来，成为一个独立的产业。以上几点要素的出现，标志着现代广告产业的形成。

（三）广告产业的发展

19世纪末20世纪初，广告活动由分散走向整合，由零散走向链条，现代广告产业体系基本形成。20世纪后，广告产业进入高速发展的时代。科技革命特别是第三次科技革命的爆发，为广告产业的发展提供了技术的支持和传播领域的扩大；世界经济的发展尤其是经济日益全球化，使广告公司开始走向国际化、全球化，营销观念随之变化，运作机制日趋完善。广告理论流派出现。

进入20世纪后，广告媒介发展最引人注目的是广播、电视、网络。以广告产业最发达的美国为例来透视世界广告媒介的发展。1920年美国第一家取得商业营业执照的西屋电台成立，它是公认的美国第一家广播电台，然而戏剧性的是它的成立却是受了一则报纸广告的启发。1922年创立的一家商业广播公司，开了广告商出售空中时间的先河，这便是最早开展广告业务的电台WAAF，1926年11月15日美国全国广播公司（NBC）在纽约成立，它是全美最早的广播网。此后美国多家广播电台纷纷成立，广播也成为广告的一大载体。“1928年广播广告营业额为1050万美元，1948年为5.616亿美元”。[①] 1941年美国电视台获准开播广告，电视媒介将不同的电视播出时间段售给广告公司。电视当仁不让成为广告最大的平台。第二次世界大战后，电子计算机发明，它逐渐由军事领域转向民用领域。特别是20世纪80年代后，电脑和互联网的大发展为广告提供了又一空间。

① 陈培爱：《现代广告学概论》，47页，北京，首都经济贸易大学出版社，2004。

第二次世界大战后世界经济格局发生新的变化，各国经济壁垒逐渐被打破，经济全球化趋势明显。作为国民经济中的一个部门，广告产业也走向国际化、全球化，突出表现是跨国广告公司的建立与广告公司间的全球扩张与兼并。许多进行全面代理的大型广告公司开始走国际化道路，如世界著名的跨国广告公司麦肯、李奥·贝纳、电通等。广告巨头奥姆尼康集团于1986年与BBDO环球、DDB广告及Needham harper合并，1997年收购GTT，逐渐走向国际化。

经济全球化带来市场全球化，而市场全球化促进市场营销观念的变化，由以需定产转变为更加注重消费者本身。随着营销环境的变化，广告公司的营销策略也在进步，整合营销理念应运而生，整合营销理念实质上是通过对传播手段的整合，来达到关系利益者的整合。

二、广告产业基本概念

广告产业的形成如果从20世纪初算起，到现在已有一百年左右的时间了，然而从学理上为广告产业定性，也就是探讨广告产业的性质是近二三十年的事情。这一问题的提出不仅关系到广告行业实践指导，更关系到广告学科建设和理论的进一步发展。虽然这个问题已是个老问题，但现在学界还在讨论。中外广告学界和广告的直接创作参与者至今没有得出一个相对统一的结论，从政府相关部门到学者个人对这个问题都有不同的看法，而且处在不断变化之中。因此，从现代社会发展的复杂语境中要说清楚现代广告产业的性质绝非易事。笔者认为我们可以从两个角度理解这个问题，一是从发展主观上分析它应归属于什么产业，这属于文本或概念分析；二是从行业客观上分析目前它是什么产业，这属于实在性分析。现今学术界多从与第三产业、文化产业或创意产业为参照概念来探讨。下面，我们从广告产业与三者的关系角度做尝试性分析。

（一）广告产业与第三产业

改革开放后广告产业重新焕发生机，但当时广告产业的力量十分薄弱，很难形成规模，据统计，到1978年末，我国专业性质的广告公司尚不足10家，甚至报纸、广播、电视等媒体都涉猎甚少。但是随着改革开放，市场经济的引入刺激了广告产业发展的活力和潜力。“1981年至1992年的11年间，全国广告营业额从1.18亿元增加到67.86亿元，平均每年递增41%；广告经营单位从2200家发展到16683家，平均每年递增20%；

广告从业人员从1.6万人增加到18.5万人，平均每年递增26%”，[1] 这一时期广告的产业独立性开始凸显。到20世纪80年代末广告业被划分为服务业，成为第三产业的一部分。

关于第三产业的界定，2003年5月，国家统计局做出规定：第三产业指除第一、二产业以外的其他产业。第一产业为农业，第二产业为工业，由于广告产业的业务优势主要体现在为企业、组织、媒体、团体提供信息服务上，具有浓重的信息服务色彩，故长期以来被界定为信息服务业，属第三产业。企业的生存和发展越来越离不开广告的服务，这已被经济学家、市场学家和企业界人士所公认。1992年12月，原国家计划委员会（现国家改革和发展委员会）和国家工商行政管理局联合发表《关于广告业发展的规划纲要》，明确指出广告产业属“知识密集、技术密集、人才密集的高新技术产业”。在国家层面上更加明确了广告产业的性质。

从传统的观点来看，将广告产业归入第三产业在某种程度上是合理的，但随着广告产业的运作机制和业务范围的扩大以及广告更加产业化，第三产业的内涵已不能包涵广告产业，再把广告产业完全归入第三产业，就会制约它的发展。广告产业在辩证思辨和实践的突破超越上正向新领域发展。

（二）广告产业与文化产业

近年来，人们对文化的需求迅速增长，文化产业热已成为不再陌生的社会现象。1947年法兰克福学派代表人物阿多诺和霍克海默合著的《启蒙辩证法》出版，该书首次提到“文化工业”一词，该词后来逐渐被法国社会学家们接受，并演变为“文化产业”一词。“文化产业”这个概念“不仅想要指出文化产业的复杂程度，还想辨别不同类型文化生产所遵循的不同逻辑”。[2] 关于“文化产业”这一概念的解读，西方国家大多从版权产业、内容产业、创意产业上来界定。

对文化产业的概念认识是一个层层递进的过程。联合国教科文组织对文化产业的定义是：按照工业标准，生产、再生产、储存以及分配文化产品和服务的一系列活动。江蓝生、谢绳武的《2001—2002年：中国文化产业发展报告》认为：“就所提供产品的性质而言，文化产业可以被理解为

① 陈凯征、宋玉书：《广告通论》，32页，长沙，中南大学出版社，2007。

② ［英］大卫·赫斯蒙德福：《文化产业》，18页，北京，中国人民大学出版社，2007。

向消费者提供精神产品或服务的行业；就其经济过程的性质而言，文化产业可以被定义为‘按工业标准生产、再生产、储存以及分配文化产业和服务的一系列活动’；在我们这个特定的制度环境下文化产业除了具有一般产业属性之外，还具有某些特殊的社会和意识形态属性。”2004年3月29日，国家统计局发布的《文化及相关产业分类》给出了一个社会认可度比较高的定义：为社会公众提供文化、娱乐产品和服务的活动，以及与这些活动有关联的活动的集合。《国家“十一五”时期文化发展规划纲要》明确提出重点发展的九大文化产业，包括影视制作业、出版业、发行业、印刷复制业、广告业、演艺业、娱乐业、文化会展业、数字内容和动漫产业。2009年7月，国务院常务会议讨论并通过《文化产业振兴规划》，提出“以文化创意、影视制作、出版发行、印刷复制、广告、演艺娱乐、文化会展、数字内容和动漫行业等产业为重点，加大扶持力度，完善产业政策体系，实现跨越式发展”。

将广告产业列入文化产业的范筹是我国从广告业发展的角度所作出的考量，英国、新西兰等国家也是如此划分。广告的文化属性与文化产业概念的内涵以及发展的外延，产生了高度的契合，形成了有机的统一。广告产业属性关系的理清，有助于广告产业向更高层次发展，同时与文化产业相得益彰。

首先，文化产业发展政策泽及广告产业。文化软实力的竞争日渐成为国际竞争重头戏，当前文化产业在各国都得到重视，许多国家的政府部门都设立了负责文化产业发展的专门机构，如我国文化部下设的文化产业司、韩国的文化产业振兴院等。文化产业政策相继出台。例如，2003年9月我国文化部制定下发的《关于支持和促进文化产业发展的若干意见》；2004年，国家统计局在与中宣部及国务院有关部门共同研究的基础上，制定了《文化及相关产业分类》；2009年7月，国务院常务会议讨论并通过《文化产业振兴规划》；2010年，国家九部委联合出台《关于金融支持文化产业振兴和发展繁荣的指导意见》；2011年10月举行的中共十七届六中全会明确指出推动文化产业成为国民经济支柱性产业等，2012年2月，中共中央办公厅、国务院办公厅联合颁布的《国家“十二五”时期文化改革发展规划纲要》指出，要实施一批重大项目，推进文化产业结构调整，发展壮大出版发行、影视制作、印刷、广告、演艺、娱乐、会展等传统文化产业，连续多项优惠政策的出台不仅为文化产业搭建了良好的发展平台，促进文化产业与产业内部行业实现良性沟通，广告产业作为日头正盛的行业得惠更多。

其次，文化产业内部高度的互补性带动广告产业发展。文化产业的整体发展势头，高速增长的趋势，与传媒、旅游、文化会展如火如荼的发展带动有关，同时，广告产业的强烈的渗透性，使得这些行业与广告产业有着密不可分、千丝万缕的联系，产生了强大的互动磁场。

再次，广告产业的发展对整个文化产业的繁荣起到内部推动效应。广告的文化属性使其发展必然提升某个国家或地区的文化软实力，广告产业的发展水平能反映地区的文化发达程度，这已是公认的事实，广告产业的繁荣程度在文化产业整体剖面上直接展现了发展程度，所产生的整体联动效应更是巨大。

（三）广告产业与创意产业

创意产业（Creative Industries）出现于20世纪90年代的英国，创意产业同文化产业一样都是以文化为基础的，但是创意产业的内涵有三个核心要素：文化、创意和产业。创意产业的概念与文化产业一样拥有争议，这两者的关系难舍难分，有些国家和地区的文化产业又称作创意产业，如英国、澳大利亚以及我国的香港地区等。我国有的学者认为“创意产业是文化产业发展的高级阶段”[①]。对于创意产业的定义学界和政府部门给出了不同的回答。作为创意产业一词的起源国，1998年英国发布的《英国创意产业路径文件》对创意产业概念做出了界定：“发源于个人创造力、技能和天分，能够用于应用知识产权创造财富和就业机会的产业”。“创意产业之父”约翰·霍金斯指出了属于创意产业的范畴即“广告、建筑、艺术、工艺品、设计、时装、电影、音乐、表演艺术、出版、研发、软件、玩具和游戏、电视和收音机、视频游戏”[②]。在产业范围的界定上，以其产品归属于知识产权保护范畴内的经济行为。在我国官方文件中，创意产业一词出现于2006年9月13日中共中央办公厅、国务院办公厅印发的《国家“十一五”时期文化发展规划纲要》中。《纲要》指出：“鼓励经济发达、创意人才资源较为丰富的城市，发展文化科技、影视制作、音乐制作、时尚设计、艺术创作、工艺美术、广告创意、动漫游戏等文化类创意企业。创造崇尚创新、追求卓越的产业氛围，扩大文化创意产业在全社会的影响

---

① 郭嘉：《从“文化产业”走向“创意产业”——对广告产业发展有关问题的思考》，《广告大观》，2010（6）。

② ［英］约翰·霍金斯：《创意经济——如何点石成金》，96—128页，上海，三联书店，2006。

力和带动力。充分发挥文化创意在内容创新和传统企业改造中的积极作用，利用文化创意成果拉动相关服务业和制造业的发展。”

从创意产业的概念内涵及分类归属的视角上看，广告产业隶属于创意产业的概念关系中。在我国，无论广告界、学术界还是相关政府部门，也把广告产业划入创意产业。陈培爱主编的《创意产业与中国广告业》一书认为“广告业和创意产业是与文化经济融合最全面的产物，它们都是以文化为创作的基础。创意产业因此也被称为文化创意产业。广告业其实就是创意产业的一个部分，它们内在的特性和性质是相同的，只不过广告业的形成和发展比创意产业早，结构和内容也相对简单。创意产业是更高一层的创意市场，包含的内涵深入到社会的各个角落，带来的经济效益也更为可观。”① 但有些学者认为我国当前的广告产业正处在传统的广告业阶段（相对于新媒体而言），仍然介于服务业与文化产业之间，还不能称之为创意产业。②

比较广告产业和创意产业的内涵和外延，将前者列入后者，成为后者的重要组成，具有理论上的合理性和实践中的可行性。在共性方面，二者均具有文化属性，且都是以文化产品作为经济活动的介质，并实现利润获取增值的行为；同时，在发展动力上，都是以创造性、创新性活动为主，保持原创风格和独特性格是其内涵。在实践中，经济、文化的全球化趋势，科学技术突飞猛进，经济态势万象更新，客观存在的宏观大环境是二者结合的共同推动力量。

创意是广告的灵魂，广告产业的发展需要创意，不仅要包括广告设计与策划的创意，还要包括广告的载体、设计的参与方式的创意等等。我国的广告产业近些年来发展迅速，但整体水平还不算高，尤其在创意方面，亟须进一步改进和提升。

三、广告产业的特点

广告产业作为一个独立运作体系的产业，与其他产业相比，有自己的特点。

（一）广告产业发展空间巨大

改革开放后，中国的广告产业迎来了绽放的春天，无论在发展速度上

① 陈培爱：《创意产业和中国广告业》，厦门，厦门大学出版社，2008。

② 丁汉青：《广告经济学》，225页，北京，经济管理出版社，2009。

还是在发展规模上都有了长足的进步。据统计，1981—2005 年中国广告经营总额持续上涨，平均增长率达 36.13%。全球广告市场规模也呈蓬勃发展的态势，世界知名的媒体传播公司——实力传播集团①发布的《全球广告市场预测报告》指出：预计 2012 年全球广告支出将达 4890 亿美元，同比增长 4.8%。2013 年和 2014 年的广告支出预计将分别增长 5.3%和 6.1%。目前中国已成为全球第三大广告市场，并快速追赶排名第二的日本。2005 年中国广告市场规模是日本的 23%，2011 年为 69%，预计到 2014 年将提高至 98%，广告支出达 480.78 亿美元。到 2015 年，中国有望成为全球第二大广告市场。2011 年至 2014 年间，全球 60%的广告支出增长将来自发展中国家，其中 49%的增长将来自于 10 个发展中国家，仅“金砖四国”（中国、巴西、俄罗斯、印度）市场就占全球增长的 33%，此外，预测另外 6 个快速增长的市场将各自向全球广告市场贡献 10－40 亿美元，占全球广告支出增长的 16%，它们分别是印度尼西亚、阿根廷、南非、韩国、墨西哥和土耳其。由此可见，广告产业发展潜力巨大。

广告产业的发展政策空间巨大。文化产业的发展能够为广告产业的发展带来能量，带来良好的政策环境。在国家层面上，近几年我国政府对文化产业的重视程度前所未有，国家文化软实力亟待提升，广告产业有着难得的发展机遇。

从世界范围看，企业生产国际化，跨国企业集团比比皆是，走向国际市场成为一种需要，必须依靠优秀的广告公司做后盾来强化宣传，提升形象。美国互动广告局最近发布的报告指出，美国去年在互联网的广告收入达破纪录的 310 亿美元，比 2010 年的 260 亿美元增加了 22%。约有半数即 148 亿美元的收入是来自搜寻类别，这些是由谷歌及其他业者针对搜寻字眼及其他关键词而推销的文字式广告。增长最快的类别是在 2011 年收入达 16 亿美元的手机广告，比上一年的 6 亿美元超出一倍多。②

（二）具有系统化、科学化、高效化的特点

广告产业作为特殊的代理服务行业，主要为广告主提供市场调研、广告创意与策划、信息的发布与反馈等广告服务，这种服务要求广告公司运作系统完整、科学、高效。广告公司内部的管理和机构设置以及广告公司

① 实力传播集团官方网站：http：//www.zenithoptimedia.com.cn/。

② 中华人民共和国国家商务部网站：http：//www.mofcom.gov.cn/aarticle/i/jyjl/l/201204/2012048080966.html。

与媒体等的合作机制也要系统化和科学化。管理组织结构的资源配置直接影响效率的提高。

1. 属于知识密集、人才密集、技术密集型产业

广告产业进行的是内容生产和创意，主要靠广告生产者的想象力、创造力为广告主提供服务，因此要求广告从业者拥有较多的知识储备和较高的创意才能。同时广告生产需要多方面的技术，如网络技术、营销技术、设计制作技术等。运作规范的广告公司在机构设置、组织安排和人员配备上都有成套的方案，尤其是在人才方面，侧重专业性、创新性、复合型。在专业制作方面，既要有策划人才、文案人才，又要有美工人才；既要有钻研业务的策划人员，又要有开拓市场能力的营销人员。同时经营管理型人才更是不可或缺。广告产业的系统化、科学化、高效化的特点使其对智能资源、人才资源、技术资源渴望强烈。这一特点正是广告产业区别于一般服务业的标志。

2. 从传统的信息服务业逐渐发展为现代信息产业

信息服务业是第三产业的重要组成，也是在国民经济发展中起先导作用的产业。信息服务业是开发利用和传播发布信息资源的重要产业部门，向社会提供信息、知识和智能。传统的信息服务业包括图书馆业、档案业、新闻出版业、广播业、电视业、电信业、科技情报和社科情报业等，随着经济的发展和技术的进步，传统信息服务业正向现代信息服务业发展，催生了网络服务业、数据库业、软件服务业、系统集成业、信息咨询服务业等。信息产业是信息服务业产业链化的结果，是它的延伸和扩大。

广告产业属于信息服务业。“美国经济学家马克·波拉特提出的四次分类法，即把所有的经济活动部门分为农业、工业、服务业和信息业。他的第四产业——信息业包括第一次信息部门和第二次信息部门。其中第一次信息部门包括计算机制造、电器通信、印刷、大众传播、广告宣传、会计业及教育等。”[①] 广告经营者根据广告主的意图生产广告信息，并向广告受众传播。广告产业的发展必须适应现代行业发展规律，突破传统领域的束缚，向现代信息业进军。现代信息产业是在知识产业研究的基础上发展起来的，网络、手机、电子触摸屏等媒体进入广告产业，成为它的新载体。高新技术的发展加快了广告产业发展为现代信息产业的步伐。

---

① 陈凯征、宋玉书：《广告通论》，36页，长沙，中南大学出版社，2007。

第二节　广告市场的构成

广告市场是进行广告经营活动的场所，是呈现广告产业发展程度的表现形式。“所谓的广告市场，就是指具有广告传播需求和支付能力的广告主与从事广告经营活动的广告经营者、广告传播的广告发布者和作为广告信息接收者的广告受众组成的集合体。”① 广告市场一般是由广告主、广告代理、广告信息、广告媒介、消费者、广告费等组成。

一、广告主

1994 年全国人大常委会通过的《中华人民共和国广告法》界定广告主为“推销商品或者提供服务，自行或者委托他人设计、制作、发布广告的法人、其他经济组织或者个人”。广告主是广告产业的重要构成，在广告市场中扮演着多重角色，既是广告活动的发布者，是在报纸杂志、网络、电视等媒介销售或者宣传自己产品和服务的商家，也是广告活动的直接受益者。在广告市场中起着至关重要的作用。

（一）广告主的类型

广告主是一个集合体，标准不同，类型各异。对广告主进行类型划分，是广告市场运作的必然结果和广告研究的客观需要，有利于广告公司进行市场定位和市场推广。

1. 根据经营性质的不同可划分为：

（1）企业

企业是依法设立的以盈利为目的的、从事特定的生产经营或者服务活动的独立核算的经济组织，为更好地促进产品和服务走向市场，迫切需要广告这一有利工具。它是最普遍、最常见的广告主。

（2）政府机构和事业单位

政府一般是为了做公益活动，如宣传党的方针政策、对社会舆论和风气进行导向等，在很多时候成为广告市场不可或缺的参与者。

在我国，事业单位属财政拨款，不以盈利为直接目的，但目前许多地方的事业单位日渐走向市场化模式，同行业之间或各单位之间经受着竞争的考验，广告宣传在引起目标受众的注意力方面起着不小的作用。例如我

---

① 杨同庆：《广告市场经营活动规范》，《城市党报研究》，2005（5）。

国各高校招生的竞争逐年加剧，而学生的总数在逐年递减，高校招生出现了僧多肉少的局面。许多高校有被市场淘汰的风险，所以每年高考后都有大量的高校进行广告宣传。

(3) 社会团体

社会团体是由公民或企事业单位自愿组成、按照章程开展活动的社会组织，主要有行业协会、学会、联合会等。社会团体做广告的目的一般是宣传社团宗旨、招募成员、开展公益活动等，它也是广告主的一大类。

(4) 个人

个人由于生活、交往以及传播个人需求信息的需要，成为一个类型的广告主。比如，求租、求职、交友征婚等信息，多见于报刊、广播等。

2. 根据经营规模或范围大小可划分为：

(1) 国际性广告主

国际性广告主一般以国际市场为营销目标，其营销网络遍布多个国家和地区，如跨国公司即是这种广告主的典型代表。该类广告主的广告策略依据不同的产品属性和受众地区的不同文化背景而制定不同的策略，一般情况下，通过委托具有全球广告业务运作能力的大型广告公司代理完成。

(2) 全国性广告主

全国性广告主是面向一个区域或全国进行广告活动的，一般具有较丰富的广告宣传经验，对其广告经营者要求较高，通常让具有全国影响力的广告经营者代理其业务。从目前来看，此类广告主是我国广告市场里的主流，其广告投入费占全国广告投入总额的比重很大。全国性广告主做广告主要是为了扩大知名度，树立品牌，追求长远效益。

(3) 区域性广告主

区域性广告主是在某一地区开展广告活动的，这类广告主的广告投入也是相当可观的。他们数量多、遍布城乡街巷。一般在当地媒体上做广告。广告样式纷繁复杂，一般根据产品属性、种类、特点来择优选择广告经营者。这类广告主一般多见于连锁店、专卖店、零售终端，以及地方性政府、企事业单位。

3. 根据经营内容的不同可划分为：

(1) 生产性企业

生产性企业是指从事生产资料和消费资料生产的企业。他们一般以企业为销售对象，以人员销售为主要促销方式，一般不直接面向消费者，广告投入比较低。他们做广告的主要目的是树立企业的品牌和形象，一般选择在与本行业相关的专业媒体上发布广告。

（2）流通性企业

流通性企业在经济运行中起着生产者和消费者桥梁的作用，它是购买生产者的商品后再转卖给消费者。一般包括大型购物中心、专营机构等。为了自己的效益，他们也做大量广告，一般不通过大型专业媒体，而是发布在印刷式媒介上，如海报、传单、宣传册等。

（3）服务型企业

第三产业在我国改革开放后兴起并迅速发展起来，第三产业所囊括的企业在人们的日常生活中扮演的作用越来越重要，这些企业成为重要的广告主。他们不提供直接的物质产品，而是提供无形的服务，如精神需求等。这类广告主一般包括金融机构、旅行社、通信公司等。广告一般出现在报纸、广播、电视、海报中，形式多样，广告投入比较大。

（二）企业广告部门的职能

市场经济体制下，商品和服务的竞争十分激烈，为了保持自身竞争力和现实利益的需要，多数企业都设有自己独立的广告部门，作为企业综合管理系统的一部分，策划、推广、营销自己的商品或服务。国内外许多大公司都设立有自己的广告部门，也有少数企业在此基础上设立自己的广告代理公司，可见在企业内部广告部门的重要性。但是，企业里的广告部门毕竟比不上专业的广告经营企业，企业里重要的广告活动还是离不开专业的广告经营者。企业内广告部门的隶属关系因企业而异，有直属于总经理的，也有直属于销售部经理的。企业内的广告部门不管隶属于谁，它都必须与其他企业部门密切配合、协调工作，共同促进企业的发展。

企业内的广告部门有与专业广告经营企业不同的职能，主要有根据公司战略制定广告活动规划、选择合适的广告代理公司、编制广告预算、参与监督、评估、公关等。具体职能如下：

1. 参与企业战略决策的制定

企业广告部门相当于企业的情报部门，它对市场情况有很深的了解，熟悉企业的外部环境（经济形势、消费者需求、行情等）和内部环境（人力物力财力、公司形象、产品品牌、生产销售状况等），可在公司高层决策会议上提出有价值的信息和建议，根据企业营销计划和广告目标，提出相应的广告决策。

2. 进行广告计划的制定和实施

制定行之有效的广告计划是企业营销计划的一个重要部分。在制定周密有效的广告计划之前须做好广告调查工作，明确行情，正确定位自己。广告部门根据企业营销目标和营销计划，制定广告目标、广告内容、广告时间、广告区域、广告策略、费用预算、效果评估体系等。选择合适的媒介作为载体，以明确广告活动的对象、层次、传播方式。选取适合的委托代理机构、调研机构、制作机构等。

广告计划的制定只是广告活动的开始，有步骤有条理地实施才是关键。这些程序或者步骤一般包括，广告设计及制作、广告发布、广告效果评估及反馈。一般的公司不会将广告的设计、制作任务交给企业内的广告部门，只让它负责广告的监督和效果的评估与反馈工作，而把广告设计制作的专业问题交给广告代理公司来做。企业内的广告部门负责与所合作的广告代理公司洽谈合作事宜，提出企业的广告诉求，并与广告代理公司签订相关合同，对整个广告过程进行监督与评估。

3. 开展配套的公关活动

制作广告是一个复杂的过程，不仅涉及企业内部的相关部门，而且包括广告代理公司和相关媒介组织。广告部门开展公关活动一方面洽谈广告合作事宜，搜集相关信息；另一方面负责维护、树立企业的良好形象，使企业与广告合作者、消费者和谐相处，建立良好的沟通平台和信用基础，为企业开拓业务营造良好的外部环境。

4. 搭建协调合作的工作关系

广告部门作为信息传播机构，必须与企业内的生产部门、销售部门、管理部门互相协调合作。广告部门为生产部门提供有用的信息，从而改进产品质量、促进更新换代；广告部门与销售部门的一个共同目标是促进产品的销售，两者需要互相配合；广告部门为管理部门提供信息，提出广告计划，为决策层建言献策。此外，企业的广告部门还应与外部广告主保持好的互动关系。

二、广告公司

广告公司是指依法成立、专门从事广告服务的企业法人，是广告市场的重要主体。美国《现代经济词典》将广告公司界定为“以替委托人设计和制作广告方案为主要职能的服务性组织”。

（一）广告公司的类型

广告公司类型繁多，根据不同的标准，可划分为不同的类别。如依据广告公司的服务和经营范围，可划分为全面服务广告公司、专业服务广告公司；依据广告公司代理的对象，可划分为客户代理公司和媒体代理公司；依据广告公司的所有制性质，可划分为国有广告公司、民营广告公司和中外合资合作广告公司等等。下面我们重点介绍前两种划分法下的广告公司类型。

1. 根据服务和经营范围来划分，可分为：

（1）全面服务广告公司

此类公司旨在为客户提供全面服务，既有广告方面的服务也有非广告方面的服务。广告服务主要有市场调研、广告策划与制作、媒体选择等；非广告服务包括包装、公关、促销、撰写年度报告、筹备交易展览会以及出售培训材料等。此类公司涵盖各方面的专业人才，规模大，信誉度高。全面代理是其主要特征。

（2）专业服务广告公司

此类广告公司具有很强的专业性，指向客户提供某类广告服务，帮助广告主解决广告活动中的某些问题。此类广告公司因其各方面专业性精研程度不同，又可分为许多种。广告主根据自己产品的属性和特点，可以考虑与多家专业广告公司合作。这样做有利于发挥各自优势，不足之处是难以有效整合，以产生整体效应。专业服务公司又可分为以下几种：

①广告创意公司

此类广告公司俗称“点子公司”，侧重于创意的开发、为广告客户提供创意，使其广告更加丰富、新颖。创意是广告的核心和灵魂，创意广告公司可谓专业性广告服务公司的先头军。

②广告调查公司

专门为广告客户提供信息情报服务，开展调查的内容有市场信息、媒介信息、广告效果与影响、政治经济形势等。广告调查公司进行的调查工作比较准确和客观，有利于广告主进行广告分析与决策。

③广告策划公司

专门为客户提供广告策划方案及市场预测分析，以使广告的营销更具针对性。

④广告设计制作公司

主要是为广告主提供广告设计和制作。

2. 根据代理对象的不同来划分，可分为：

（1）客户代理公司

客户代理公司受客户委托，为其承担市场调研、策划与设计、制作等方面的广告服务。它在市场信息、媒介、专业人才等方面的优势，可以帮助广告主达到其广告宣传和营销目的。

（2）媒体代理公司

媒体代理公司第一种是媒体购买公司，为客户（包括广告公司和广告主）购买媒体的广告时间或空间。这种公司较一般的广告公司有如下几个方面的优点：

①在媒体日益增多和新媒体出现的复杂情况下，媒体代理公司较一般广告公司更能承担起购买时间和空间的任务；②媒体代理公司购买的媒体数量比较多，故拿到的价格比广告主或广告公司低的媒体时段或位置；③由于媒体代理公司与众多媒体建立了特殊利益关系，可以为广告主做一般广告公司做不到的事。

媒体代理公司第二种是媒体集团总支下辖的一分支机构，即组织内部的广告部门。

（二）主要组织架构分析

广告公司根据业务需要、发展目标、自身特点等方面的因素合理地设置自己的组织架构。广告公司由于自身实际情况的不同、管理方法的不同，在组织架构上的设置也不尽相同，同一类型的公司也会有不同的组织架构。目前，从跨国广告公司和我国广告公司的组织架构看，广告公司一般采取按职能设置、按客户设置、按地区设置、按服务项目设置等四种形式。

1. 按职能设置

广告公司除拥有一般公司所具有的行政、人事、财务等必备部门外，有其特色的职能部门。一般广告公司按职能下设市场调研部、创意策划部、客户服务部、媒介宣传部等。这种组织形式多被全面服务广告公司所采纳。按职能设置结构，有利于调动各职能部门的积极性，使其各司其职、各显其能；有利于广告业务的专业化运作，使人力资源有效发挥；有利于公司高层直接领导，发挥集中管理协调的优势。这种划分也有不足之处，由于工作环境的原因易产生部门自大思想，过分顾及本部门利益，缺乏全局观念。有些广告公司在按职能设置的基础上，采用矩阵式管理模式，即当为某客户服务时从各职能部门抽调人员组成一个专门项目小组。

2. 按客户设置

这种方式又称“小组制度”，即广告公司根据自己的客户和项目组成专门的部门，长期服务于某些客户，由各小组的客户主管直接负责。这种模式根据客户情况设置，小组一般由客户服务人员、广告策划与设计人员、文案写作人员、公关人员等组成，独立从事全程广告服务。客户业务量的多少直接决定了小组的规模大小。这种组织结构的优点在于更能满足客户的特殊需求、人员沟通更便利，同时可减少人员培训成本。缺点是小组与公司内部以其他方式组织起来的部门沟通不够，根据客户需要组织的人员和设备有可能不能被充分利用，客户一旦离开这家广告公司，相应的服务小组就会被解散。

3. 按地区设置

该组织模式一般适用于集团公司或者业务区域跨度很大的公司。这种模式有利于广告公司保持与地域性客户的联系、沟通和了解行情；有利于节约双方的成本，广告公司的客户服务人员与客户在同一地区，方便联系。缺点是给广告公司的集中管理带来困难，各地区小组难于面对面沟通，很难紧密配合。

4. 按服务项目设置

这种组织模式适合于某些专业服务广告公司，它们根据客户提供的广告服务项目设置部门，把相关业务组合成一个部门，如平面制作部、影视制作部等。它的优点在于公司将复杂市场环境简单化；各部门业务流程相对完整；业务管理相对简单。它的不足之处是管理成本较高，各部门发展较难平衡等。

（三）主要职能部门的功能

广告公司按职能设置的部门主要有市场调研部、创意策划部、客户服务部、媒介宣传部等，此外还有行政部、人事部、财务部等，共同构成了广告公司的组织结构。这些部门有自己特定的职能和工作范围，只有各部门相互配合，才能推动整个公司的健康发展。

1. 客户部

客户部是客户与广告公司各部门沟通的桥梁，具有双重身份，对外代表广告公司，对内则代表客户，是整个广告活动的组织核心。在4A广告公司中客户部的人员分为三级：客户总监、客户经理、客户执行。基本功能是沟通联系客户，协调客户关系。具体来说，其功能有：一、与客户接洽，详细了解客户信息，并根据客户要求提出相应的建议和制定初步的一套广告计划；二、向公司各部门提供客户的有关信息，如产品信息、市场状况、广告费用预算及广告计划等，同其他有关部门一起制定广告计划方案，由各部门具体负责执行，同时还要负责敦促各部门按时完成任务。

2. 市场调研部

市场调研部是广告公司分析市场信息、提供决策依据的重要部门。该部门一般设有市场调研总监、调研经理、调研主管、调研助理等，它主要负责产品、消费者、市场、广告文案监测、广告效果的调查分析。该部工作复合度高，调研人员既有专业技能，又具备经济管理知识。

3. 创意策划部

对于广告公司而言，优秀的广告是其生存和发展的基础，创意策划对于一个广告而言则是其灵魂与核心。是否吸引足够的注意力，是否能够打开足够宽阔的市场，需要十足的创意和策划来支撑。它的工作流程是先从客户或客户部获取信息和资料，然后进行构思和创意，同时将自己的创意做成产品。创意部的人员主要有创意总监、文案人员、美术指导、插画师、设计师等。

4. 媒介宣传部

媒介宣传部一般由媒介总监、经理及执行人员组成，主要负责媒介宣传计划的制定，联络媒体机构，加强在时间和空间上的宣传报道，对广告活动宣传效果适时监督等。

三、媒介广告组织

媒介广告组织是指媒介在自身内部设立的专门从事媒介广告活动的组织。一般媒介广告组织的形式有广告部、广告发行部、广告经理部和附设的广告公司等。这里的媒介广告组织主要面对的是广播、电视、报纸、杂志等四个媒介。媒介与广告的关系十分密切，最初广告是媒介组织的组成部分，后来随着社会经济的发展和人们对广告的需求，广告产业逐渐从媒体业中分离出来，形成许多广告公司，专门从事广告服务活动。但是媒介并未完全放弃广告业务，还成立了自己的广告组织。

出现最早的广告媒介是报刊，媒介广告组织也最早出现在报刊中。早期的报刊广告是由广告主制作的，在报刊上发布，报纸发行单位不设广告组织。随着商业的发展，报刊广告日益增多，广告主开始注重广告的质量和效果，为了提高广告作品的水平，吸引客户，报刊单位开始设立广告部门。随着广播、电视的日渐发展，再加上特定优势，也相继组成自身媒介广告组织。

（一）机构设置

各种媒介组织根据自身特点和广告业务量的不同，采取了不同机构设置形式。

1. 报社或报业集团的广告组织

在报社或报业集团的总编辑室下设编辑部、广告部、发行部、印刷业务部等业务部门。其中，编辑部主要负责报纸各版面的编辑出版，还要为广告排版面；广告部主要负责报纸平面广告的服务，与客户沟通联系，制作设计合乎客户需求的广告，此外对已成型的广告作品进行审核检查，安排广告时间和版面事宜等。

大型的报社或报业集团的广告部下设调研、艺术、分类广告、策划、普通广告、娱乐广告、广告编辑、校对、分发、印刷监制和出纳等小组，分别负责广告的调研、策划、设计与制作、编辑、发布和财务管理工作等。

2. 杂志期刊单位的广告组织

小型杂志社由于广告业务量不大，一般不另设广告组织，由编辑、美工和发行人员负责广告业务。大型杂志社一般有一套与报社相似的机构设置，在总编辑室下设编辑、广告、发行、美工等部门。编辑部主要负责文字编排；广告部主要负责与客户的业务接洽、签约、广告制作与发布等；发行部主要负责杂志的市场发行与开拓；美工部主要负责美工设计与杂志版面设计，还在一定程度上参与广告的编排制作、广告版面的设计、图画创作等。

3. 广播媒介的广告组织

随着电子媒介的发展，广播媒介的广告业务也随之出现，专门的广告机构应运而生并日益完善。广播媒介在广告部下设编辑、业务、录音、导演、制作合成、财务等。广告客户提供广告资料和要求，由广告部负责广告策划与设计。一些规模较大的广播媒介还根据客户性质划分工业、农业、商业、娱乐、文化教育等专业小组，负责各自范围内的整个广告业务。

4. 电视媒介的广告组织

广告业务在电视媒介中扮演着十分重要的角色。电视台的广告机构设置与广播媒介的基本相同，此外，还会根据需要设置摄影录像、美工等工作人员等。

（二）组织职能

广告业务是媒介组织收入的重要来源，因此有必要了解媒介广告组织的职能。

1. 承接广告业务

通过制作发布广告，获取利润是媒介广告组织的主要目标。媒介组织的广告业务来源有两个：一是广告公司或其他广告经营者；二是直接承揽的广告业务。其中广告公司是媒介广告组织的最大客户，因此，它成为媒介广告组织极力争取的对象。媒介广告组织要向客户详细介绍自身的优势和长处，如收视率、覆盖率、发行量、受众成分等，以达到吸引客户的目的。同时，还要沟通客户，洽谈签约，收取刊播费用等。

2. 设计制作和发布广告

媒介广告组织在接到广告业务后开始根据客户要求设计制作广告。广告公司送来的广告产品一般是成品，不需再进行多少加工制作，媒介广告组织主要是协助安排广告播出时间或根据自身媒体的特点对广告的完稿提出完善建议。对于直接承揽的广告业务，媒介广告组织则要负责策划、设计、制作和发布广告，但直接承揽的广告业务量不大。较复杂的广告还应由专业的广告公司去做。

3. 审查广告内容

媒体广告组织肩负的一个责任就是对广告内容严加把关，自觉抵制和杜绝违法广告的发布。在国外，广告内容的审查一般是由广告公司、广告主、媒体三方共同协作完成；在我国，广告内容的审查一般由媒介广告组织独立完成。我国的广告审查依据的是《中华人民共和国广告法》以及以此为核心的相关管理法规。广告审查包括四个方面的内容：第一，看广告主的主体资格是否合法。第二，看广告内容是否真实，是否会让受众产生误解。第三，看广告的内容和表现形式是否合法。第四，收取、查看广告证明。

4. 收集广告反应，及时向客户反馈信息

媒介广告组织在发布广告后会收到广告受众的来函来电，应及时收集并整理这些信息，迅速反馈给广告客户，加强与客户的沟通联系，增强客户对本媒介的信任感。

第三节　广告法规与广告管理

一、广告法规概述

（一）广告管理法规的调整对象及原则

我国的广告管理法规是调整广告管理机关与广告客户、广告经营者及消费者之间在广告宣传、广告经营、广告管理中所发生的各种社会关系和法律法规的总称。其表现形式为有关法律中广告管理的规定、专门的广告管理行政法规、国家广告管理机关发布的规章和规范性文件、地方立法机关颁布的广告管理地方法规、地方人民政府发布的广告管理地方规章等。

广告管理法规的调整对象包括如下三个方面：

1. 广告管理关系，即广告监管机关与广告客户、广告经营者之间的管理与被管理关系；

2. 广告宣传关系，即广告主、客户与消费者之间的民事关系；

3. 广告经营关系，即广告客户与广告经营者之间、不同的广告经营者之间的以经济为内容的关系。

这三者都以广告活动这一经济现象为基础，广告管理法规所调整的对象中，既有行政管理关系，又有经济与民事关系。行政管理关系体现了国家对广告进行监督管理。广告活动中的经济和民事关系除了适用我国经济和民事法律规范外，还必须遵守广告管理法规的规范，受广告管理法规的调整。

我国广告管理法规的基本任务，就是通过加强广告管理，推动广告事业的发展，有效地利用广告为社会主义建设服务。其基本原则有如下三个方面：

一是保证广告宣传的正确导向，促进社会主义市场经济发展。广告管理法规通过对广告活动的基本要求规范，保证广告宣传的正确方向和导向，保证广告经营形成协调运转的机制，推进广告运行的现代化步伐，促进社会主义市场经济的发展。

二是保证广大消费者合法权益的原则。通过广告管理法规的颁布，规定广告在制定、发布、经营上的相关制度，确保广告的真实合法性，确保广告主的经营权益，确保广告受众的消费权益；通过该法规的制定，对不法广告行为进行有效约束，对违法犯罪予以追究法律责任。

三是保证国家公共利益的维护原则。广告管理法规是我国法律体系的一部分，体现国家意志和人民的利益，因此，必须维护国家和社会的公共利益不受侵犯。

（二）《中华人民共和国广告法》及《广告管理条例》等有关法规

随着改革开放的不断推进，市场经济体制得到确立和发展，我国的广告事业得到了前所未有的发展。我国目前的广告事业，是在十年动乱这一广告近乎空白的状态下发展起来的，所以，在广告宣传中也出现了许多不尽如人意的地方，甚至出现了一些问题，引起有关部门的注意。1985年11月15日，国务院办公厅就下发了《关于加强广告宣传管理的通知》。1987年10月26日，国务院发布了《广告管理条例》，同年12月1日，起在全国施行。在其后的六七年里，这个条例一直是我国关于广告管理的基本法规。1994年10月27日，第八届全国人民代表大会常务委员会第十次会议通过了《中华人民共和国广告法》，1995年2月1日起施行。从此，我国的广告活动就进入了有法可依有序状态，步入一个新的发展时期。

在《广告管理条例》颁布以后，国家工商行政管理局据此制定了一系列规章和规范性文件，广告法规形成了较为完备的体系，内容不断完善，主要有下列十余种：

1. 1992年6月1日，由国家工商行政管理局和卫生部联合发布的《药品广告管理办法》；

2. 由国家工商行政管理局和国家医药管理局联合发布，于1992年10月1日起施行的《医疗器械广告管理办法》；

3. 国家工商行政管理局、农牧渔业部《关于做好农药广告管理工作的通知》；

4. 国家工商行政管理局、国家体育运动委员会《关于加强体育广告管理的暂行规定》；

5. 国家工商行政管理局、新闻出版署《关于报社、期刊社和出版社刊登经营广告的几项规定》；

6. 国家工商行政管理局、财政部、国家税务局、审计署《关于在全国范围实行“广告业专用发票”制度的通知》；

7. 国家工商行政管理局《关于实行广告发布业务合同示范文本的通知》；

8. 国家工商行政管理局《关于印发〈广告经营者资质标准及广告经营范围核定用语规范〉的通知》；

9. 国家工商行政管理局《关于在部分城市进行广告代理制和广告发布前审查试点工作的意见》；

10. 《食品广告管理办法》；

11. 《化妆品广告管理办法》；

12. 《医疗广告管理办法》；

13. 国家工商行政管理局《关于加强融资广告管理的通知》。

二、广告发布标准

广告发布标准是由广告管理法规规定的广告内容与形式必须遵循的准则。一切广告活动要想达到预期的目的，都必须将内容以一定的媒介形式发布出去。因此，确立广告发布标准是广告管理法规的基本内容。

就某一具体的广告作品而言，发布标准是很具体的，不同性质的商品或服务有不同的要求。在这里，我们简要介绍一下广告发布的一般标准。

《广告管理条例》第三条规定："广告内容必须真实、健康、清晰、明白，不得以任何形式欺骗用户和消费者。"《中华人民共和国广告法》第三条规定："广告应当真实、合法，符合社会主义精神文明建设的要求。"第四条规定："广告不得含有虚假内容，不得欺骗和误导消费者。"第七条还规定："广告内容应当有利于人民的身心健康，促进商品和服务质量的提高，保护消费者的合法权益，遵守社会公德和职业道德，维护国家的利益和尊严。"这是广告的最基本原则。真实，是指广告内容应与所宣称的产品或服务本身所具有的质量、数量、功能等相一致，不能过度夸大，更不能弄虚作假，欺骗消费者。它要求对某一广告的每个构成要素的介绍是真实的，而且要求由各要素构成的整体也必须能使受众得到真实的印象或结论。健康、合法，是指广告内容必须符合社会主义精神文明和社会道德规范的要求，具有正确的舆论导向，正确引导消费，同时具有科学性。清晰、明白，是指广告内容的表达必须清楚而不能含糊其辞，要使公众能正确认识而不致产生误解。

广告发布标准主要表现为对广告内容和表现形式的禁止和限制。自1995年2月1日起施行的《中华人民共和国广告法》第二章第七条中明确规定，广告不得有下列情形：

1. 使用中华人民共和国国旗、国徽、国歌；
2. 使用国家机关和国家机关工作人员的名义；
3. 使用国家级、最高级、最佳等用语；
4. 妨碍社会安定和危害人身、财产安全，损害社会公共利益；
5. 妨碍社会公共秩序和违背社会良好风尚；
6. 含有淫秽、迷信、恐怖、暴力、丑恶的内容；
7. 含有民族、种族、宗教、性别歧视的内容；
8. 妨碍环境和自然资源保护；
9. 法律、行政法规规定禁止的其他情形。

《中华人民共和国广告法》第二章第十二条中还规定：“广告不得贬低其他生产经营者的商品或者服务。”

在发布形式上，《中华人民共和国广告法》第二章第十三条规定：“广告应当具有可识别性，能够使消费者辨明其为广告。大众传播媒介不得以新闻报道形式发布广告。通过大众传播媒介发布的广告应当有广告标记，与其他非广告信息相区别，不得使消费者产生误解。”

由国家广播电影电视总局颁布的《广播电视广告播出管理办法》在第二章第九条明确禁止播出下列广播电视广告：

1. 以新闻报道形式发布的广告；

2. 烟草制品广告；

3. 处方药品广告；

4. 治疗恶性肿瘤、肝病、性病或者提高性功能的药品、食品、医疗器械、医疗广告；

5. 姓名解析、运程分析、缘分测试、交友聊天等声讯服务广告；

6. 出现“母乳代用品”用语的乳制品广告；

7. 法律、行政法规和国家有关规定禁止播出的其他广告。

三、广告经营活动规范

（一）广告经营者的资质标准

通过标准资质的验证，是广告经营者进入广告市场的重要条件。由于广告活动提供的是知识型的服务，因此，相对于一般服务来说，它对从事广告业务人员的文化和专业知识水平要求比较高。广告管理法规规定，申请从事广告经营活动的单位和个人，除应具备《中华人民共和国企业法人登记管理条例》、《中华人民共和国私营企业暂行条例》、《城乡个体工商户管理暂行条例》规定的条件以外，还应具备广告管理法规规定的资质条件：

1. 综合型广告公司

（1）有与广告经营范围相适应的经营管理人员、策划设计人员、制作人员、市场调查人员（以上人员均须取得广告专业技术岗位资格证书）、财会人员，其中专业人员具有大专以上学历的，不少于从业总人数的2/3；

（2）有与广告设计、制作、代理业务相适应的资金、设备和经营场所，注册资本不少于50万元人民币，经营场所不小于100平方米；

（3）有与广告经营范围相适应的经营机构及广告经营管理制度；

（4）有专职广告审查人员。

2. 广告设计、制作公司

(1) 有与广告经营范围相适应的经营管理人员、设计人员、制作人员(以上人员均须取得广告专业技术岗位资格证书)、财会人员,其中专业人员具有大专以上学历的,不少于从业人员的1/2;

(2) 有与广告经营范围相适应的资金、设备、器材和场地,经营场所不小于40平方米,制作场所因广告制作项目而定;

(3) 有与广告经营范围相适应的经营机构和广告经营管理制度;

(4) 有专职广告审查人员。

3. 个体工商户

(1) 户主应当取得广告专业技术岗位资格证书,具有与其经营范围相应的学历或从业经历,应当接受过广告法律、法规培训;

(2) 有与广告经营范围相适应的资金、设备、器材和场地,经营场所不小于20平方米,制作场所因广告制作项目而定。

4. 新闻媒介单位

(1) 有直接发布广告的媒介;

(2) 有与广告经营范围相适应的经营管理人员、编审技术人员(以上人员均须取得广告专业技术岗位资格证书)、财会人员和广告经营管理制度;

(3) 有专门的广告经营机构和经营场所,经营场所面积不小于20平方米;

(4) 有专职广告审查人员;

(5) 广告费收入单独立账。

5. 具有广告发布媒介的企业、其他法人或经济组织

(1) 有直接发布广告的媒介;

(2) 有与广告经营范围相适应的经营管理人员、专业技术人员(以上人员均须取得广告专业技术岗位资格证书)、财会人员和广告经营管理制度;

(3) 有专门的广告经营机构和经营场所,经营场所面积不小于20平方米,有相应的广告设计和制作设备;

(4) 有专职广告审查人员;

(5) 广告费收入单独立账。

(二) 广告经营行为规范

1. 广告经营必须在取得广告经营权后,在核准的经营范围内进行,未

取得经营资格不得从事广告经营活动或者超越经营范围从事广告经营活动；

2. 在广告经营活动中，禁止任何形式的垄断和不正当竞争；

3. 按照法律、法规要求，执行广告代理、广告合同、广告审查、广告证明、广告业务档案等制度；

4. 新闻单位刊播广告，应当有明确的标志，新闻单位不得以新闻报道形式刊播广告，收取费用；

5. 新闻记者不得借采访名义招揽广告。

四、广告代理制

广告代理制是现今广告市场中比较通行的一种广告运行机制，广告经营者扮演着中间角色，搭建起广告主和媒体的平台，不仅为广告主制定实施广告宣传计划，同时又为媒介做好广告服务，广告代理机制在中间起着润滑的作用，明确三方分工，保证了广告活动的顺利完成。

这种运营机制是广告产业长期发展的结果，从西方广告业发展史来看，广告代理制度是与广告公司一起发展起来的。一般来讲西方广告代理的发展大体经历了三个时代，即处于媒体依附地位的媒体推销时代、脱离媒体的媒体掮客时代、独立的专门化代理时代。① 广告代理制的实质是一种市场运作机制，是广告产业发展的必然结果，也是广告者、广告经营者和媒体三方相互妥协、相互协商的结果。广告代理制的成熟程度成为判断广告产业是否实现专业化发展的标志。

（一）广告代理制的意义

广告代理制是广告产业发展的必然产物，它的出现，对于有效地规范广告产业运行秩序，提高广告产业运作效率和管理水平有着至关重要的意义。《国家工商行政管理总局关于在部分城市进行广告代理制和广告发布前审查试点工作的意见》（工商广字〔1993〕第214号）中指出，广告代理制“有利于提高我国广告业策划、创意、制作、发布的整体水平，更好地为企业利用广告树立良好形象，参与公平竞争，进而为我国产品占领国内国际市场服务。”具体来讲，广告代理制的意义可以从以下几个角度分析：

1. 从广告主的角度看

广告代理制对于广告主而言，起到了优化资源配置，提高竞争力的作

---

① 张金海：《广告经营学》，64页，武汉，武汉大学出版社，2002。

用。广告业务的有效运行需要许多专业人才和设备，需要投入大量的精力和资金，独自承担，势必降低企业资金流转速度，耗费大量的精力，代理制可以使企业摆脱专业化的广告业务，分流给专业优势明显的广告公司，可以取得双赢效果。同时，代理制有效降低了广告主的投资风险，这部分风险分流给了广告经营者。

2. 从广告公司的角度来看

广告代理制将广告公司位置突出化，作用核心化，并使其在专业化服务水平上拓展了空间。广告公司是介于广告主、媒体的双向服务的中间地带，一方面，可作为广告主的业务代理单位，对其进行策划、制作及营销服务等；另一方面，鉴于代理制对媒介进行广告交易的限制，广告公司可作为代理机构承担起广告部部分业务。这样，广告公司就能发挥其专业人才和知识的优势，带来直接的经济效益，又能促使它们更加专业化、成熟化。

3. 从媒体的角度来看

代理制的实行，使得媒体将诸多广告业务转给广告公司，可以将媒体从部分广告业务中释放出来，腾出时间、精力全身心投入节目工作中去，同时，规避了媒体投放广告的经营风险。现在，媒体里虽设有广告部门，但其职能多在于客户广告的发布。

4. 从广告管理的角度看

不难看出，广告代理制的出现，从业务层面到制度层面，明确了广告主、广告公司、媒体的业务，协调了相互间的利益关系，确立了相对完善的收费制度等管理制度，结束了以前广告主、广告公司、媒体三方业务代理混乱，利益错杂的局面，对于强化广告市场管理，促进广告产业持续发展，具有深远的意义。

（二）广告代理制的两种发展模式比较

世界各国因经济发展水平和文化传统的不同，其广告代理制也各有特色。从目前发展的情况来看，比较有代表性的发展模式主要以下两种：一种是按商品细分的代理商制度，以美国为代表；一种是按媒介细分的代理制度，以日本为代表。现代普遍通行的代理制度是商品细分代理制，因此制度实际运作更为科学有效。而我国广告业代理状况是：商品细分代理制和媒体代理制（不同于日本代理制）并存，媒体代理制占优。

1. 以美国为代表的西方模式

该代理制指对于同一种竞争性的商品只接受一个广告客户，同时对广告客户所委托的商品全权负责，从前期的市场调研、创意策划、设计制作到后期的流通营销、效果反馈等全方位服务，实行“一商品，一客户”制。美国的这种模式有众多优点：有利于保守商业秘密；广告代理商与客户立场一致，有助于双方一起制订更好的营销策略；专门负责的意识，有利于商品质量、工作效率和服务质量的提高；易建立稳固的合作关系，扩展广告商业务量。

2. 以日本为代表的东方模式

该代理制通常是多家广告代理商为同一家广告主提供服务，是以媒介细分来分担，以媒体为主体，形成“1 对 N”客户与代理商的服务关系。这种关系容易导致广告公司缺乏全面营销服务管理，过分注重掌握媒介，获取广告资源差价，赚取媒体佣金，无法形成媒体、广告主和广告公司的共赢。它的一个特点是媒介指定代理公司，即媒介对广告来源指定几个广告公司代理，拒绝其他来源的广告。

（三）我国的广告代理制度

我国的广告代理制兴起于 20 世纪 90 年代。主要经历了以下几个阶段：一是探索阶段，20 世纪 80 年代中期，主要是国内的北京广告公司、广东省广告公司尝试推行；二是确立阶段，为促进广告产业与国际接轨，1993 年 7 月国家工商行政管理总局、国家计委联合下发了《加快广告业发展的规划纲要》的通知，标志着中国广告代理制的确立；三是实施推进阶段，1993 年国家工商行政管理总局颁布《关于在部分城市进行广告代理制和广告发布前审查试点工作的意见》，对广告代理制的具体推行指出了比较明确的方法。推行广告代理制是一个复杂的系统工程，必须循序渐进，需要吸收借鉴国外有益经验并结合我国广告行业实际情况，摸着石头过河。目前，我国广告产业基本形成了“媒体专职发布广告，广告公司策划制作广告”的格局。随着中国加入 WTO 组织，许多国际知名的大型广告公司进入我国，为我国推行广告代理制注入强大的兴奋剂。

1. 我国广告代理制的基本内容

1993 年国家工商行政管理总局颁布《关于在部分城市进行广告代理制和广告发布前审查试点工作的意见》（工商广字〔1993〕第 214 号），在附件一《关于进行广告代理制试点工作的若干规定（试行）》中，为保证广告代理制试点工作顺利进行，特作出如下规定：

（1）广告客户必须委托有相应经营资格的广告公司代理广告业务，不得直接通过报社、广播电台、电视台发布广告。上述规定不包括分类广告，如简短的礼仪、征婚、挂失、书讯广告和节目预告等。

(2) 兼营广告业务的报社、广播电台、电视台，必须通过有相应经营资格的广告公司代理，方可发布广告（分类广告除外）。报社、广播电台、电视台的广告经营范围核定为：“发布各类广告（含外商来华广告），承办分类广告。”

(3) 广告公司为广告客户代理广告业务，要为广告客户提供市场调查服务及广告活动全面策划方案，提供、落实媒介计划。

(4) 广告公司为媒介承揽广告业务，应有与媒介发布水平相适应的广告设计、制作能力，并能提供广告客户广告费支付能力的经济担保。

(5) 报社、广播电台、电视台下属的广告公司，在人员、业务上必须与本媒介广告部门相脱离，不得以任何形式垄断本媒介的广告业务。

(6) 广告代理费的收费标准为广告费的15%。

(7) 违反本规定第一条的，责令媒介停止发布广告；对广告客户参照《广告管理条例施行细则》（以下简称《细则》）第二十二条规定予以处罚。

(8) 违反本规定第二条的，依据《细则》第二十一条规定从重处罚。

(9) 违反本规定第五条的，依据《细则》第二十条规定从重处罚。

2. 我国广告代理制存在的问题

我国广告代理制兴起于20世纪90年代，与西方国家相比，起步晚、底子薄、观念落后，造成了我国广告代理制推行起来比较困难，加之，在代理制推行中多是以行政力量来推动，问题在所难免。对其存在问题，主要还是从广告主、广告公司、媒体及市场管理四方面入手分析：

(1) 广告主方面

第一，我国广告主的广告意识不强、观念落后，仍然固守“酒香不怕巷子深”的传统老观念，没有做广告的自觉意识和主动性，认为广告是可有可无之事。他们不能有效利用广告刺激消费，宣传企业品牌，树立企业良好的形象。这些使广告代理制成为无源之水、无本之木。

第二，不少广告主考虑到代理费用过高，多通过自身的广告部门直接与媒体沟通协作，使得广告公司的业务大受影响，持续发展受到阻碍，降低代理费用标准成为无奈之举。另一方面，不少广告主自己负责广告的策划设计与制作，由于缺乏竞争力和缺少专业水平的广告人才，广告质量普遍不高，而且牵扯大量人力物力。

第三，在我国广告管理和广告代理制尚不健全的情况下，广告方的相关人员吃回扣的现象比较严重，几乎成了不成文的规定，直接影响了广告代理制的发展。

（2）广告公司方面

因广告公司自身在广告代理运行体制内，处于核心位置，发挥着传、送、带的作用，对于代理制的顺畅运行起着关键作用。在我国，广告公司的存在形式主要有两种：一是从事专业广告业务的公司；二是媒介组织的下属公司。

专业广告公司存在的主要问题是规模小、整体代理能力不高，但该类广告公司是市场的主体，对代理制的成熟与完善起着重要的作用。然而，专业广告公司与广告主不能有效配合，经常被企业强大的财力所驱使，完全听从于广告主的广告设想，从而失去了自己的创意与创新。同时，有些广告公司存在着“宰完就走”的错误思想，不能留住客户。

媒体广告公司是媒介组织下属的企业，它还带有媒介的某些职能，作为广告代理制的实施者，会给媒介的广告经营带来某些风险，一旦广告主不能按时支付代理费，就会给媒介的创收带来损失。

（3）媒介方面

我国媒介组织在广告产业中一直处于强势地位，占据了广告经营承揽和发布权，直接限制了广告公司的中心作用。我国的媒体代理中，媒体处于垄断地位，媒介组织自己派生出广告公司，通过操纵广告代理费价格与广告公司争利，进行价格比拼等非正当竞争行为，严重扰乱了广告市场正常秩序，恶化了媒体市场的软环境。媒介广告组织与专业广告公司在广告策划与制作、市场调查等方面存在差距，影响了广告产品的质量，浪费了大量的广告费。

（4）广告管理方面

虽然我国已经确立广告代理制，也颁布了相关的法律法规，但国家还是没有出台具体的措施制止不法广告行为，有法不依、守法不严的现象屡有发生。制度的不完善无形中对广告代理制的推行产生阻碍，管理体制的不完备，广告监管不到位，容易导致市场紊乱。

（四）广告代理收费制

从美国最初确定的15%的佣金制到后来多种收费制度并存，广告代理收费制反过来也使广告代理制固定下来，并成为国际上通行的广告运行机制，广告收费制作为一种制度成为公司经营管理的一部分固定下来。在广告代理收费制出现之前，广告收费比较混乱，不仅不利于广告公司的正常运营，而且也有损广告主和媒介组织的利益。在广告产业独立发展的过程中，国际广告界逐渐对此达成共识，形成制度固定下来。在长期的实践过程中，形成了以下几种收费制度模式。

1. 代理费制度

代理费制度是广告界最早出现和流行的一种收费制度，出现于20世纪初的美国。媒体代理费和加成费构成了广告公司代理费。

媒体代理费的计算方式是广告主购买广告的费用乘以特定参考系数所得到的金额数即媒体代理费。在广告产业兴起的早期，这个系数还没有统一的标准，后来国际广告界终于达成共识，确定了收取15％费用的制度。我国颁布的《广告管理条例实施细则》中第十四条明确规定："广告代理收费标准为广告费的15％。"

加成费指的是除媒体代理费用以外的因其他服务产生的费用，再乘以特定的系数。这些服务包括市场调查、广告设计、广告制作以及其他杂项服务和特殊服务，有些还要支付下游辅助机构一定的费用。这个系数国际上确定为17.65％。

采用代理费制度有许多优点：可以稳定广告主与广告公司的关系，避免因为收费标准问题产生纠纷；在一定程度上打击违法行为，保障广告市场有序运行；可以预测广告公司的营业额。这种制度也有一定的缺点：广告公司出于自身利益的考虑，往往抬高广告业务预算，以便收取更高的代理费；广告公司为了利润尽力扩展广告服务，而不管广告主是否真正需要这些服务；受市场信息不对称等因素的影响，广告主容易受到诱惑去购买费用较高的媒体。这些不足呼唤着更合理的制度的出现。

2. 协商佣金制

协商佣金制诞生于20世纪60年代，它的出现在一定程度上牵制了广告公司单方面制定过高的媒介费用，保证了广告主的合法利益。该制度规定，由广告主与广告公司共同商定一个参考系数（一般低于15％），然后按商定的比例，广告公司须把媒介费用高出部分返还给广告主。

3. 服务费制度

几乎与协商佣金制同时兴起的还有一种制度——服务费制度，由奥美广告公司总裁大卫·奥格威率先实行。服务费制度是一种双向计费制度，一方面服务费制是一种按劳计酬的制度，广告公司将所有外付成本按实际发生向广告主索取结算；另一方面服务收费制也是一种按时计酬的制度，广告公司所付出的一切劳务按实际工时折算向广告主索要服务酬金。

服务费制度的优点是可以减少广告主的媒体投入，将广告主的核心要求从媒体购买转移到广告创意、制作等方面去。同时它也有着显著的缺点，如服务费制度是一种成本附加的系统，容易造成广告公司的效率低下；广告公司之间因利益发生价格战不可避免；服务费制很难管理，需要经常审查等等。

4. 成果回报制

成果回报制产生之前，代理公司往往只享有权利，不承担相应的责任义务和风险。成果回报制的产生，将广告代理的权、责两方紧密结合起来，广告公司相应的也必须承担风险。广告公司从广告主所产生的实际销售中分取一定的利润，如果广告没有产生积极效果，广告主的产品或服务无法销售出去，那么广告公司也就无利可获。这种收费方式的一大好处是提高了广告公司的风险意识和责任意识，有利于提高广告产品的质量。这种收费制度的缺点是：将广告作为广告主销量的唯一判断因素，招致许多广告公司的不满。

第四节　广告产业的发展趋势

经济愈发展，广告需求愈盛。近年来，广告产业发展潜力日渐显现，发展前景日趋明朗，作为一个朝阳产业的姿态愈见清晰。据有关数据显示，中国的广告总投入预计在 2011 年增长 12.5%，在 2012 年增长 14.5%，这意味着 2013 年整个广告市场价值将达到 270 亿美元。①

一、当前广告产业发展的显著特点

自 20 世纪 90 年代以来，经济社会出现两股力量：一是经济全球化，地球村经济的到来，将世界各国的经济紧密联系在一起，跨国公司遍地开花，国际贸易蒸蒸日上；二是信息数字化，互联网在世界范围内普及，数字卫星电视频道不断开通，这些新媒体的出现和普及改变了人们的生活和消费，与之相关的广告产业也出现显著的特点。

（一）业务多元化

广告公司最初是为客户提供广告代理服务，后来业务逐渐扩大，由广告代理、策划、设计制作等传统业务扩展到市场营销、公关服务、客户关系管理、咨询、信息服务、博览会、大型活动等。

20 世纪 60 年代以来，以美国为代表的西方广告产业进行了一次重大

---

① 世界广告研究中心：2012 中国将成全球顶尖三大广告市场之一，中文互联网数据研究资讯中心，http：//www.199it.com/archives/25822.html。

的产业升级，美国的一系列广告公司建立起全国性的广告网络，通过联合、并购等方式组建了广告集团，美国本土广告产业率先踏上了以集团化为特征的产业升级之路。一方面，企业广告主在全国拓展业务需要全国性的广告公司为其提供服务，广告公司只有通过联合、并购等方式扩大规模，组建全国性的广告集团。另一方面，整合营销传播理念日渐成熟，行业内对营销服务水准的要求越来越高，迫切需要将专业性质的营销传播公司招至麾下，集团化拓展了广告公司未来的发展空间。

综观我国企业结构，多是实力平均的中小企业，按照服务配对均等的原则，必然要成为中小型广告公司的客户。中小型广告公司因提供“低收费、易操作、通包通治”的全面且多元化的服务而形成自身竞争优势，尤其是在相对集中的区域市场中获得了中小企业的青睐。同时，在产品同质化愈来愈严重的今天，中小型广告公司也应该向大型广告公司学习，特别是在形象宣传、品牌创意策划等方面。

2003年，WPP集团宣布，希望在未来5—10年内，公关等非广告业务能占到公司业务总量的2/3。而本土的公关、直效营销等行业尚处于起步阶段，很不成熟，跨国公司在这些领域有长期的经验，专业化优势突出。因此，适应市场需要，跨国广告集团及广告公司通过提供整合传播综合服务，在市场竞争中具有强大的竞争力。[①] 在业务多元化的今天，进一步结合整合营销服务的元素，将是广告企业发展方向。

（二）广告市场全球化

由于经济运作关联性日益增强，各国之间的经济形成千丝万缕、密不可分的关系，国际贸易数量有增无减。全球大市场的形成，加速了跨国大企业的对外扩张，市场竞争更加激烈。

全球化浪潮带动了许多企业走向国际化，其中也包括广告公司。20世纪60年代，欧美广告公司开启了向全球开展业务的先河。广告公司借助跨国公司这一形式进一步深入国际大市场。要提高全球的竞争力，一方面走集团化道路，一方面努力开拓全球市场。以法国阳狮集团（Publicis Group）为例，2006年阳狮全球营业收入58.713亿美元，其中北美市场占42%，欧洲市场占39.8%，亚太地区市场占10.7%，拉丁美洲市场占

① 陈刚：《全球广告巨头争霸中国 竞争策略有四大变化》，新华网，2005年6月6日，http://news.xinhuanet.com/newmedia/2005－06/06/content_3049483.htm。

4.9%，非洲和中东地区市场占2.6%。[①]

在我国，广告公司若要做大做强，不能把眼光只盯在国内市场上，走向国际市场是一种必要的选择和必经的道路，因为国外跨国集团已纷纷抢滩中国市场。中国广告公司国际化进程大致经历以下几个阶段：一是跨国集团战略布局阶段。1992—2001年间，跨国广告公司抢占中国市场份额，1998年主要广告集团基本落地，基本完成“圈地运动”的布局；二是重心转移阶段，2001—2005年间，中国正式加入WTO组织，中国日渐成为全球广告巨头们争相抢夺的主战场；三是2005年12月10日以后，中国逐步放开外资入驻、独资建设外企广告集团的政策，广告产业格局随之巨变。中国广告市场上各种力量必定有竞争、有合作、有优胜、有淘汰，“大鱼吃小鱼，小鱼吃虾米”的市场游戏将不断在中国竞争激烈的广告业市场上出现。据央视市场研究（CTR）2012年2月发布的中国广告数据显示，电视媒体2011年前三季度依然保持强劲媒体态势，广告投放仍以大份额占据绝对优势，广告刊例收入与全媒体增幅相同，均为14%。

（三）广告产业集中化

中国广告市场呈现出一种失衡结构，在分布上分散，在规模上弱小，集团化广告公司不多。而以美国为代表的西方发达国家的广告公司规模巨大，几十家广告公司就可占据全国广告收入总额的半边天。全球广告产业表现为高度集中的特点，全球十大广告集团主导全球广告市场。目前，全球十大广告集团加速在全球拓展市场，使得全球广告市场有继续集中的趋势。全球广告产业掀起兼并、收购与联合的热潮，造就了许多大型的广告集团。例如，1997年奥姆尼康集团收购了世界第十五大广告集团GTT，在这之前，它还将其在英泰格集团的股份从原来的49%增加为85%，从而大大增强了其实力，超过WPP成为世界第一大广告集团，1997年广告营业额为317亿美元。[②] 因此，使得跨国集团改变了选择代理商的策略和手法，以少替多，这也变相加快了广告公司合并的脚步。

产业集中化已成为近年来广告行业发展的一个特征。这一特征主要表现在两个方面。一方面是专项业务活动的集约化，提升专业化发展水平是广告公司应对复杂多变的市场环境的需要，尤其针对我国中小企业居多的这一现实情况，业务集约化有利于企业资源的优化配置和充分利用，有利

① 《Publicis Group 2006年财务报告》，February 28，2007。

② 郭娟：《中国广告产业集团化研究》，湖南大学，2008。

于形成分工协作的良性发展模式，提高应对竞争压力的分解渠道。另一方面是地理位置上的相对集中，我国广告公司多集中于东部沿海发达地区，且在产业实体的关联上，企业、供应商、金融机构特别容易组成产业集群。

二、广告产业发展的新趋势

（一）大型广告公司集团化运营

各行业有各行业的发展规律和竞争规律，对于广告行业来说，竞争力的分布出现两极化格局。一是小型广告公司。小型广告公司容易建立个性化的服务模式，对网络、通信等信息传播敏感性强，容易建立自身区域化竞争优势。二是大型广告公司，大型广告公司容易取得规模效应，容易占领人才高地，容易占领市场份额。中型广告公司在比较竞争优势上难以有市场发展空间。

为适应全球化的趋势，提高综合竞争力，许多广告公司通过并购、联合、重组等方式组建集团公司。大型广告公司集团化经营，紧随跨国公司产品与服务的全球化模式，呈现出以下四个特征：

第一，规模巨大化。为顺应经济全球化发展趋势，特别是在跨国集团林立，全球广告合并或者兼并持续，不断营造着新的大型集团，致使规模空前巨大。

第二，操作全球化。为适应企业广告主拓展全球市场的需要，广告公司纷纷在国外建立分支机构，为客户的全球化市场营销提供全面服务。

第三，业务综合化。市场环境的复杂多变，广告主需求的日益增多，对全方位服务的要求有了进一步的提升。不仅在各个业务环节上，如策划、设计、制作、营销等方面强化服务，满足广告主要求，还应该从应对市场挑战的角度，增强企业自身竞争力的角度，考虑计划成本、媒体代理、经济效益等方面提高。

第四，服务分散化。对于大型的广告集团而言，在规模扩张的同时，还应注意分公司特色化的发展，以实现竞争的全面性，建立创意分公司、公关分公司等，将服务分散给各分公司来完成。

（二）专业化广告公司的出现

所谓专业化广告公司，主要是指在广告公司的经营中以其中某一方面为主体，提供专业化广告服务的广告公司，它们的主要任务是推敲出绝妙的创意并制作出新颖别致的广告讯息。这也是国内广告公司中常见的一种组织形式。既定知识、技术等资源的有限性决定了广告公司提供服务的有限性，不能提供全面服务，这就为一些中小型广告公司走向专业化，提供专业化服务提供了一种可能，定位于广告运作的某个环节或某几个环节，通过高度专业化的服务赢得广告主的认同和青睐。

针对我国中小企业的现状来说，专业化广告公司的出现迎合了这一现状，在成本预算上，难以聘请大型广告公司做代理，将广告运作和业务策划分配给专业化的广告公司既达到了效果又节省了费用。从行业分工的角度来看，广告业的社会分工是细化的道路，大型广告公司在业务上难以兼顾，容易与专业化广告公司达成合作，使其获取了生存的空间。

因此，专业化广告公司在广告市场也是很受欢迎的，越来越多的企业广告主会选择与专业领域代理商合作。

（三）营销传播代理日益细化

为适应广告主的需求、广告公司业务逐渐扩大，其中营销传播代理是一个重要部分。对于广告主而言，目前可供选择的传播方式包括：直接营销、宣传广告、销售促进、公共关系等。在传统的市场营销传播环境和传媒环境下，广告对于达成企业的营销传播效果往往具有强大的功效，但市场环境总伴随着挑战与威胁，科技力量推动新媒体时代的到来，政策的开放促进新媒体不断创新发展，跨国传媒巨头、4A广告公司争相进入中国，占领了广告的部分领地。企业对市场环境的适应度和敏感度始终是敏锐的，因而对营销传播的代理有了更高层次上的需求，业务更细化，服务全方位，要求广告公司强化在市场调研、CI企划、媒体整合营销等全面的代理服务。

广告公司的组织架构已不能适应广告主细分化营销传播代理的要求，不得不在组织架构上实现转型。组织结构的构建，主要从内外两方面着手，一是根据业务的分类和广告主的需求，在外部成立专业性质的营销传播代理公司，如市场调研公司、CI企划公司、媒体整合营销公司；二是组织机构内部职能的调整，需要增设与营销传播代理对口的专业部门，并在人才配备、资金安排上有所倾斜。

国外学者的相关研究表明，广告公司的经理们认为，广告公司比其他营销传播代理商更会采用多种营销传播工具。据Duncan和Everett的调查，有一半以上的被访广告公司承担了一种以上的营销传播职能。① 总的

---

① 于芃：《提高JS公司项目团队执行力的研究》，山东大学，2005。

来说，整个营销传播能否达到最佳的效果，关键在于能否将各个营销传播工具统一协调运用，不能偏执其一，并有所重点的向前推移。

（四）新媒体广告蓬勃发展

新媒体是相对于传统媒体而言的，其构成要素有别于传统媒体，新媒体广告主要是将广告投放在新媒体上。但在广告媒体结构上看，广播、电视、报纸、杂志占据优势。从世界范围看，艾瑞咨询根据实力传播数据发现，2007年四大媒体广告经营额在受监测媒体中占有85.9%的市场份额，是最重要的广告媒体。①

随着经济的发展和新技术的发明，网络、手机、户外视频、户外投影、户外触摸、移动电视、车载电视、地铁电视等新媒体纷纷出现，迅速成为广告投放的新载体，市场价值凸显。据世界广告研究中心最新发布的《国际广告预测报告》显示，全球12个主要广告投放市场平均增长率2011年达到4.6%，其主要驱动力是新兴市场的增长和互联网广告的崛起。②

新媒体的大量出现，冲击着传统媒体的地位，网络、户外广告等逐渐分得传统媒体的广告市场份额。新媒体中那些建立在数据库基础上的精准营销新形态成为当前广告市场追捧的热点，尤其是以手机广告为先头军的无线传播成为广告市场新的经济增长点，进一步鲸吞、蚕食传统媒体的市场份额。

互联网的迅猛发展改变了网络媒体广告和直邮广告的形式和发展趋势。网络媒体具有快捷、高效率、传播范围广等独有优势，其公关效果备受企业青睐，同时触角逐渐延伸至户外广告领域，特别是房地产、金融机构、通信机构等依赖户外媒体的广告主，网络户外广告有进一步发展的趋势。目前，比较常见的直邮广告主要有商品目录、说明书、企业刊物、征订单等，在网络媒体优势的作用下，电子邮件营销强劲成长。不断探索新媒体成为广告主的一项使命，尤其是新形式、渗透性强、传播能力强的小型媒体，如网络名片、公交广告、楼宇广告、喷绘广告等。

网络名片是指加载在新闻页面上的浮动广告，它通过关键词匹配可以快速实现全网覆盖，是传播效果最好的新媒体广告形式。目前，人民网、

---

① 艾瑞咨询集团：《全球广告行业发展报告简版》，http：//www.iresearch.cn/。

② 中国文化产业网：《世界广告研究中心称中国将成为全球三大广告市场之一》http：//www.cnci.gov.cn/content/201139/news_62001.shtml。

环球网、浙江在线、东方网、安徽新闻网等新闻网站都引入了这一广告模式。① 公交广告是将广告喷涂或贴于车体或车内，让行人或车内乘客不自觉地就看到广告，公交车与乘客的相互流动性是公交车广告的魅力所在。楼宇广告的出现，是平面框架广告发展的一种新形式，其特点是能够以最低的成本传达给消费者最明确的目标，根据人们的生活规律和习惯，高层住宅居民每天以 3—4 次的频率上下电梯，平面广告强制闯进人们的视线。墙体喷绘广告以其特有的优势闯进人们的视线，画面感强、彩色图案描绘、视觉冲击力强，是墙体手绘的升级版。技术的推动、经济的发展、需求的增长，新媒体广告的不断创新与流行将成必然。

第五节　我国广告产业的发展现状

广告产业是文化产业发展的重要内容，是创意经济的重要组成部分。文化产业的政策将惠及每一个组成产业。2009 年 7 月 22 日，我国第一部文化产业专项规划——《文化产业振兴规划》由国务院常务会议审议通过。2011 年 3 月 16 日，《中华人民共和国国民经济和社会发展第十二个五年规划纲要》全文发布，明确提出了“推动文化产业成为国民经济支柱性产业”。2011 年 10 月 15 日—18 日，党的十七届六中全会审议通过了《中共中央关于深化文化体制改革推动社会主义文化大发展大繁荣若干重大问题的决定》，全面部署了深化文化体制改革、推动社会主义文化大发展大繁荣的各项工作，发出了进一步兴起社会主义文化建设新高潮的动员令。这在促进文化产业发展的同时，对广告产业的发展也是一种重要推动。广告产业本身所具有的知识性、技术性等内涵，对于引导消费、激发经济内在活力，刺激科技进步，提高人们生活质量都有重要的作用，同时，也是社会经济发展水平的一个映射器。广告产业的发展面临着机遇与挑战并存的局面，机遇大于挑战。大力推动广告产业的发展是新形势下，增强国内广告竞争实力，促进文化产业持续跨越式发展，全面提升文化软实力，推动经济发展方式转型的迫切需要。

广告产业的发展活力直接反映了一国经济发展活力和潜力，2009 年第一季度，我国 GDP 增长了 6.1%，广告市场总收入达到 1870 亿元，增长

---

① 广告买卖网：《新媒体广告研究传播效果最好的广告形式》，http://www.admaimai.com/zhuanti/Detail1465.htm。

9.1%。中国广告增长率高过了GDP增长率，中国广告市场的信心逐渐恢复。[①] 就像中国经济受世界关注一样，中国广告产业和广告市场的发展也备受瞩目。目前我国广告市场发展形势良好，发展潜力巨大，但立足当下，反观现实，我国广告产业发展的困难还有很多，还存在许多弊端，如管理体制滞后，许多公众人物代言虚假广告，广告质量低下，广告市场比较混乱……这些对广告产业的发展已经形成了严重阻碍。因此广告界学者及广告人有必要对我国广告产业究竟如何发展作深入思考。

一、我国广告产业发展的困境

我国广告产业发展存在的问题是多方面的，从不同的角度可以看到不同的问题，即使从同一角度出发，由于立场、思维方式的不同也会得出不同的结论。下面我们试着分析广告市场结构性发展困境。

（一）广告创新不足，广告功能认识不够

我国创新机制的不完善同样体现在广告产业的发展上，不管是从创意策划还是后期的制作及营销，一味强调价格、成本、质量等，却对长期的品牌经营和形象塑造毫无感应。这种状况不利于广告主尤其是企业品牌和形象的塑造，禁锢了广告公司的创意灵感，概念化、公式化的语言给广告受众造成视觉和听觉的审美疲劳，包括深受广告公司钟情的明星代言广告，都会影响受众感应和宣传效果。随便“一条广告成就一个企业”的时代一去不复返，所以，广告要生存和发挥良好效果，就必须重视创新的作用。上述现象的原因归根结底还是对广告认识不到位、对广告功能把握不彻底。广告主大多是把广告作为促销或者销售的一种手段而已，缺乏通过广告的制作和宣传来塑造品牌和形象的意识。

广告的主要作用在于提升广告产品的品牌和增加销售，但广告也具有社会性。长时间以来形成了一种广告只是一种单方面向受众提供信息的认识，忽略了后期评估反馈的作用，这种认识严重影响了广告的质量提升和再生产。只有让反馈机制及时发挥作用，形成一种互相传达信息的通道，将消费者的体验输送给广告公司，才能让广告有进一步提升的可能，满足受众的需求。

（二）广告监管不力，管理体制落后

为了规范和引导广告产业健康有序发展，我国已经制定了以《中华人

① 参见中国报告大厅网：http://www.chinabgao.com/freereports/38466.html。

民共和国广告法》为中心的，由《中华人民共和国刑法》、《中华人民共和国反不正当竞争法》、《中华人民共和国产品质量法》、《中华人民共和国消费者权益保护法》、《中华人民共和国广告管理条例》、《中华人民共和国广告管理条例施行细则》、《中华人民共和国药品管理法实施条例》、《广告活动道德规范》和《中国广告协会章程》等组成的法律和规章体系。尽管我国已经出台了许多的广告法律法规，但是违法广告依然横行于广告市场上，虚假广告、噪声广告、路牌广告、色情广告不绝于市，给人们的身心健康带来损害的同时，更严重影响了社会和谐。在监管方面，除了要有完善的法律体系，还可采取道德准则约束的方法，首先，广告的内容必须真实可靠，广告形式可以有所夸张和创新。现在有些媒体明目张胆地发布虚假广告，损害了广告在消费者心中的形象，这主要是由于广告监管部门的管理不善和行政不作为。其次，广告具有一定程度的教育作用，广告内容应该健康、积极向上，不得有违道德准则和良尚风俗。在很多国家，烟酒、赌博、色情广告都在政策明令禁止的范围内，就是出于对青少年的考虑。

我国现行的广告管理体制有诸多不成熟的地方，在管理手段上，基本依靠单一的行政管理方式，行业自律组织和社会监督难以发挥作用，不能融入管理体制之内，不能融入管理实践中去。这一方面造成了管理效率低下，另一方面造成了统一协调和灵活机制反应差。

就广告行政主管部门而言，监管不力，对违法处理不彻底，不全面，不权威，在很大程度上纵容犯罪分子的不法行为，市场秩序得不到扭转，严重损害了广告在消费者心中的形象。

（三）广告行业结构混乱，创新人才匮乏

广告产业不同其他行业，具有门槛低，投入少，风险小的特点，导致许多不具备资质的企业纷至沓来，目前，我国广告产业结构参差不齐，乱而无序，市场上的广告公司良莠不齐，存在着实力悬殊的状况。一些刚成立的小型广告公司并不具备从事广告行业的经验和能力，有些尚未注册就开始做广告业务，广告制作的质量可想而知，更不用说向整合营销传播转型了。这样混乱的广告行业结构使得违法广告层出不穷、给广告监管造成巨大困难，不利于广告公司品牌和形象的塑造。广告行业如何实行结构调整，广告公司间如何通过并购整合做大做强，求得自身长期发展，赚取更大利润，是广告公司自身无法突破的一个瓶颈。

广告产业是一个知识密集、人才密集、技术密集型的高新技术产业。

在新兴媒体不断涌现，营销理念不断更新的时代，对人才水平的需求有了层次上的跃升。不仅需要广告策划、设计与制作的技术型人才，更需要懂经济和管理的复合型人才，必须要具备市场调查与分析、整合营销等知识和能力。就目前情况来看，广告公司的职能安排和人才构成上，业务营销人员，制作人员多，经营管理管理人才少；在人才来源上，多是引进或招聘文字强、设计能力强的专业人才，缺少复合型人才；大量素质低下的业务员充斥市场，严重影响了广告公司的整体形象。

（四）广告公司综合竞争力不足

现行经济体制下，广告毫无疑问地成为了企业营销的主要工具。面对市场环境的复杂多变，面对行业竞争的压力，广告主从自身发展的角度上，不再满足于广告公司提供的制作和简单代理的零散服务，而是从全方位的市场调查、品牌塑造、创意策划到评估反馈的从一而终的服务，这是来自广告主的要求。客观方面，整合营销理念对现行的广告公司文化产生了巨大冲击，从提高自身综合竞争实力的角度上必须迎合客户需求，转变发展方式，改变营销模式，调整服务方向，理顺发展理念，由单向服务向全面服务转变，在销售反馈环节加大力度，在客户服务上改进。我国广告公司正处于由单向服务向整合营销服务的过渡期，也是攻坚期和探索期。

从整体广告市场环境来看，国外跨国集团不断冲击和抢占中国市场，国内市场零散化运作普遍存在，应对压力和危机的能力还很不足。广告市场零散化并非一朝一夕之事，有其自身的原因。一是广告从业人员集体意识薄弱，对公司的集体观念不强，许多广告公司陷入一种短期小作坊生产的模式，特别是中小广告公司更是目光短浅，投机心理严重。二是经营管理人才缺乏，在发展理念落后。广告公司的高层多是广告策划、设计等技术层面的人员出身，对广告的经营与市场运作缺乏经验，公司内部也没有专门负责长期发展规划的部门。我国广告公司零散化运作，零散化分布，难以形成集中优势，且各地区发展不均衡，唯有充分吸收国内市场优质资源，借鉴国外先进经验，以开放的心态，以改革的精神，组建中国大型广告集团，将媒体资源充分化为规模经济的后劲，有效应对市场挑战和外部竞争压力，寻找到健康快速跨越发展的路径。

二、谋划广告产业长远发展机制

（一）发挥政府引导作用，提高行政监管效能

本着“以企业为主体、以政府为调控，市场化运作，社会化监管”理

念，组建上至国家工商总局，下至各县区工商部门的广告管理部门的行政管理体系，在组织机构上予以保证。在法律法规建设方面，《中华人民共和国广告法》以及《广告管理暂行条例》（1982）、《广告管理条例》（1987）、《广告管理条例施行细则》（1988）等法律先后颁布实施，形成了比较健全的法律体系，而后在实践中不断完善的各项关于广告管理的规章，对于矫正不正之风，打击违法行为，规范市场运行起到很大作用。但是长期以来，广告法制建设滞后于本身发展，在法律规定上有缺陷，在实施细则上不完备，实践操作性不强的法律状况也有待进一步的完善。

创新监管机制和监管方式。对广告监管实行重点领域排查，尤其是对虚假违法广告的整治力度更须加强，首先，完善重点区域监测、联合通报整改、信用违法处罚、责任深度追究等制度，形成决策科学、监管有力的长效监管机制；其次，加强广告发布全过程的监督指导，发布前导向指导，发布中的实时监督，发布后的违法处置，以引导为主，积极营造诚信经营、合法运作的氛围；第三，以信息化建设推进检测系统的完善，成立上下统一，协调联动的管理责任机制，落实分级管理和属地管理相结合，提高预警能力；第四，充分发挥联席会议部门的作用，相互配合，齐抓共管，积极调动社会各方的监督力量，努力形成整治虚假违法广告的合力，营造有利于广告产业良性发展的市场秩序。

健全广告产业公共服务管理体系。加强产业发展政策和广告监管制度理论研究，积极促成研究成果及时转化为相关政策，推动工作开展。积极鼓励广告产业理论创新与不断发展的实践相结合，开启广告产业理论指导方法。在实践调查中，建立科学的统计制度，提高广告产业宏观信息决策的水平，建立广告产业信息发布制度，提高广告市场的信息数据服务水平，进而提高企业主的决策水平。

通过进一步的行业结构调整，构建功能更加完备的公共服务管理体系，推动信息化、数字化、网络等新兴媒体的竞合发展，努力构建布局合理、结构优化的产业体系，提高专业化水平，积极引导构建国际化、现代化的广告市场主体，努力实现经济效益和社会效益的统一，管理与服务的相互促进，使得广告产业的发展努力跟进我国经济发展大趋势。

（二）推行现代企业制度，培育大型广告企业集团

实行产业引导方式多元化、层级化，增强适应性和针对性。鼓励综合竞争能力强的企业采用竞争、合并、收购、联盟的方式壮大自己，鼓励引导大型广告集团形成自身品牌，提高国际知名度，鼓励企业自身转变发展

方式，调整结构，引进技术和先进人才，努力培育核心竞争力。核心竞争力是一种独有的能力，是一种创新的能力，目前，广告产业已经进入创意竞争时代，必须改变以往固定的概念化发展道路。广告公司创新之路还要关注广告运营机制和发展模式的创新。例如，整合营销这一新兴模式本是市场营销里的新东西，但是广告公司若要适应经济发展的要求，就必须拓展业务，走整合营销之路。目前广告公司的运营机制是广告代理制。西方发达国家的广告代理制已经比较成熟了，而且出现不同的模式。我国在建立和完善广告代理制时需要吸收借鉴国外成熟先进的经验，但切不可照搬，必须走符合中国国情的创新之路。当今经济全球化趋势明显。我国的广告公司要具备国际视野和全球化战略，国内广告公司要积极与国外广告公司合作，利用对方的经验平台和跨国客户资源，提升自身的业务能力；更应该主动与国际广告集团加强合作，依靠本土优势，吸收专业化发展经验，着眼于国际市场。

具体来讲，主要加强以下几个方面的努力：一是综合性广告媒体建设，积极促进跨地区、跨领域、跨所有制的企业重组，实现广告资源的优化配置和充分利用，增强其竞争实力，扩大规模效应，创建集约化运营的广告媒体。二是强化会展项目，准确定位广告会展项目，充分吸收国外高端人才进入会展，充分吸收国内外顶尖机构入驻会展市场，提升交流合作的平台建设。三是将互联网、无线网络、新媒体为依托的电子网络、动漫、出版等新兴广告产业纳入国家发展战略，鼓励支持新兴广告材料的运用。四是广告品牌的打造，通过发展势头强劲的新媒体，实施龙头企业带动，广告产业集群侧翼推动，大力实施品牌战略，建设综合实力突出的企业集团。

（三）实现与金融机构合作，创建资金宽松发展环境

积极引导各类资金进入广告产业，努力构建商业银行与金融机构合作的渠道和途径。努力构建金融机构与广告产业的定期或长期的合作意向机制，制定对广告产业发展的金融政策，引导企业采用债权、动产等多种抵押方式进行融资；鼓励融资性担保机构甚至风险性投资机构向广告产业提供服务。对于那些资质完备创新能力强的广告公司国家应予以积极扶持。广告产业自身可采取灵活多样的方式融资，采取市场化运作的方式筹措发展资金，尝试基金和债券发行，并逐步走向上市之路。政府及有关部门要

积极落实国家关于促进服务业发展和文化产业振兴的扶持政策，将广告产业纳入文化产业发展专项资金或投资基金等重点扶持的行业，以龙头企业、基地建设为牵引推动广告产业在创意策划、会展推广、人才引进上重点帮扶。

（四）推动行业组织建设，强化广告产业自律

充分发挥广告行业组织在引导广告企业自我管理、自我引导方面的作用，以评级体系建设推动一批效益好、美誉度高的企业壮大发展，并努力促使其建立自身品牌。协调好广告主、媒体和广告公司三方的利益关系，明确三方的分工协作，将单纯的一种公平交易行为逐步发展成为一种三方互相信任、互利共赢的行为，禁止不遵循广告发展规则和程序的行为。目前，许多广告主不信任广告公司而直接与媒体联系，置广告公司于尴尬境地，而广告公司为了一己之利，往往让广告主花了最多的钱而收不到良好的广告效果。

对于存在的问题，必须运用多种方式加以解决。第一，确立广告代理收费制度，利益分歧是最大的分歧，实行与中国广告市场实际相适应的收费方式。第二，广告市场利益协调和自律。第三，规范媒体行为，摆正广告公司在整个广告产业市场中的位置，充分了解公司自身业务范围，充分调动可利用的资源大力发展。第四，行业组织自身约束机制，在现行国家法律法规的基础上，制定自身区域内的自律条例，加强引导，争取获得一个良性互利的发展环境。

（五）人才培养与人才引进相结合，推动广告产业可持续发展

人才兴，在教育。目前，我国广告产业人才缺乏，主要矛盾在于广告教育的缺陷，一是广告教育功利化倾向导致整体素质下降，二是教材理论与实践相脱节，三是课程设置不科学，难以形成体系，四是广告教育起步晚，发展道路偏执。

为此，一是要建立与实践需要相结合的理论教材体系，优化教育结构。二是重新认识广告学科的定位和课程设置。正确定位广告学归属，体现广告学作为一个特殊学科的性质，当今广告学被划为新闻传播学下的三级学科，忽略了营销的性质，与实践中广告营销业务不相符，与广告产业未来发展注重经营管理人才的配备也难以适应。在广告学课程设置上应加强经济管理学、营销学等方面的内容。三是强化专业素质队伍建设。广告

是一种商业行为，又是一种艺术，它需要科学理论的指导，需要有智力支持。[①] 对于广告学而言，很多教师多是技能教育出身，整体素质不能满足现今教学发展的需求，影响人才培养，应多加强院系之间的交流，将多种知识融通。四是加强学者专家的引进，开展系统性教学指导，加强广告企业家座谈，将实践性内容融入教学。五是强化人才培养基地建设，联合知名院校、科研机构等打造人才实践基地，加强与国际广告界的交流合作，加大国际广告学高端人才的引进力度。

① 王育济、齐勇锋等：《中国文化产业学术年鉴（2003－2007 年卷）》，427 页，北京，文化艺术出版社，2009。

主要参考文献

1. 王育济、齐勇锋、侯样祥、韩英：《中国文化产业学术年鉴（1979—2002年卷）》，济南，山东大学出版社，2009。

2. 王育济、齐勇锋、侯样祥、韩英：《中国文化产业学术年鉴（2003—2007年卷）》，北京，文化艺术出版社，2009。

3. 王育济、齐勇锋、侯样祥、韩英：《中国文化产业学术年鉴（2008年卷）》，北京，文化艺术出版社，2009。

4. 丁俊杰：《广告概论学习指导书》，北京，中央广播电视大学出版社，2001。

5. 丁俊杰：《广告学导论》，北京，人民出版社，2003。

6. 丁俊杰：《创意学概论》，北京，首都经贸大学出版社，2011。

7. 陈培爱：《广告学原理（第二版）》，上海，复旦大学出版社，2008。

8. 陈培爱：《广告传播学》，厦门，厦门大学出版社，2009。

9. 陈培爱：《现代广告学概论》，北京，首都经贸大学出版社，2009。

10. 黄升民：《广告策划》，北京，中国传媒大学出版社，2006。

11. 黄升民：《新媒介观》，北京，中国市场出版社出版社，2011。

12. 倪宁：《广告学教程》，北京，人民大学出版社，2001。

13. 张金海：《现代广告经营与管理》，北京，首都经贸大学出版社，2006。

14. 张金海：《广告运动策划教程》，北京，北京大学出版社，2006。

15. 蒋旭峰、杜俊飞：《广告策划与创意（第二版）》，北京，中国人民大学出版社，2011。

16. 余明阳、陈先红：《广告策划创意学》，上海，复旦大学出版社，2005。

17. 程士安：《广告调查与效果评估》，上海，复旦大学出版社，2003。

18. 樊志育：《广告学原理》，上海，上海人民出版社，1994。

19. 樊志育:《促销策略》，上海，上海人民出版社，1995。

20. 郭有献:《广告文案写作教程》，北京，中国人民大学出版社，2007。

21. 初广志:《广告文案写作》，北京，高等教育出版社，2005。

22. 余小梅:《广告心理导论》，北京，北京广播学院出版社，1997。

23. 黎青、孙丰国:《广告策划与创意》，长沙，湖南大学出版社，2006。

24. 曹志耘:《广告语言艺术》，长沙，湖南师大出版社，1992。

25. 柴少恒:《广告文案写作与赏析》，北京，经济管理出版社，2006。

26. 陈月明:《文化广告学》，北京，国际文化出版公司，2002。

27. 程宇宁:《广告策划教程》，长沙，中南工业大学出版社，1997。

28. 戴建中:《网络营销与创业》，北京，清华大学出版社，2008。

29. 傅慧芬:《西方广告世界》，北京，人民出版社，1993。

30. 高萍:《公益广告初探》，北京，中国商业出版社，1999。

31. 高志宏、徐智明:《成功广告文案的诞生（第二版）》，北京，中国物价出版社，2002。

32. 何修猛:《现代广告学（第四版）》，上海，复旦大学出版社，2002。

33. 黄澄清:《中国互联网发展报告》，北京，电子工业出版社，2008。

34. 黄瑚、邹军等:《网络传播法规与道德教程》，上海，复旦大学出版社，2006。

35. 李宝元:《广告学教程》，北京，人民邮电出版社，2002。

36. 李世丁:《广告文案写作：顾客导向的沟通之道》，长沙，中南大学出版社，2003。

37. 蔡罕、戒彦:《广告案例分析》，杭州，浙江大学出版社 2008。

38. 李珍、郑新安:《交互营销》，北京，中国经济出版社，2008。

39. 刘仲康:《名牌战略》，北京，中国友谊出版社，1997。

40. 卢泰宏:《广告创意 100》，广州，广州出版社，1995。

41. 吕尚彬:《广告文案教程》，北京，北京大学出版社，2007。

42. 罗洛夫:《人际传播—社会交换论》，上海，上海译文出版社，1991。

43. 马为公:《互联网的新时代》，北京，中国国际广播出版社，2007。

44. 潘泽宏:《公益广告导论》，北京，中国广播电视出版社，2001。

45. 荣泰生：《广告策略》，台北，台湾五南图书出版公司，1996。

46. 宿春礼、翟文明：《世界最伟大的推销员全集》，北京，中国华侨出版社，2010。

47. 孙五三：《广告策划技巧 20 例》，青岛，青岛出版社，1993。

48. 汤哲声：《现代广告学概论》，苏州，苏州大学出版社，1997。

49. 涂伟、白雪：《网络广告学》，武汉，武汉大学出版社，2010。

50. 王健：《广告创意教程》，北京，北京大学出版社，2004。

51. 王伟芳：《广告概论》，北京，高等教育出版社，2006。

52. 王幼江：《广告创意揭秘》，北京，航空工业出版社，1995。

53. 卫军英：《广告策划创意》，杭州，浙江大学出版社，2002。

54. 张明新：《公益广告的奥秘》，广州，广东经济出版社，2004。

55. 卫军英：《现代广告策划》，北京，首都经济贸易大学出版社，2004。

56. 王军元：《广告语言（商务语言研究丛书）》，上海，汉语大词典出版社，2005。

57. 夏晓鸣、钱正等：《广告文案写作》，武汉，武汉大学出版社，2006。

58. 徐智明等：《广告策划》，北京，中国物价出版社，1997。

59. 张秀贤、冯章：《广告语创作及赏析（第四版）》，北京，经济管理出版社，2006。

60. 张微：《广告文案写作》，武汉，武汉大学出版社，2008。

61. 许小君：《广告法律与案例》，北京，中国广告电视出版社，1995。

62. 颜伯勤：《成功广告 80 例》，北京，中国友谊出版社，1991。

63. 张大旗：《玩语言》，广州，广东经济出版社，2006。

64. 杨梨鹤：《广告文案传真》，汕头，汕头大学出版社，2003。

65. 杨先顺、陈韵博：《广告文案写作原理与技巧（第二版）》，广州，暨南大学出版社，2004。

66. 翟年祥、邹平章：《广告学教程》，成都，四川人民出版社，2001。

67. 张衬：《广告文案写作》，郑州，郑州大学出版社，2010。

68. 张印平：《电视广告创作基础》，广州，暨南大学出版社，2005。

69. 朱海松：《冷抽象功能诉求的文案创意思维》，广州，广东经济出版社，2003。

70. 祝玉华：《网络广告》，郑州，郑州大学出版社，2008。

71. [美] 吉·苏尔马尼克:《广告媒体研究》,北京,中国友谊出版公司,1991。

72. [美] 汤·狄龙等:《怎样创作广告》,北京,中国友谊出版公司,1993。

73. [美] 艾·里斯等:《广告攻心战略:品牌定位》,北京,中国友谊出版公司,1994。

74. [美] 道格拉斯·拉姆齐:《美国企业竞争六大经典战例》,北京,中国经济出版社,1990。

75. [美] 菲勒浦·科特勒:《营销管理》,北京,中国人民大学出版社,2009。

76. [美] 孔茨等:《管理学》,北京,经济科学出版社,2008。

77. [美] 大卫·奥格威:《一个广告人的自白》,北京,中国友谊出版公司,2010。

78. [美] 乔治·路易斯:《蔚蓝诡计》,海口,海南出版社,2010。

79. [美] 萨默瓦等: 《跨文化传播》,北京,中国人民大学出版社,2009。

80. [美] 施拉姆:《传播学概论》,北京,北京大学出版社,2007。

81. [美] 舒尔茨等:《广告运动策略新论》,北京,中国友谊出版公司,1991。

82. [美] 舒尔茨等:《整合营销传播》,北京,中国财经出版社,2005。

83. [美] 丹·海金司:《广告写作艺术》,北京,中国友谊出版公司,1993。

84. [美] 托马斯·C·奥吉恩等:《广告学》,北京,机械工业出版社,2002。

85. [美] 朱丽安妮:《广告创意战略(第九版)》,上海,复旦大学出版社,2011。

86. [英] 戴夫·桑德斯著,何盼等译:《20世纪广告》,北京,中国青年出版社,2002。

87. [英] 兰德尔:《品牌营销》,北京,经济科学出版社,2004。

88. [英] 斯通等:《关系营销》,上海,上海远东出版社,1998。

89. [英] 乔治·费尔顿:《广告创意与文案》,北京,中国人民大学出版社,2005。

90. [荷] 麦奎尔:《大众传播模式理论》,北京,清华大学出版社，2010。

91.［日］仁科贞文等：《广告心理》，北京，外语教学与研究出版社，2008。

92.［日］植条则夫：《广告文稿策略》，上海，复旦大学出版社，1999。

后　记

改革开放三十余年来，中国广告业发生了翻天覆地的变化，其产业属性逐渐明晰，产业规模不断提升，从第三产业到信息产业，再到今天的创意产业，广告业所蕴含的巨大能量全面释放。创意经济时代的到来和创意产业的提出，进一步强化了广告业的再造和提升功能。广告业凭借其强大的辐射能力，影响范围涉及若干产业领域，如传媒产业、动漫产业、会展业等，牵一发而动全身。广告业作为一种独特的文明形态和文化呈现形式，在促进商业文化传播和区域商业文化交流中发挥着不可替代的作用。

中国的广告业如今已走上了平稳的发展轨道。从国家政策层面来看，广告业转型有了制度保证和行为规范，《中华人民共和国广告法》以及《广播电视广告播出管理办法》等政策法规的颁布实施，为广告业的持续、健康发展提供了保障。我国的广告业从单纯模仿到自主创新，形成了新的发展模式和行业形态，创意产业概念的提出，进一步丰盈了广告活动的主旨和精神内核。《国家“十二五”时期文化改革发展规划纲要》指出，要实施一批重大项目，推进文化产业结构调整，发展壮大出版发行、影视制作、印刷、广告、演艺、娱乐、会展等传统文化产业。随着新广告运动的兴起和整合营销传播理念的成熟，绿色广告、公益广告开始走入寻常百姓的生活，广告的文化结构功能日益强大。与此同时，广告业的内涵和外延不断得到拓展，除广告学知识外，广告活动还综合运用了心理学、经济学、历史学、文学等若干学科的相关理论，通过有效信息的整合和提炼，努力实现产品营销目标和社会传承目标的和谐统一。

美国传播学家沃纳·赛佛林在《传播理论：起源、方法与应用》一书中写道：“目前，广告业正处于一个变化的阶段，其主要原因是媒介环境发生了巨大变化，传统上针对广大不知姓名观众的大众媒介广告是一种行将消亡的传播形式。”可以预见，一种真正意义上的互动性的广告传播时代已经到来。本书在撰写过程中，力图站在现代广告运动发展的学术理论前沿，在全面梳理世界广告创意产业发展脉络和广告学派的基础上，总结广告创意产业理论和实务相结合的规律及特点。广告文案是对广告构想的再创造，是联系人与产品、人与社会、人与文化的表现形式。一本好的广告创意与文案教材，对于学生领会和洞悉广告的本质特征、深入理解广告活动的内涵、拓宽学术视野具有重要意义。本书努力贯彻实用、好用、够用的原则，对广告学基本概念和相关理论的解读力求深入浅出、简明扼要，尤其注重理论和实务的结合。本书共分为七章，分别为广告概论、广告策划的前期工作、广告创意的产生、广告文案写作、广告效果评估、网络广告、广告产业与广告市场。由于信息技术的高歌猛进，网络传播成为广告行业的主力军，为此，本书列专章对网络广告进行探讨。为便于读者熟悉广告相关实务，本书除对相关理论的解读之外，还探讨了如何进行广告文案和广告策划书的撰写。各章节之间力求承继贯通、循序渐进、逐步推进，既立足于专业教学的理论探讨，又兼顾业界运作的案例分析与经验总结。

在这里，还要提到我所在的山东大学历史文化学院文化产业管理学系，该系自2005年成立后即会同其他各系启动《中国文化产业学术年鉴(1979—2008卷)》的编纂工作，本人作为该《年鉴》的子课题负责人，全程参与了编纂工作，收获颇丰，同时也为撰写《广告创意与文案策划》这本书奠定了坚实基础。教学相长是一种工作体验和美好境界，在山东大学历史文化学院和福建人民出版社的关心支持下，很幸运，我们做到了。

在本书即将付梓之际，由衷感谢院长王育济教授的教导，他是我从事文化产业博士后研究的领路人，引领我徜徉于宽松和谐的学术殿堂，其深厚的学养、严谨的治学态度和国际化视野令我十分钦慕；福建人民出版社赖炳伟编审在选题调研、编写方案的制定等方面做了大量令我们感动的工作，责任编辑黄须友花费巨大心血对本书进行审订，对此深表敬意。感谢文化产业系韩英主任、赵爱国、董雪梅、杨加深、张友臣、赵兴胜、顾銮斋、张熙惟等教授给予的关心和帮助，感谢章军杰博士和我的研究生殷士刚、袁艳等同学，帮我校正了书中的不少纰漏。还要感谢所有鼓励和支持我的同事、家人和亲朋好友。

本书既可作为高校文化产业、广告专业和艺术设计专业的学习教材，亦可作为广告产业、艺术设计等从业人员的知识读本。如果本书能够对读者朋友有所裨益，本人将深感欣慰。在此，恳请大家多提宝贵意见和建议，以便再版时进行充实和完善。

丁培卫

2012年初夏于山东大学知新楼

图书在版编目（CIP）数据

广告创意与文案策划/丁培卫编著．--福州：福建人民出版社，2012.9（2021.8 重印）
高等院校文化产业基础教材/王育济，韩英主编
ISBN 978-7-211-06586-8

Ⅰ.①广… Ⅱ.①丁… Ⅲ.①文化产业－广告学－高等学校－教材 Ⅳ.①F713.8

中国版本图书馆 CIP 数据核字(2012)第 209455 号

广告创意与文案策划
GUANGGAO CHUANGYI YU WENAN CEHUA

作　　者：丁培卫
责任编辑：黄须友
出版发行：福建人民出版社　　**电　　话**：0591-87533169(发行部)
网　　址：http://www.fjpph.com　　**电子邮箱**：fjpph7211@126.com
地　　址：福州市东水路 76 号　　**邮政编码**：350001
经　　销：福建新华发行（集团）有限责任公司
印　　刷：福州万达印刷有限公司
地　　址：福州市闽侯荆溪镇溪头工业区徐家村 166－1 号
开　　本：787 毫米×1092 毫米　1/16
印　　张：19.50
字　　数：315 千字
印　　数：22001－25000
版　　次：2012 年 9 月第 1 版　　2021 年 8 月第 7 次印刷
书　　号：ISBN 978-7-211-06586-8
定　　价：38.00 元

本书如有印装质量问题，影响阅读，请直接向承印厂调换。